Fundamentos de Recursos Humanos

Tercera edición

Fundamentos de Recursos Humanos

Tercera edición

María del Carmen De la Calle Durán
Marta Ortiz de Urbina Criado
Universidad Rey Juan Carlos

Pearson

Datos de catalogación bibliográfica

FUNDAMENTOS DE RECURSOS HUMANOS, 3.ª ED.

María del Carmen De la Calle Durán
Marta Ortiz de Urbina Criado

PEARSON EDUCACIÓN, S.A., Madrid, 2018

ISBN papel: 9788490355794
ISBN epub: 9788490355800

Materia: 658 Organización y gestión de empresas
Formato: 170 X 240 mm Páginas: 257

C/ Ribera del Loira, 16-18
28042 Madrid (España)
www.pearson.es

Depósito Legal: M-19518-2018

Editor: Miguel Martín-Romo
Diseñadora: Elena Jaramillo
Coordinadora de producción: Tini Cardoso
Diseño de cubierta: Pearson Educación
Composición: Balloon Comunicación
Impreso por: Ovimex

IMPRESO EN HOLANDA - PRINTED IN NETHERLANDS

Este libro ha sido impreso con papel y tintas ecológicos

ÍNDICE

PRÓLOGO A LA TERCERA EDICIÓN

Dr. D. Luis Ángel Guerras Martín

El ámbito de la Dirección Estratégica de la Empresa adquiere hoy en día un gran protagonismo, la llamada Teoría de Recursos y Capacidades. Dos ideas básicas de este enfoque son: a) las empresas son diferentes entre sí por la cantidad y calidad de los recursos y capacidades que poseen; y b) los recursos y capacidades no están a disposición de todas las empresas en las mismas condiciones. Como consecuencia de ello, la posesión de recursos valiosos por parte de una empresa hace que esta adquiera una ventaja competitiva relevante respecto de sus competidores, siempre que estos no se puedan hacer con dichos recursos mediante su compra o imitación.

Entre los recursos reconocidos como más valiosos están los humanos. Estos aportan a la empresa sus habilidades individuales, tales como conocimientos, capacitación, habilidades de razonamiento o decisión, experiencia, lealtad a la empresa, etc. Por otro lado, las capacidades de la empresa se vinculan también estrechamente con los recursos humanos en la medida en que representan habilidades colectivas desarrolladas dentro de la empresa. Entre estas encontramos la capacidad para resolver problemas técnicos o de gestión específicos o las vinculadas con la capacidad para innovar, gestionar cambios organizativos o trabajar en equipo, entre otras.

La obtención y mantenimiento de ventajas competitivas depende, en buena medida, de la disponibilidad por parte de la empresa de recursos y capacidades suficientes y distintivos como para hacer frente a las amenazas y oportunidades del entorno. En este sentido, podemos afirmar que los recursos humanos asumen un papel preponderante tanto por su valía individual como por la creación de las capacidades esenciales, al ser protagonistas de estas. Por otro lado, la política de recursos humanos constituye uno de los instrumentos más eficaces de la dirección para conseguir la adhesión de las personas al proyecto de empresa y conseguir los cambios organizativos necesarios que faciliten la implantación de las estrategias elegidas.

Todo ello pone en primer plano la importancia de la dirección de los recursos humanos en la empresa, no solo en el nivel funcional más tradicional, vinculado con la gestión de personal, sino en el nivel estratégico asociado con la generación de recursos y capacidades valiosos. La gestión de los recursos humanos constituye, así, un sistema cuyo pilar fundamental es considerar a los empleados como un recurso que hay que optimizar partiendo de una visión renovada, dinámica y competitiva que se oriente a la interacción entre lo social y lo económico.

Los significativos cambios socioeconómicos que se produjeron a finales del siglo veinte, han llevado a que las empresas modernas reconozcan la importancia de la dimensión humana de las organizaciones. Asimismo, la gestión de los recursos humanos se está equiparando, en grado de importancia, con otros aspectos funcionales más tradicionales como los económico-financieros, los tecnológicos, los de producción o los de comercialización.

Por otro lado, las organizaciones modernas cada vez más profesionales y con una estructura organizativa más plana, exigen estilos de dirección orientados a las personas. Como consecuencia de todo ello se observa un gran interés, tanto académico como empresarial, por la dirección y gestión de los recursos humanos, cuestión que ha hecho aparecer un buen número de manuales dedicados a esta problemática en los últimos años.

Con base en las nuevas aportaciones que se están haciendo al área de recursos humanos, las autoras se plantean el desarrollo de un manual básico que permita tanto a los alumnos de diversas titulaciones como al personal directivo dedicado a los aspectos de personal tener una guía a la hora de gestionar los recursos humanos. Tenemos una obra bien orientada que resulta aconsejable por su utilidad para todos los directivos generales o funcionales que, de alguna manera, son directores de recursos humanos respecto de su personal subordinado más directo.

Por lo tanto, la aportación de este libro es que lleva a cabo una síntesis de los diversos aspectos relativos a la gestión de recursos humanos, así como una aplicación a través de lecturas que pueden facilitar tanto la aproximación a la realidad empresarial más concreta y el debate como la comprensión de las cuestiones referentes a los recursos humanos.

La sencillez con la que las autoras plantean los diversos temas facilita la lectura y la comprensión de cuestiones que hoy preocupan sobremanera a las organizaciones. Los aspectos nucleares de la gestión de los recursos humanos quedan recogidos a través de una estructura sistémica que muestra las interrelaciones entre los diferentes aspectos relevantes de dicha gestión en las organizaciones.

La estructura de este libro pretende ser, de alguna manera, una simplificación de los diversos procesos que se incluyen en la gestión de los recursos humanos, justificando su interés, así como las relaciones fundamentales con el resto de las cuestiones estudiadas. En concreto, se diferencian cinco procesos interrelacionados: procesos básicos, procesos de afectación, procesos de formación y desarrollo, procesos de evaluación y compensación, y procesos sustractivos.

Esta tercera edición permite afirmar la madurez a la que ha llegado la obra que tenemos entre nuestras manos. De la misma manera que ocurrió con las anteriores ediciones, las autoras han tratado de actualizar su obra tanto desde un punto de vista de los contenidos como desde un punto de vista docente. En cuanto a los contenidos, se ha realizado una revisión y actualización de estos para adaptarlos a las nuevas necesidades docentes y profesionales, así como a las nuevas tendencias en el estudio de la dirección de recursos humanos.

En el ámbito docente, se han actualizado lecturas y páginas web recomendadas, lo que permite utilizar un material mucho más próximo en el tiempo a las realidades actuales. Y desde un punto de vista docente y formal, se ha continuado con su atrevida apuesta de la anterior edición por integrar y combinar el tradicional formato del libro en papel con las nuevas tecnologías basadas en la web explotando así su fácil acceso. De esta manera, la inclusión de los materiales más prácticos y actuales en la web permite una actualización constante de estos y una docencia más dinámica y permanentemente actualizada. Este es el eje fundamental de una obra viva y en constante renovación.

Todo ello aporta un indudable valor didáctico a la obra, lo que constituye un aspecto fundamental para el desempeño de la labor docente de las autoras que, como profesoras universitarias, están muy interesadas en mostrar la parte humana de las organizaciones a los futuros profesionales. Si el resultado de las dos primeras ediciones ya fue realmente exitoso, me permito aventurar un largo futuro a esta obra que ya ocupa un lugar privilegiado en la formación en recursos humanos en nuestro país.

Luis Ángel Guerras Martín
Catedrático de Organización de Empresas
Universidad Rey Juan Carlos

Madrid, a 16 de abril de 2018

PRÓLOGO A LA TERCERA EDICIÓN

Dr. D. Ramón Valle Cabrera

La larga vida de un libro solo puede entenderse por la actualidad de los temas que trata y por la calidad en su elaboración. Este es sin duda el caso del que las profesoras De la Calle y Ortiz de Urbina escribieron en su día sobre la Gestión de los Recursos Humanos. Estamos ante su tercera edición.

La situación de crisis económica sufrida y el crecimiento en el que estamos inmersos han realzado la importancia que tienen los recursos humanos de las organizaciones. Los fundamentos en los que debe basarse esa gestión constituyen el núcleo y la esencia del libro que, en esta ocasión, se nos presentan revisados y actualizados. La evolución que experimentan los conocimientos y el escaso tiempo que tenemos hace que muy rápidamente nos quedemos desfasados en cuanto a los avances que se producen. Afortunadamente, en este caso, las incorporaciones realizadas en el libro nos permiten llegar a conocer temas que hubieran pasado desapercibidos.

Además de la actualización del contenido teórico y conceptual, el libro también nos ofrece actividades didácticas y lecturas nuevas que facilitan al lector la visibilidad práctica de los aspectos tratados, así como su comprensión.

En definitiva, debemos agradecer a las profesoras el esfuerzo que han realizado y pedirles que continúen durante muchos años más facilitando el aprendizaje. Mi más cordial enhorabuena a Carmen y Marta.

Ramón Valle Cabrera
Catedrático de Organización de Empresas
Universidad Pablo de Olavide (Sevilla)

Sevilla, a 23 de abril de 2018

PRESENTACIÓN DE LA TERCERA EDICIÓN

María del Carmen De la Calle Durán
Marta Ortiz de Urbina Criado

¿Qué es una empresa sin personas? Las personas son el recurso más importante en las organizaciones; sin embargo, hasta principios del siglo XX las empresas no empezaron a preocuparse por la gestión de sus recursos humanos y es entonces cuando empiezan a darse cuenta del valor que aportan a la organización y de la complejidad de gestionar este activo empresarial.

La dificultad de gestionar personas reside precisamente en su carácter humano. El hombre es un ser complejo y como tal debe ser considerado. No todos queremos lo mismo, ni tenemos las mismas inquietudes ni deseos. Cada uno somos «una caja de sorpresas» que, en ocasiones, ni nosotros mismos somos capaces de abrir. La gestión de los recursos humanos debería ser, por tanto, individualizada y personalizada. Si bien, desde un punto de vista de coste y eficiencia esto no es posible, es cierto que los directivos deben ser conscientes de las peculiaridades de su personal y saber extraer de cada uno de ellos lo mejor de sí mismos.

No olvidemos que en una organización todos somos directores de recursos humanos. Y que de la satisfacción de nuestro cliente interno —el empleado— dependerá la satisfacción de nuestros clientes externos.

Los empleados de hoy, independientemente del nivel que ocupan en la organización, tienen otras necesidades diferentes a las de sus antepasados. Si comparamos empresas de hace más de cien años con empresas actuales se detecta un abismo en las plantillas de sus trabajadores. Las personas evolucionan y las empresas tienen que saber gestionar esa evolución. El empleado de hoy nada tiene que ver con el empleado de ayer. No tiene ni las mismas capacidades y habilidades ni las mismas inquietudes. Está más preparado, tiene más conocimientos, pero probablemente no tenga las mismas ilusiones que sus abuelos cuando crearon sus empresas.

La gestión de los recursos humanos es esencial en las empresas. Como les comentamos a nuestros alumnos al comienzo de cada curso «no sabemos cuál será vuestro trabajo en el futuro. No sabemos si trabajaréis en el área de finanzas, de marketing, recursos humanos o producción; no sabemos si seréis gerentes, supervisores o empleados; pero de lo que no nos cabe ninguna duda es que trabajaréis con personas y probablemente de vuestras relaciones con otras personas y del trabajo en equipo dependerá también vuestro propio éxito en la organización». Por eso, es importante para todos los que trabajan en la empresa, independientemente de cual sea su especialidad, conocer los «Fundamentos de la Gestión de los Recursos Humanos».

Por ello, el presente libro recoge los aspectos fundamentales de la gestión de los recursos humanos. El objetivo es encontrar la esencia de esta particular forma de gestión y elaborar un manual para todos aquellos que no son especialistas en el área y también para los que siéndolo quieren tener a mano una guía en la que se integren las cuestiones y problemas más relevantes de los recursos humanos en las empresas. «Queremos hacer fácil lo difícil a través de la simplificación y el resumen de los aspectos fundamentales de la gestión de los recursos humanos».

El libro Fundamentos de Recursos Humanos nace en 2004 como fruto de la experiencia de las autoras en el ámbito docente de las asignaturas de gestión de los recursos humanos y con el deseo de dar respuesta a las nuevas necesidades que plantea el Espacio Europeo de Educación Superior. A lo largo de estos años ha sido utilizado tanto en España como en Latinoamérica para la formación en Recursos Humanos de los estudiantes de múltiples carreras, y ha servido como libro de consulta para directivos y consultores empresariales dado su contenido teórico-práctico. Sin embargo, desde la publicación de la primera edición, ha habido muchos cambios en el entorno y en las empresas que han afectado a la gestión de los recursos humanos. La segunda edición se editó en 2014 y esta es ya la tercera edición en la que se ha realizado una revisión y actualización de todos los contenidos del libro para adaptarlo a las nuevas necesidades docentes y profesionales.

Por todo ello, este libro trata de servir como soporte básico para la formación de los alumnos de aquellos grados en los que se cursan asignaturas de Recursos Humanos, como los grados en Administración y Dirección de Empresas, Economía, Marketing, Turismo o Relaciones Laborales y Recursos Humanos. Hay que tener en cuenta, además, que las asignaturas de Gestión / Dirección de Recursos Humanos han pasado a tener una mayor presencia en las nuevas titulaciones universitarias (grados y postgrados), así como en los másteres especializados impartidos en las escuelas de negocios.

Pero también va dirigido a todos aquellos profesionales que en su día a día tienen que tratar con personas, gestionar o dirigir equipos y, por lo tanto, conocer y entender la importancia que tiene la gestión de los recursos humanos en las empresas.

Contenido de la tercera edición

La tercera edición del libro, siguiendo la misma filosofía que las anteriores, tiene como objetivo dar a conocer la razón de ser, objetivos y funciones del área de Recursos Humanos en las organizaciones. Se pretende con ello que el lector adquiera unos conocimientos básicos sobre esta función directiva de la empresa, y un vocabulario y conceptos fundamentales sobre la gestión de los recursos humanos.

Para lo cual se ha estructurado el libro de la siguiente forma: Tras una introducción en la que se presentan los fundamentos básicos de lo que se entiende por gestión de los recursos humanos, se proponen cinco bloques que analizan los distintos procesos de gestión de recursos humanos. El contenido del libro es el siguiente:

- Una parte introductoria en la que se justifica la importancia de la gestión de los recursos humanos, su evolución, así como sus objetivos (Capítulo 1).
- Parte I. Los procesos básicos son el soporte para las demás actividades de recursos humanos y en ellos se incluye el análisis del puesto de trabajo (Capítulo 2) y la planificación de los recursos humanos (Capítulo 3).
- Parte II. Los procesos de afectación son los que se desarrollan para buscar y seleccionar a los mejores profesionales para la empresa: reclutamiento (Capítulo 4), selección y socialización (Capítulo 5).
- Parte III. Los procesos de formación y desarrollo permiten el perfeccionamiento de conocimientos y habilidades (Capítulo 6) y la gestión de la carrera profesional del individuo dentro de la organización (Capítulo 7).
- Parte IV. Los procesos de evaluación y compensación incluyen la evaluación y valoración del rendimiento (Capítulo 8), así como las distintas formas de retribución y compensación (Capítulo 9).
- Parte V. Los procesos sustractivos incluyen las formas de desvinculación de la empresa, voluntarias o involuntarias (Capítulo 10).

El libro se completa con lecturas de prensa de actualidad relacionadas con los conceptos de cada capítulo, de forma que el lector puede apreciar la relevancia del tema tratado y su aplicación a la realidad empresarial. En esta edición, además, se proponen actividades didácticas vinculadas a dichas lecturas. De hecho, se ha querido analizar la gestión de los recursos humanos en nuestro contexto, con nuestras realidades, oportunidades y también amenazas, salvando las lagunas de algunos manuales de recursos humanos excesivamente «americanizados». Por otra parte, en cada capítulo se incluyen una serie de cuestiones para la reflexión, un listado de lecturas recomendadas de revistas especializadas y de sitios web sobre recursos humanos.

Además de los contenidos teórico-prácticos incluidos en este libro, el lector tiene a su disposición material de apoyo publicado en la página web http://recursos.pearson.es/delacalleyortizdeurbina/, donde se puede encontrar material complementario para cada capítulo: preguntas de evaluación y tipo test y casos prácticos específicos, en los que se analizan actividades de recursos humanos de empresas reales. También se pueden encontrar casos generales, en los que se tratan varias prácticas de recursos humanos. Estos casos prácticos han sido elaborados por profesores de universidades españolas y por profesionales de diferentes empresas y organismos públicos.

Agradecimientos

Queremos expresar nuestro más sincero agradecimiento:

A los profesores Ramón Valle y Luis Ángel Guerras, nuestros maestros, a los que debemos sus sabios consejos para ser las «personas» que somos hoy, y por el prólogo que cada uno de ellos nos ha escrito aportando, sin duda, un enorme valor al libro.

A nuestros compañeros, especialmente a los que han colaborado en la realización de casos prácticos y a los que, día a día, nos dan aliento para seguir trabajando.

A nuestros alumnos, a los que gracias a su interés y a los debates en el aula debemos muchas de las ideas que ha facilitado la redacción de este libro. Enseñar es aprender que nos queda mucho camino por recorrer.

A la editorial Pearson, por la confianza depositada en nosotras para la realización de la tercera edición del libro.

A nuestros lectores, que han elegido este libro para «saber algo más» de lo fundamental de la gestión de los recursos humanos.

A todos aquellos a los que sin tener que nombrar saben que han sido esenciales para poder concluir el libro. Gracias por vuestros consejos y vuestra paciencia.

Esperemos haber conseguido nuestro objetivo de «hacer fácil lo difícil».

A todos. Gracias de nuevo.

Carmen y Marta

María del Carmen De la Calle Durán
Marta Ortiz de Urbina Criado
Profesoras de Organización de Empresas
Universidad Rey Juan Carlos

Madrid, abril de 2018

INTRODUCCIÓN A LA GESTIÓN DE LOS RECURSOS HUMANOS

1

INTRODUCCIÓN

En este primer capítulo se plantean los aspectos introductorios de la gestión de los recursos humanos. Para ello, en primer lugar, se definirá el concepto de recurso humano y se analizará la evolución que ha tenido la función de recursos humanos a lo largo del tiempo. En segundo lugar, se analizará la gestión de los recursos humanos y se tratará de dar respuesta a cuestiones como para qué y por qué su gestión es importante para las empresas; qué factores han influido en la evolución de la gestión de los recursos humanos; cómo dirigir a los recursos humanos y quiénes son los encargados de hacerlo. Finalmente, se presentarán las nuevas tendencias en la gestión de los recursos humanos.

OBJETIVOS DEL CAPÍTULO

- Definir la función de recursos humanos y su evolución.
- Analizar la gestión de los recursos humanos y los factores que la determinan.
- Identificar los objetivos de la gestión de los recursos humanos.
- Delimitar los procesos básicos que componen la gestión de los recursos humanos.
- Analizar el papel del departamento de recursos humanos.
- Analizar el perfil del director de recursos humanos.
- Conocer las tendencias actuales en la gestión de los recursos humanos.

1. LOS RECURSOS HUMANOS EN LA EMPRESA

Cuando hablamos de **Recursos Humanos** (RR. HH.) nos estamos refiriendo a todas y cada una de las personas que trabajan en la organización, esto es, al personal de la misma, independientemente del nivel que ocupen dentro de la jerarquía organizativa. Los recursos humanos no son solo un factor organizativo sino que también estamos hablando de personas por lo que hay que tener en cuenta la complejidad de su naturaleza. Uno de los retos de las empresas actuales es hacer un buen análisis de la inversión que se necesita realizar en personal teniendo en cuenta no solo los aspectos cuantitativos (costes, beneficios, etc.) sino también la motivación y satisfacción de las personas.

De ahí, las distintas denominaciones y la evolución que la función de recursos humanos ha tenido a lo largo del tiempo. En un principio se gestionaban solo aspectos relativos al coste de personal y a la legislación, los abogados eran los que trataban de que se cumplieran las leyes. Posteriormente, el foco de atención se puso en las personas y fueron los psicólogos los encargados de su gestión. Actualmente, el director de recursos humanos es un gestor especializado tanto en los aspectos económicos como en los humanos o sociales del ser humano.

Se puede decir que siempre ha existido algún tipo de procedimiento para dirigir al personal, aunque no fuera previamente pensado o determinado. Un ejemplo es el caso de la construcción de pirámides en Egipto, donde recurrían a la violencia para la realización del trabajo, pero aplicaron también otras técnicas como la selección del personal (elegían a los más fuertes para mover los bloques más pesados de piedra), a la motivación (a través de las creencias religiosas o el castigo para los que no cumplieran su trabajo) o a la capacitación (enseñando a los más jóvenes y ágiles las técnicas de perforación del granito).

Con el tiempo, la función de personal ha pasado de ser una función de organización, de planificación y control a convertirse en una función de integración y coordinación entre niveles de la organización, y también de apoyo, escucha e intervención para comprender las expectativas, necesidades y los sentimientos del personal. La consideración de los recursos humanos en las empresas u organizaciones ha ido evolucionando desde la concepción taylorista, en la que el personal era un factor que solo actuaba ante los estímulos económicos, hasta la perspectiva actual en la que se considera que es un factor estratégico.

Por lo tanto, podemos afirmar que la función de recursos humanos ha existido siempre en las organizaciones, pero el interés por gestionarlos surge a partir del S. XX al aumentar la complejidad de las organizaciones. Actualmente, es generalmente aceptada la creencia de que los trabajadores constituyen un recurso valioso y, muchas veces, irremplazable. Por ello, la gestión de los recursos humanos ha pasado a ser un asunto importante ya que las personas son un recurso estratégico que debe estar vinculado a los objetivos generales de la empresa.

Según Gómez Mejía, Balkin y Cardy (2016), la preocupación por la gestión de los recursos humanos está motivada por los cambios rápidos en el entorno así como por los cambios organizativos e individuales (Figura 1).

Figura 1: Factores de influencia en la gestión de los recursos humanos.

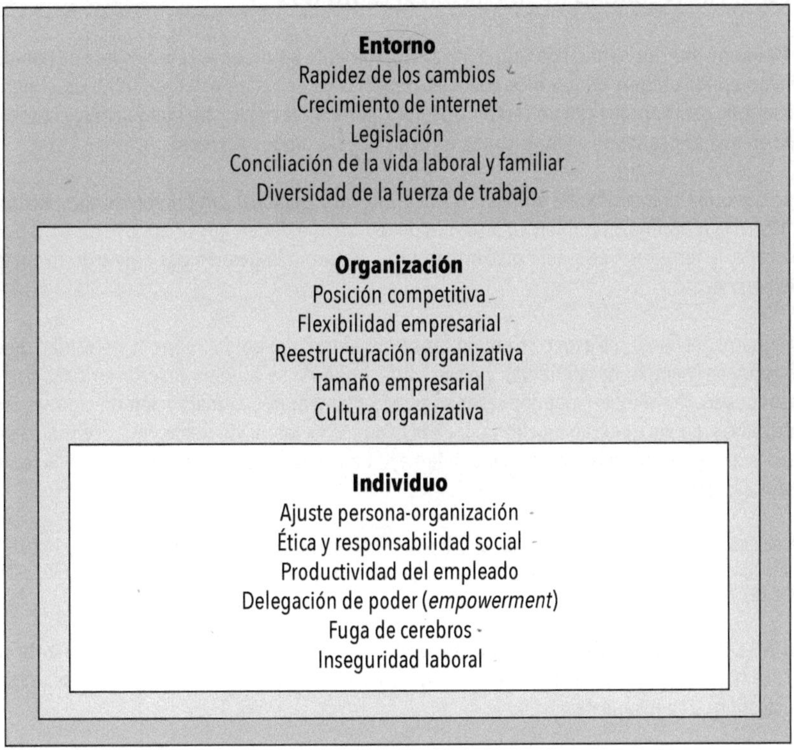

Fuente: Adaptado de Gómez-Mejía *et al.* (2016: 3).

Factores del entorno

Según Gómez Mejía *et al.* (2016), los factores del entorno están fuera del control de la dirección de las empresas pero son fuerzas externas que tienen efecto sobre sus resultados. Por ello, las empresas tienen que conocer y analizar su entorno para identificar las amenazas y oportunidades y lograr la flexibilidad que les permita reaccionar rápidamente ante los cambios. Entre los factores más importantes están: la rapidez de los cambios, el crecimiento de internet, la legislación, la conciliación de la vida laboral y familiar, y la diversidad de la fuerza de trabajo.

A. Rapidez de los cambios

El entorno actual es global, dinámico y complejo y están en constante proceso de cambio. Los recursos humanos son elementos esenciales para lograr que la empresa se adapte al entorno actual. Las prácticas de gestión de recursos humanos que se analizarán a lo largo de este libro ayudan a la empresa a responder de forma ágil y eficaz a los cambios del entorno (Lectura 1).

Lectura 1. La actualidad de los recursos humanos

Jorge Molinero, director general de Grupo Atisa BPO, comenta los grandes cambios que ha habido en la sociedad en los últimos años y dice que «las empresas ya deberían estar organizando el periodo post-crisis, que está suponiendo un cambio absoluto, entre otras cosas y de manera muy especial, en la forma en que se gestionan a las personas, en estas nuevas organizaciones».

Los procesos que llevan a cabo las empresas para seleccionar personal son diferentes, más dinámicos y basados en la tecnología. También los sistemas de retribución tienen que adaptarse mejor al puesto y al mercado, la formación adquiere más importancia, así como la gestión por objetivos, la autogestión del horario, etc.

Para Molinero, gestionar los aspectos intangibles es fundamental pero supone la necesidad de contar con recursos (tiempo, herramientas y especialistas) que no se pueden invertir en otras partidas de presupuestos. Por ello, en algunos casos se puede plantear la externalización de algunas tareas administrativas que no generan mucho valor en la búsqueda y retención del talento y centrarse en las actividades que generan más valor y que pueden ayudar a maximizar la rentabilidad de los recursos asignados a la gestión de las personas.

Fuente: Adaptado de Molinero, J. (2018): «Los tiempos están cambiando», Tribuna, equiposytalento.com, 11/01/2018. Disponible en http://www.equiposytalento.com/tribunas/grupo-atisa-bpo/los-tiempos-estan-cambiando/2018-01-11/ [19/01/2018].

ACTIVIDAD DIDÁCTICA RECOMENDADA: Después de leer esta noticia, responda a la siguiente cuestión: ¿Qué actividades de recursos humanos contribuyen más a la creación de valor en las organizaciones? Justifique su respuesta.

B. El crecimiento de internet

Internet y su rápido crecimiento y desarrollo supone un reto para la gestión de los recursos humanos:

- El mercado de trabajo es abierto y la información sobre trabajadores potenciales y empresas está disponible de forma global, rápida y económica.
- Los puestos de trabajo han ido cambiando, los trabajos son más ambiguos y la capacidad de adaptación es fundamental para el buen desempeño de muchos de ellos.
- Los procesos de aprendizaje han ido cambiado y, en este momento, conviven los procesos de formación tradicional con otros más actuales como el *e-learning* que permite el aprendizaje a través de la red.
- Ante la sobrecarga de información, hay que buscar mecanismos para gestionarla de forma adecuada ya que si no puede producir frustración en el trabajador y problemas de rendimiento.

C. Legislación

La normativa vigente con relación a los aspectos de recursos humanos tiene que ser respetada por las empresas. En España, además de la legislación vigente, tenemos que tener en cuenta las directrices de la Unión Europea.

D. Conciliación de la vida laboral y personal

Algunos de los cambios en la gestión de los recursos humanos han venido motivados por la evolución en el trabajo y el cambio en el concepto de familia. El dinamismo del mercado laboral ha provocado, entre otras cosas, que las personas desarrollen su carrera profesional en diferentes empresas y puestos de trabajo. La familia ha pasado de una concepción tradicional a una más amplia, que incluye a familias unipersonales o bipersonales, que suelen dedicar gran parte de su tiempo al desarrollo de la carrera profesional. En este sentido, las empresas muestran una mayor preocupación por conseguir la conciliación de la vida laboral y personal de sus trabajadores a través de políticas y programas específicos.

E. La diversidad de la fuerza de trabajo

La globalización de los mercados ha creado un mercado único internacional en el que ha aumentado la competitividad. Las consecuencias de este fenómeno para los RR. HH. son múltiples como, por ejemplo, la necesidad de aprender y trabajar en otras culturas organizativas con equipos de trabajos multiculturales. Las empresas se encuentran con el reto de gestionar la diversidad laboral y de desarrollar estrategias acordes con las características de su plantilla.

Factores organizativos

Son los relativos a los aspectos internos de la empresa que son gestionados por los directivos que deben ser proactivos y tener la capacidad de anticiparse a los problemas. Gómez-Mejía *et al.* (2016) proponen, entre otros, los siguientes factores: la necesidad de tener una posición competitiva, la flexibilidad empresarial, la reestructuración organizativa, el tamaño empresarial y la cultura organizativa.

A. Posición competitiva

La gestión eficaz de los recursos humanos es un factor determinante en la capacidad de competir (o sobrevivir) de las empresas. Una gestión eficaz de la cualificación y habilidades de la fuerza laboral puede ayudar a explotar las oportunidades del entorno y neutralizar las amenazas. Las políticas de RR. HH. pueden tener efecto sobre la posición competitiva a través del control de costes, la mejora de la calidad y la creación de capacidades distintivas.

B. Flexibilidad empresarial

La búsqueda de flexibilidad empresarial ha dado lugar al nacimiento de nuevas tendencias en la gestión de los recursos humanos. La flexibilidad se puede lograr de distintas formas como la descentralización, la subcontratación o el uso de nuevas tecnologías y todas ellas tienen un efecto directo sobre las prácticas de recursos humanos.

C. Reestructuración organizativa

Los procesos de reestructuración organizativa, en muchos casos, suponen la reducción del tamaño empresarial y de los niveles jerárquicos para conseguir estructuras más planas (*downsizing*) y, en otros, se llevan a cabo cambios en el diseño del trabajo como, por ejemplo, a través de los grupos autodirigidos. Para que la reestructuración tenga éxito es necesario realizar una buena gestión de los recursos humanos. Entre otras cosas, por ejemplo, para aplanar una organización hay que examinar con cuidado las necesidades de personal, los flujos de trabajo, los canales de comunicación y las necesidades de formación.

D. Tamaño empresarial

La gestión de los recursos humanos en una pequeña y mediana empresa (PYME) varía significativamente respecto a la que se lleva a cabo en las grandes empresas. Las pymes, ante un entorno hostil, tienen que buscar mecanismos adaptados a sus recursos y necesidades para poder sobrevivir y prosperar. Una buena gestión de los recursos puede ayudar a mejorar su competitividad y sus resultados, para lo cual, por ejemplo, pueden adaptar las prácticas de recursos humanos llevadas a cabo por las grandes empresas a sus circunstancias particulares. En España, este aspecto es muy relevante, ya que, en enero del año 2017, el 99,87 % de su tejido empresarial estaba constituido por pequeñas y medianas empresas (entre 0 y 249 asalariados) que generaban el 66,4 % del empleo[1].

E. Cultura organizativa

La cultura organizativa es un factor muy determinante en la gestión de los recursos humanos ya que puede ser un impulsor o una barrera para implantar determinadas prácticas de recursos humanos. Si la cultura es rígida será más complicado introducir los cambios necesarios para poner en marcha prácticas de recursos humanos adaptadas a las necesidades actuales de la empresa.

Factores individuales

Los factores individuales hacen referencia a aspectos relativos a cada trabajador. En este sentido, Gómez-Mejía *et al.* (2016) proponen a nivel individual factores como el ajuste entre la persona y la organización, la ética y responsabilidad social, la productividad del empleado, la delegación de poder, la fuga de cerebros y la inseguridad laboral.

A. Ajuste persona-organización

Tener una plantilla ajustada y adaptada a las necesidades organizativas y del entorno ayuda a mantener la posición competitiva de la empresa. En este caso, la gestión del talento es un aspecto clave en la gestión de los recursos humanos.

1 Fuente: «Retrato de la Pyme. DIRCE a 1 de enero de 2017», Dirección General de Industria y de la Pyme. http://www.ipyme.org/es-ES/AreaEstadisticas/Paginas/InformesPYME.aspx. Disponible en http://www.ipyme.org/Publicaciones/Retrato-PYME-DIRCE-1-enero-2017.pdf [19/01/2018].

Y, entre otras cosas, las prácticas de recursos humanos facilitan la atracción y retención del tipo de persona que mejor se ajusta a la empresa.

B. Ética y responsabilidad social

La ética y la responsabilidad social son aspectos que afectan no solamente a los accionistas sino también a todos los grupos de interés de la organización, en especial, a los empleados o clientes internos. Las prácticas de recursos humanos están incorporando los aspectos éticos y se están viendo afectadas por las políticas de responsabilidad social corporativa facilitando, a su vez, su consecución.

C. Productividad del empleado

La productividad del empleado depende, entre otras cosas, de sus capacidades, su motivación y las condiciones de su trabajo. Las prácticas de recursos humanos se pueden orientar a lograr la mejora de las competencias del trabajador, de la motivación y de la calidad de la vida laboral.

D. Delegación de poder (*empowerment*)

La delegación de poder da la oportunidad a los trabajadores de tomar decisiones que tradicionalmente serían tomadas por los directivos. Esto hace que los trabajadores estén más satisfechos y comprometidos con el trabajo. La delegación de poder motiva a los empleados a ser creativos y asumir riesgos; elementos que son muy relevantes para mantener y / o mejorar la posición competitiva de la empresa.

E. Fuga de cerebros

La pérdida de personal estratégico o de talento es una preocupación actual de las empresas. En los países desarrollados, se observa una sobrecualificación de la mano de obra, sin embargo, el mercado no puede atender las necesidades laborales de estos perfiles profesionales y muchos trabajadores altamente cualificados tienen que buscar su desarrollo profesional en otros países o sectores (Lectura 2).

F. Inseguridad laboral

Las empresas no siempre pueden garantizar un trabajo estable y promociones frecuentes. La inseguridad laboral es una importante fuente de estrés y puede provocar un peor rendimiento y una baja productividad.

2. LA GESTIÓN DE LOS RECURSOS HUMANOS

La gestión de los recursos humanos está dirigida a lograr el desempeño eficiente del personal a través de la planificación, organización, desarrollo y control de una serie de técnicas (Chiavenato, 2011). Otros autores como Dessler (2015) incluyen las prácticas encargadas de las relaciones laborales, la salud y la seguridad en el trabajo, así como aspectos de justicia.

La gestión de los recursos humanos es una de las funciones empresariales que más ha evolucionado en los últimos tiempos. La consideración del recurso humano como un factor estratégico con impacto sobre la competitividad ha llevado a modificar el enfoque de su gestión, adoptándose una orientación estratégica ajustada y congruente con la estrategia general de la empresa.

A lo largo de este libro, se estudiarán los aspectos formales de la gestión de los recursos humanos, para ello, es necesario entender por qué y para qué gestionar los recursos humanos (objetivos), cómo hacerlo (procesos) y quién o quiénes serán los encargados de realizarlo (departamento / directivos).

Lectura 2. La fuga de cerebros

¿Cómo impacta la fuga de cerebros en la economía y en la sociedad? ¿Por qué muchos jóvenes graduados españoles tienen que buscar empleo en otros países? En esta noticia se hace una reflexión sobre estas cuestiones. Julio Lumbreras, profesor de la Universidad Politécnica de Madrid, comentaba que «si bien tenemos universidades públicas excelentes y con altos niveles de gasto público por estudiante, aún fallamos en las formas de reclutar, mantener y conectar al talento, en particular al de fuera, en nuestras organizaciones».

Fernández-Monge comenta que una buena herramienta para mejorar estas carencias es fortalecer las redes de españoles en el exterior y que hay varias organizaciones que han intentado hacer esto mismo en España. Es el caso de la Facultad Invisible, un *think tank* independiente formado por 200 españoles con premio extraordinario de carrera, ECUSA o la Spanish Global Professionals Network, que agrupan a profesionales del ámbito científico o del de las organizaciones internacionales.

Diego Rubio, presidente de la Facultad Invisible, comenta que «solo cuando entendamos que lo que estamos viviendo va más allá de la fuga de cerebros para enmarcarse en un fenómeno de internacionalización del capital humano, podremos aprovechar la oportunidad que representa». Y Manuel Muñiz, cofundador de la Spanish Global Professionals Network y director del programa de relaciones transatlánticas en Harvard, cree que «estas redes son fundamentales para diseñar una estrategia de crecimiento centrada en clusters de innovación y capital humano en sectores en los cuales el país tiene ventaja competitiva. En una economía en la que el conocimiento y la innovación son los motores principales del crecimiento, el capital humano es el activo más importante de un país. Olvidémonos del petróleo o el ladrillo, lo que España necesita son cerebros».

Fuente: Adaptado de Fernández-Monge, F. (2017): «De la fuga de cerebros a la conexión del talento», noticia publicada en elpais.com, 03/01/2017. Disponible en https://elpais.com/elpais/2017/01/02/opinion/1483379093_147582.html [19/01/2018].

ACTIVIDAD DIDÁCTICA RECOMENDADA: Después de leer esta noticia, responda a la siguiente cuestión: ¿Qué iniciativas se pueden poner en marcha para evitar la fuga de cerebros en España?

2.1. LOS OBJETIVOS DE LA GESTIÓN DE LOS RECURSOS HUMANOS

La gestión de los recursos humanos tiene como principal objetivo ayudar a que la empresa tenga éxito. Para lo cual, tiene que tener influencia en la estrategia corporativa, buscar el uso óptimo del talento y contribuir a los resultados financieros y la cultura de la empresa. Las prácticas de recursos humanos buscan dotar a la empresa de una fuerza de trabajo adecuada efectiva y eficiente (Werther y Davis, 2014).

Cuando se gestionan personas, los objetivos tienen que estar claros y ser en la medida de lo posible, cuantificables. Además, estos objetivos no solo tienen que tener en cuenta los propósitos de la dirección sino que también hay que considerar las necesidades de la organización y de las personas (Werther y Davis, 2014).

Siguiendo a Dolan, Valle Cabrera y López Cabrales (2014: 8-10), los objetivos se pueden agrupar en tres categorías complementarias entre sí: explícitos, implícitos y a largo plazo.

Los objetivos explícitos. Están bien especificados y son más fáciles de transmitir. Se destacan los siguientes:

- Atraer a candidatos adecuados, es decir, que estén cualificados y sean capaces de desarrollar o adquirir las competencias necesarias.
- Retener a los mejores empleados.
- Motivar a los empleados para que se comprometan e impliquen con la organización.
- Ayudar a los empleados a desarrollarse profesionalmente dentro de la organización.

Los objetivos implícitos. Están integrados en la filosofía o la cultura empresarial:

- La productividad. Desarrollar actividades de recursos humanos que ayuden a mejorar la productividad de las personas.
- Calidad de vida en el trabajo. Desarrollar actividades o actuaciones encaminadas a aumentar el compromiso de los empleados con su actividad. En este sentido, se pueden dar oportunidades para que el trabajador pueda lograr sus aspiraciones profesionales y personales, por lo que se estará más satisfecho en el trabajo y tendrá una mejor calidad de vida.
- Cumplimiento de la normativa. Es la parte de la gestión de los recursos humanos encargada de conocer y respetar las leyes que pueden afectar a cualquiera de las funciones de recursos humanos, por ejemplo, a la selección, contratación, retribución, higiene y seguridad en el trabajo.

Los objetivos a largo plazo. Son los que presentan el alcance estratégico de la gestión de los recursos humanos:

- La rentabilidad y competitividad.
- Incremento de valor en la empresa.
- Mejora de la eficiencia y eficacia de la organización.

En resumen, la importancia de estudiar cada una de las funciones o actividades vinculadas a la gestión de los RR. HH. se debe al efecto que tienen en el logro de los objetivos empresariales. Entre ellos, la necesidad de atraer a candidatos potencialmente cualificados al puesto de trabajo, retener a los empleados con más talento, motivarles y ayudarles a crecer y desarrollarse dentro de la organización. De una manera más implícita, con la gestión de los recursos humanos se busca, entre otras cosas, la mejora de la productividad, de la calidad de vida en el trabajo y el cumplimiento de la legislación. Además, si miramos hacia un horizonte temporal largo, todas estas actuaciones tienen que ir encaminadas a lograr que la empresa sea rentable y competitiva.

2.2. LOS PROCESOS DE LA GESTIÓN DE LOS RECURSOS HUMANOS

La gestión de los recursos humanos se estructura en torno a los cinco procesos que componen, a su vez, cada parte del libro (Figura 2).

1. Procesos básicos. Estos procesos son el punto de partida para la realización de las demás prácticas de RR. HH. Dentro de ellos se incluyen el análisis del puesto de trabajo (Capítulo 2) y la planificación de los recursos humanos (Capítulo 3).

2. Procesos de afectación. Estos son los procesos que la organización lleva a cabo para buscar e incorporar a las personas más adecuadas para cada puesto de trabajo. Dentro de ellos se incluyen el reclutamiento (Capítulo 4), la selección y la socialización (Capítulo 5).

3. Procesos de formación y desarrollo. Estos procesos permiten mejorar la capacitación del personal y gestionar su evolución dentro de la empresa. Dentro de ellos se incluye la formación (Capítulo 6) y la gestión de la carrera profesional (Capítulo 7).

4. Procesos de evaluación y compensación. Estos procesos analizan, por un lado, la evaluación del rendimiento del trabajador con el objetivo de identificar si se están cumpliendo los requisitos exigidos para el puesto (Capítulo 8); y, por otro, el sistema retributivo que compense el esfuerzo realizado de forma justa y equitativa (Capítulo 9).

5. Procesos sustractivos. Estos procesos analizan la desvinculación del trabajador de la empresa, ya sea de forma involuntaria, como, por ejemplo, los despidos, o de forma voluntaria como la dimisión o la jubilación (Capítulo 10).

Todos estos procesos están interrelacionados. Por ejemplo, si no se realiza un proceso de evaluación del rendimiento no se podrán identificar el desempeño del trabajador ni los comportamientos que pueden ser recompensados y no será fácil definir una buena política de retribución. Del mismo modo, para diseñar un plan de carrera profesional hay que analizar el potencial del empleado, su formación y su desempeño. También, si el trabajador mejora su productividad, por ejemplo, gracias la formación, se le puede ofrecer un reconocimiento económico que tendrá que estar integrado en el sistema de retribución de la empresa. Es decir, la gestión de los recursos humanos es un sistema integrado y hay que tener una visión coordinada de las prácticas de recursos humanos (Quintanilla, Poal, Gutiérrez y Sánchez-Runde, 2012).

Figura 2: Los procesos de la gestión de los recursos humanos.

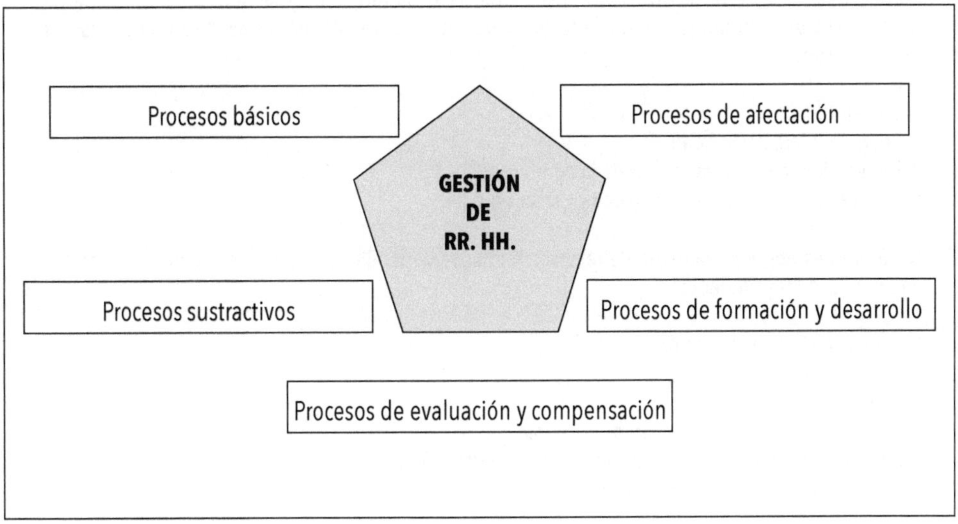

Fuente: Elaboración propia.

2.3. EL DEPARTAMENTO Y EL DIRECTOR DE RECURSOS HUMANOS

El departamento de recursos humanos se establece cuando, en su proceso normal de crecimiento, los directivos de la empresa empiezan a sentir la necesidad de contar con un área especializada en las funciones del personal que se van haciendo más complicadas. El departamento de recursos humanos puede ser en un principio pequeño y dedicarse a cuestiones como llevar los registros de los empleados actuales, verificar el cumplimiento de los requisitos legales y, en algunos casos, colaborar en la detección de candidatos a ser seleccionados; en estos casos, lo suele dirigir un ejecutivo de nivel medio. Pero a medida que crece la organización (y sus demandas), el departamento de personal adquiere más importancia y complejidad.

También se han producido cambios importantes en los papeles asignados a este departamento y, por lo tanto, a su responsable, el director de recursos humanos. La responsabilidad de la gestión de los recursos humanos debe ser compartida: los directores de recursos humanos se encargan de diseñar las estrategias, políticas y prácticas de gestión y los responsables funcionales se encargan de poner en marcha estas estrategias y políticas y son el elemento de enlace con el personal de la organización (Dolan *et al.*, 2014).

Los directores de personal cada vez tienen mayor peso dentro de las organizaciones y, en muchas empresas, forman parte del grupo de directivos que diseñan las estrategias de negocio o corporativas (Lectura 3).

Lectura 3. El perfil del director/a de recursos humanos

Garrido analiza las características del director de recursos humanos y las funciones del departamento de recursos humanos. Según la autora, las principales características del director de recursos humanos son:

1. Confiabilidad.
2. Adaptabilidad, flexibilidad.
3. Generar Valor. Es la cara interna de la empresa.
4. Liderazgo. Saber organizar, persuadir y crear equipos.

Las funciones del departamento de recursos humanos dependen de la empresa pero, en términos generales, son las siguientes:

1. Organización y planificación.
2. Reclutamiento y selección.
3. Formación.
4. Evaluación y satisfacción del entorno de trabajo.
5. Administración de personal y de trámites (contratos, nóminas, etc.).
6. Prevención de riesgos laborales.

Fuente: Adaptado de Garrido, I. (2017): «¿Quién es el director/a de RR. HH. y cuál es su perfil?», noticia publicada el 12/05/2017. Disponible en http://empresas.infoempleo.com/hrtrends/actualidad/quien-director-rrhh-perfil/ [19/01/2018].

ACTIVIDAD DIDÁCTICA RECOMENDADA: Después de leer esta noticia, responda a las siguientes cuestiones: ¿Cómo se relacionan las funciones del departamento de recursos humanos con los procesos de la gestión de los recursos humanos? ¿Qué otras funciones puede desempeñar? Justifique su respuesta.

Según Dolan *et al.* (2014: 16-17), las cualidades que debería tener un director de recursos humanos son:

- Conocimiento de la gestión de la empresa. Visión holística y buena formación en planificación, tecnología y gestión de la información.
- Capacidad analítica. Disponer de buena capacidad analítica para realizar diagnósticos adecuados, resolver conflictos y proponer soluciones adecuadas a los problemas.
- Liderazgo competente. Disponer de credibilidad, conocimiento y poder de influencia.
- Enfoque proactivo. Mayor inclinación a la acción.
- Mayor habilidad como desarrollador. Comprometido con los cambios estructurales de la organización. Colaborar en la creación de la estrategia, dotar a

la organización del personal adecuado, motivar y retener a los empleados y gestionar los movimientos internos.

Sin embargo, hay que tener en cuenta que los perfiles del directivo de recursos humanos varían según los sectores, organizaciones, funciones y niveles profesionales. Quintanilla *et al.* (2012) analizan algunos de los estudios, tanto de carácter nacional como internacional, que definen el perfil de competencias del directivo de RR. HH. y llegan a la conclusión de que las competencias principales para este tipo de directivo son las de gestión, las organizativas y las habilidades personales. Por otra parte, es cada vez más frecuente que los directivos de RR. HH. provengan de otras áreas de la empresa, en este caso se valora, especialmente, su visión holística de la organización. Aspectos como el conocimiento del negocio y de la organización, competencias personales como la confianza y credibilidad del personal y los conocimientos técnicos pueden ayudar a desempeñar mejor las responsabilidades de la dirección de RR. HH. (Lectura 4).

Lectura 4. El líder de recursos humanos digital

Meta4 e ISDI, escuela nativa digital especialista en formación y desarrollo de talento, han elaborado una «guía para la digitalización del talento» en la que se analizan las diez características que necesitan desarrollar los líderes de Recursos Humanos para llevar a cabo la transformación digital del talento:

1. Pensamiento estratégico.
2. Curioso, ágil y con capacidad de aprendizaje.
3. Disposición a asumir riesgos.
4. Habilitador y no controlador.
5. Visión de futuro.
6. Alineado con los objetivos de negocio.
7. Pensamiento analítico.
8. Transparencia y autenticidad.
9. Empático.
10. Capacidad de negociación.

Fuente: Extraído de Wolters Kluwer (2017): «10 cualidades del líder de RRHH digital», noticia publicada en http://capitalhumano.wolterskluwer.es, 21/12/2017. Disponible en http://capitalhumano.wolterskluwer.es/Content/Documento.aspx?params=H4sIAAAAAAAEAMtMSbH1czUwMDA0sbAwNzVWK0stKs7Mz7M1MjA0NzQyMlTLy09JDXFxti3NS0lNy8xLTQEpyUyrdMlPDqksSLVNS8wpTlVLTcrPz0YxKR5uQkliUrFPZnGJrQeQcEx3yy_KVTUyAQBqf7AtegAAAA==WKE [18/01/2018].

ACTIVIDAD DIDÁCTICA RECOMENDADA: Después de leer esta noticia, analice cada una de estas características y defina la figura del líder de recursos humanos digital.

3. TENDENCIAS ACTUALES EN LA GESTIÓN DE LOS RECURSOS HUMANOS

Las tendencias actuales en la gestión de los RR. HH. son un reflejo de la necesidad de ser flexible y adaptarse a los cambios del entorno (Lectura 5). Ante esta situación, se está dando una mayor importancia a determinadas competencias de los trabajadores tales como la capacidad de reacción, la flexibilidad, la capacidad para la movilidad internacional y la sensibilidad hacia la multiculturalidad.

Lectura 5. Tendencias actuales en gestión de Recursos Humanos

Deloitte ha publicado el quinto estudio sobre las Tendencias de los Recursos Humanos, titulado «Reescribiendo las reglas para la era digital», en el que se han realizado encuestas a más de 10.000 líderes de empresas y de recursos humanos para identificar los principales retos a los que se enfrentan las organizaciones y que se resumen a continuación:

1. Hacia la organización del futuro. Desarrollar modelos centrados en el trabajo entre equipos con líderes que tengan habilidades como la negociación, resiliencia y pensamiento sistemático.
2. Carreras profesionales y formación. Las nuevas tecnologías como Youtube, edXm, Udacity ofrecen oportunidades de aprendizaje y desarrollo continuo.
3. Adquisición del talento. La gestión del *employer branding* es importante para reforzar la imagen y percepción de una organización hacia sus clientes, empleados y potenciales candidatos.
4. La experiencia del empleado. Desarrollo de nuevos enfoques como el *design thinking* y el *employee journey maps* más adaptados a los intereses de los *millennials*.
5. Nuevo modelo de gestión: *Performance Management*. Nuevas metodologías, como las *team-centric*, se centran en el trabajo en equipo y en la evaluación de su impacto.
6. Cambios en el modelo de liderazgo. Desarrollar líderes digitales.
7. La digitalización del departamento de Recursos Humanos.
8. Desarrollo de nuevos perfiles con alta demanda como el analista web.
9. Estrategias de diversidad e inclusión.
10. La transformación de los puestos de trabajo debido a la automatización, la robótica y los sistemas de inteligencia artificial.

Fuente: Extraído de Deloitte (2017): «Las 10 tendencias en la gestión de Recursos Humanos». Disponible en https://www2.deloitte.com/es/es/pages/human-capital/articles/10-tendencias-gestion-RRHH.html [19/01/2018].

ACTIVIDAD DIDÁCTICA RECOMENDADA: Después de leer esta noticia, responda a la siguiente cuestión: ¿Qué otros perfiles profesionales se están desarrollando en el contexto de la digitalización de los recursos humanos?

La gestión de empleados diversos es hoy en día un objetivo prioritario de las empresas ante el nuevo entorno socio-económico. Según IEGD (Instituto europeo para la gestión de la diversidad), la **gestión de la diversidad** es una «estrategia integral, que requiere un compromiso corporativo, basada en crear una plantilla diversa de empleados, con el objeto de atraer, retener y potenciar a personas de diferentes perfiles, que aporten innovación, nuevas opciones y puntos de vista, soluciones creativas, y conocimiento de diferentes culturas y mercados».[2]

El éxito de la gestión de la diversidad va a depender del compromiso de la alta dirección y del apoyo que ofrezca para la inclusión e integración de

2 Para más información consultar http://www.iegd.org/

colectivos diversos por género, origen étnico o nacionalidad, discapacidad, orientación sexual o edad (Lectura 6). Para ello, se pueden implantar programas formativos, constituir grupos de apoyo, organizar actividades específicas que favorezca la integración de los colectivos diversos y llevar a cabo auditorías para estudiar si los esfuerzos realizados por gestionar la diversidad han tenido éxito (Gómez-Mejía *et al.*, 2016).

Lectura 6. Los *millennials* en las empresas

Un estudio realizado por ManpowerGroup señala que los *millennials* son jóvenes nacidos entre 1980 y 1995 que trabajan una media de 43 horas semanales y que en su mayoría (49 %) creen que su edad de jubilación estará comprendida entre los 65 y 69 años. Estos jóvenes empiezan a ocupar puestos de dirección en organizaciones y a dirigir a sus propios equipos. Y según comenta Elena Méndez, profesora asociada del IE Business School y directora de la red de Recursos Humanos de enEvolución, «no buscan tanto encajar en una organización de gran tamaño, sino que se preguntan cómo va a encajar el trabajo en sus vidas». Juanjo Jiménez, asociado de Hays Executive, añade que son «más exigentes en ámbitos como flexibilidad de horarios, formación y desarrollo de habilidades profesionales. Si no se les ofrecen esas condiciones, cambiarán de trabajo».

También el contexto digital forma parte de su entorno laboral y según comenta Méndez, «están acostumbrados no solo a valorar el currículum de un candidato, sino a ver qué dice esa persona en redes sociales o consultar sus contactos y piden y dan feedback en ciclos más cortos; además, construyen mejores narrativas y buenas presentaciones porque entienden la importancia de la comunicación». Para Jaime Rodríguez, director general de BlaBlaCar en España y Portugal, «la comunicación directa, cercana y frecuente es uno de los factores más importantes en la gestión de personas».

Pero el estudio de ManpowerGroup también desvela que no todos los millennials están interesados en ser líderes, solo el 23 % de ellos tiene intención de llegar a puestos de dirección. Además, para estos jóvenes, la autoridad y el liderazgo son cosas diferentes y la creatividad, colaboración y ética son aspectos fundamentales.

Fuente: Adaptado de Nieto, C. (2017): «Los millennials revolucionan la alta dirección con sus métodos innovadores», noticia publicada en EL ECONOMISTA, 10/10/2017. Disponible en http://www.eleconomista.es/emprendedores-pymes/noticias/8664231/10/17/Los-millennials-revolucionan-la-alta-direccion-con-sus-metodos-innovadores.html [10/3/2018].

ACTIVIDAD DIDÁCTICA RECOMENDADA: Después de leer esta noticia, responda a la siguiente cuestión: ¿Qué características o perfil cree que tendrán los directores de recursos humanos *millennials*?

Asimismo, se está potenciando la **gestión del talento** que se define como el conjunto de procesos interrelacionados diseñados e implantados para atraer, identificar, desarrollar y retener a los empleados con talento, con la finalidad de cubrir los puestos directivos del futuro y mejorar la posición competitiva de la empresa en el largo plazo (De la Calle Durán, 2016: 249). Así, la gestión del talento significa, en primer lugar, que cada empresa defina qué considera que es su talento, es decir, cuáles son las características que deben tener sus empleados para ser considerados como tal. A partir de aquí la empresa inicia un proceso de cuatro etapas con diferentes prácticas para la gestión del talento (Figura 3).

Figura 3: Fases y prácticas de gestión del talento.

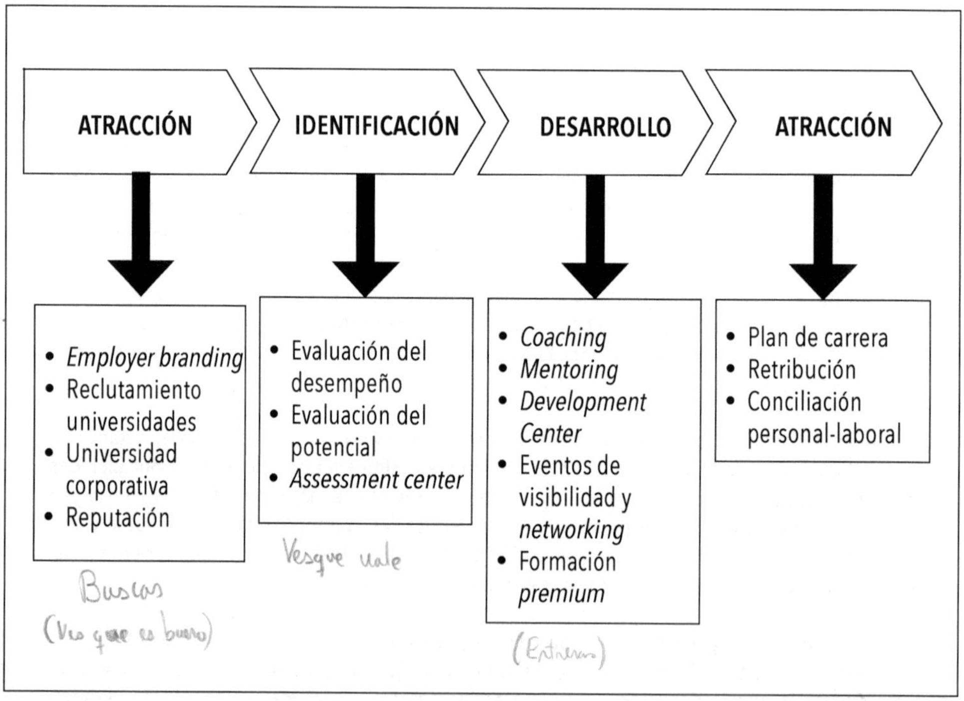

Fuente: De la Calle Durán (2016: 250).

Muchas de estas prácticas serán analizadas a través de los diferentes capítulos. En concreto, y para atraer el talento, muchas empresas están implantado ***employer branding***, una marca que les defina como buen empleador y les permita atraer y retener a los mejores profesionales.

La marca de empleador relaciona el marketing con los recursos humanos, de forma que se aplican a las actividades de recursos humanos los principios de marketing. Se busca con ello crear una marca de la empresa orientada a los empleados y una imagen de buen empleador. El desarrollo de una marca como empleador puede ofrecer a la empresa una ventaja competitiva sostenible ya que es una herramienta que permite no solo atraer talento sino también contratar y retener a los perfiles profesionales más adecuados. Además, puede tener un impacto favorable en la creación de valor para los accionistas, gracias al desarrollo de buenas prácticas de capital humano (Blasco-López, Rodríguez-Tarodo, y Fernández-Lores, 2014). Por otra parte, el desarrollo de las estrategias de recursos humanos en entornos digitales ha llevado al concepto de marca de buen empleador digital (*digital employer branding*[3]).

El interés por el desarrollo de la marca de buen empleador ha hecho que las empresas deseen participar en los rankings que valoran y evalúan los principales aspectos que hacen que una empresa sea considerada por los trabajadores como un buen lugar para trabajar. Entre estos rankings destacan Great Place to work (http://greatplacetowork.es/), Merco talento (http://merco.info/es/ranking-merco-talento), Top employers (https://www.top-employers.com/es-ES/), y el ranking de «Las Mejores Empresas para Trabajar» de Actualidad Económica (Lectura 7).

Lectura 7. Las mejores empresas para trabajar

En el ranking elaborado por Actualidad Económica en 2017, Mutua Madrileña, EY, BBVA, Gas Natural y KPMG se ha posicionado con las cinco mejores empresas para trabajar. Estas empresas tienen este reconocimiento porque sobresalen en la la gestión de los recursos humanos y tienen buenos programas de conciliación y formación, remuneración flexible y un excelente ambiente laboral.

Para hacer el ranking «Las Mejores Empresas para Trabajar» de Actualidad Económica, se elabora un cuestionario, supervisado por consultores y expertos independientes en recursos humanos, con una batería de preguntas que se realizan a empresas que lleven más de cinco años en España y tengan una plantilla superior a los 100 empleados. Las puntuaciones del cuestionario se reparten de la siguiente manera:

- Gestión del talento (240 puntos). Se analiza la proyección profesional, el rendimiento y la rotación no deseada, entre otros aspectos.
- Retribución y compensación (225 puntos). Se evalúa la combinación de salario fijo y variable, la remuneración en especie y los beneficios sociales.
- Ambiente (205 puntos). Se analizan cuestiones como el horario, el teletrabajo, la conciliación y las condiciones de trabajo.
- Responsabilidad Social Corporativa -RSC- (50 puntos). Se evalúan las políticas sociales y de voluntariado.
- Formación (220 puntos). Se valora la inversión en formación del empleado, por ejemplo, subvención de másteres, cursos en el extranjero, etc.
- Empleados (60 puntos). Se pide a tres perfiles diferentes de la plantilla que valoren la empresa y cuenten su experiencia.

Fuente: Adaptado de Oleo, F.; Sánchez, S.; Ors Villarejo, M. (2017): «Las mejores empresas para trabajar», noticia publicada en expansión.com, 06/09/2017. Disponible en http://www.expansion.com/actualidadeconomica/analisis/2017/09/06/59b01a4f468aebe25a8b45e0.html [22/01/2018].

ACTIVIDAD DIDÁCTICA RECOMENDADA: Después de leer esta noticia, responda a la siguiente cuestión: ¿Cree que este cuestionario se podría utilizar también para valorar la gestión de los recursos humanos en empresas pequeñas? Justifique su respuesta.

3 https://www.linkedin.com/pulse/employer-branding-what-how-do-well-becky-coleman-assoc-cipd [05/02/2018]

También las empresas se enfrentan al reto de desarrollar políticas y actuaciones para mejorar la **conciliación de la vida personal y laboral** (Lectura 8) y para gestionar el efecto que está teniendo la transformación digital sobre los recursos humanos —**digitalización de los RR. HH.**— (Lectura 9).

Lectura 8. Los aspectos laborales más valorados por los profesionales españoles

La startup, Wave Application, ha realizado un estudio sobre los aspectos laborales que son más valorados por los profesionales españoles. Los resultados muestran que los aspectos que son más rechazados son: la rigidez de horarios (76 %), la precariedad salarial (65 %) y las pocas posibilidades de crecimiento personal (55 %). Mientras que los más valorados son la posibilidad de tener horarios flexibles (76 %), teletrabajar cuando lo necesiten (60 %) y trabajar por objetivos frente al trabajo presencial (50 %).

Luis Gelado, fundador & COO de Wave afirma que «Las empresas jóvenes estamos demostrando que se puede innovar, que hay que confiar en los empleados y fomentar la meritocracia. Fórmulas como el teletrabajo son sencillas de implantar y generan un ahorro de aproximadamente un 35 % aproximado en costes, además de incrementar la productividad entre un 15 y un 30 %». En el estudio realizado por Wave, los entrevistados consideran que el teletrabajo aporta beneficios como poder trabajar en cualquier lugar del mundo (76 %), más facilidades para formar una familia (73-80 % de las mujeres y 86 % de los encuestados de 30 a 50 años) y dedicar más tiempo a formación y desarrollo personal (50 %).

Sin embargo, un informe del Instituto de Política Familiar (IPF) señala que España es uno de los países con menos flexibilidad laboral y el CIS encontraba que el 45 % de los trabajadores en España encuentra dificultades para conciliar su vida personal y profesional. Por su parte, los datos del Instituto Nacional de Estadística (INE) señalan que solo el 27 % del global de las empresas en España permiten el teletrabajo, frente a la media europea, que está en un 35 %, y la americana, de un 56 %.

Fuente: Extraído de Recursos Humanos RRHH Press (2017): «Flexibilidad y teletrabajo, lo más valorado por los profesionales españoles a nivel laboral», publicado el 23 de marzo de 2017. Disponible en http://rrhhpress.com/index.php?option=com_content&view=article&id=37607:flexibilidad-laboral-y-teletrabajo-lo-mas-valorado-por-los-profesionales-espanoles-a-nivel-laboral&catid=45:miscelanea&Itemid=159 [22/01/2018].

ACTIVIDAD DIDÁCTICA RECOMENDADA: Después de leer esta noticia, responda a la siguiente cuestión: ¿Qué medidas se pueden tomar para mejorar la conciliación de la vida personal y profesional en España? Justifique su respuesta.

Lectura 9. La digitalización de los departamentos de recursos humanos

A finales de 2016, la Fundación Personas y Empresas, realizó un estudio sobre la Digitalización de los Departamentos de Recursos Humanos. Se realizó una encuesta a 246 organizaciones con cerca de 300.000 empleados y se tuvo en cuenta el tamaño de las organizaciones, el sector y la estructura de los departamentos de personas. El objetivo de este estudio era saber si la trasformación digital de RR. HH. había llegado realmente a las empresas y se preguntaba por el nivel de digitalización del Departamento de RR. HH., si se tienen identificadas las habilidades y competencias digitales de las personas que componen sus empresas y si se refuerza o potencia la digitalización en la empresa.

También se analizaron cuestiones como las métricas que ofrecen a los mánager, directivos y Comités de Dirección del nivel de integración de la información de RR. HH., si se realiza una planificación estratégica de la plantilla con modelos predictivos, si se desarrollan productos, servicios o herramientas digitales en el departamento de RR. HH., si se ha aplicado la digitalización a la formación y la selección. También se les preguntaba por el uso de metodologías digitales y por la creación de departamentos de HR Analytics o la utilización de servicios de empresas consultoras, asesoras o implantadoras. Los resultados de este estudio, están disponibles en http://www.fundacionpersonasyempresas.org/docs/Estudio-digitalizacion-departamentos-rrhh.pdf.

Fuente: Adaptado de Pérez, Bernabé (2017): «Estudio sobre la digitalización de los departamentos de RR. HH.», publicado el 22/02/2017. https://www.grupoblc.com/estudio-sobre-la-digitalizacion-de-los-departamentos-de-rrhh/ [05/02/2018].

ACTIVIDAD DIDÁCTICA RECOMENDADA: Después de leer esta noticia, responda a la siguiente cuestión: ¿Qué efectos puede tener la digitalización de los departamentos de recursos humanos en cada uno de los procesos de gestión de los recursos humanos?

CUESTIONES PARA LA REFLEXIÓN

1. ¿Qué exigencias plantea el entorno a la hora de gestionar los recursos humanos en la empresa? Proponga ejemplos de las mismas.
2. Dé su opinión sobre la siguiente afirmación: «Los recursos humanos son un coste que hay que minimizar».
3. Reflexione sobre las relaciones que existen entre los procesos de gestión de los recursos humanos.
4. ¿Qué características diferencian al director de recursos humanos respecto a otros directivos de la organización? Justifique su respuesta.
5. ¿Consideras que es importante que las empresas gestionen la diversidad? Razone su respuesta.
6. ¿Qué efectos negativos puede tener la digitalización de los recursos humanos?
7. ¿Qué es el *digital employer branding*?

LECTURAS RECOMENDADAS

BLASCO-LÓPEZ, M. F.; RODRÍGUEZ-TARODO, A.; FERNÁNDEZ-LORES, S. (2014): «*Employer branding*: estudio multinacional sobre la construcción de la marca del empleador», *Universia Business Review*, n.° 44, pp. 34-53. Disponible en https://ubr.universia.net/article/view/974/employer-branding-estudio-multinacional-la-construccion-la-marca-empleador [22/01/2018].

MARTÍN MOLINA, A. (2018): «La gestión de Recursos Humanos en el valor accionarial de una empresa», *Capital humano*, n.º 327, pp. 64-68.

RODRÍGUEZ, L. F.; PERONA ALFAGEME; M. M., MARTÍNEZ; F., REICHARDT, S.; DEL RÍO, J.; MARTÍNEZ, L. (2018): «La digitalización de la función de RR. HH. en España (I)», *Capital humano*, n.º 327, pp. 80-86.

VILLAFAÑE GALLEGO, J. J. (2017): «Claves empíricas de la satisfacción y del compromiso del talento en las organizaciones», *El profesional de la información*, vol. 26, n.º 6, pp. 1159-1171. Disponible en http://www.elprofesionaldelainformacion.com/contenidos/2017/nov/15.pdf [05/01/2018].

SITIOS WEB RECOMENDADOS

www.rrhhmagazine.com
capitalhumano.wke.es
www.losrecursoshumanos.com
www.asempleo.com
www.greatplacetowork.es/
www.rrhh-web.com
www.equiposytalento.com
www.arearh.com
www.rrhhpress.com

PARTE 1
PROCESOS BÁSICOS DE GESTIÓN DE RECURSOS HUMANOS

Los procesos básicos de la gestión de los recursos humanos son aspectos determinantes para la formulación y puesta en marcha de los demás procesos relacionados con dicha gestión, ya que prácticamente todas las funciones y actividades de gestión de recursos humanos, así como los comportamientos y actitudes de los empleados, tienen sus raíces en la interrelación de estos con sus puestos de trabajo. En este sentido, el propósito del **análisis del puesto de trabajo** es proporcionar información sobre cómo la empresa lleva a cabo sus funciones, cómo asigna competencias y responsabilidades y, por tanto, cómo trata de lograr los objetivos empresariales.

Con la información obtenida del análisis de puestos podremos realizar la planificación de los recursos humanos. A través de las características y el perfil del puesto podremos conocer la plantilla actual y así determinar la plantilla futura, no solo en términos cuantitativos sino también en términos cualitativos. Por tanto, la **planificación de los recursos humanos** supone prever las necesidades de recursos humanos para los próximos años y fijar los pasos necesarios para cubrir dichas necesidades.

Pero además, los procesos básicos influyen en el resto de los procesos de gestión de recursos humanos (Figura 1).

El análisis de puestos de trabajo lo hace de la siguiente manera:

- En el caso de los procesos de selección es necesario establecer previamente los requisitos necesarios que debe tener el candidato para desempeñar de manera eficaz su trabajo. ¿Cómo vamos a contratar a las personas adecuadas si no sabemos qué es lo que tienen que hacer?
- Además, para planificar la formación necesaria, tanto en lo individual como en lo organizativo, hay que saber lo que se hace, cómo se hace (incluyendo los medios-herramientas, equipos y productos necesarios para su realización) y dónde, para poder determinar las capacidades, aptitudes y conocimientos que tiene la persona o la plantilla de la organización, observar sus carencias y, en función de ellas, proporcionar la formación necesaria.

- Para el establecimiento de los sistemas retributivos, es fundamental llevar a cabo previamente una valoración de los puestos, así como del desempeño de los trabajadores.
- Respecto a la seguridad y salud en el trabajo, un análisis de puestos mal hecho o mal definido puede contribuir a producir lesiones y accidentes en el lugar de trabajo, mientras que si está bien definido ayudará a la aplicación de aspectos de seguridad (de edificios y espacios), higiene (por los productos a utilizar), ergonomía (mobiliario y posturas adoptadas en el puesto) y psicosociología (organización del puesto).

Por su parte, la planificación de recursos humanos ayuda a determinar las necesidades de personal, por lo que podremos saber cuántas personas y de qué tipo debemos reclutar. Nos ayuda a prever la escasez de fuerza laboral, así como las áreas en las que puede producirse obsolescencia, lo que facilita el diseño de planes de formación y puede ayudar a determinar los planes de carrera para retener a los empleados más valiosos.

Figura 1: Los procesos básicos y su relación con otras prácticas de RR. HH.

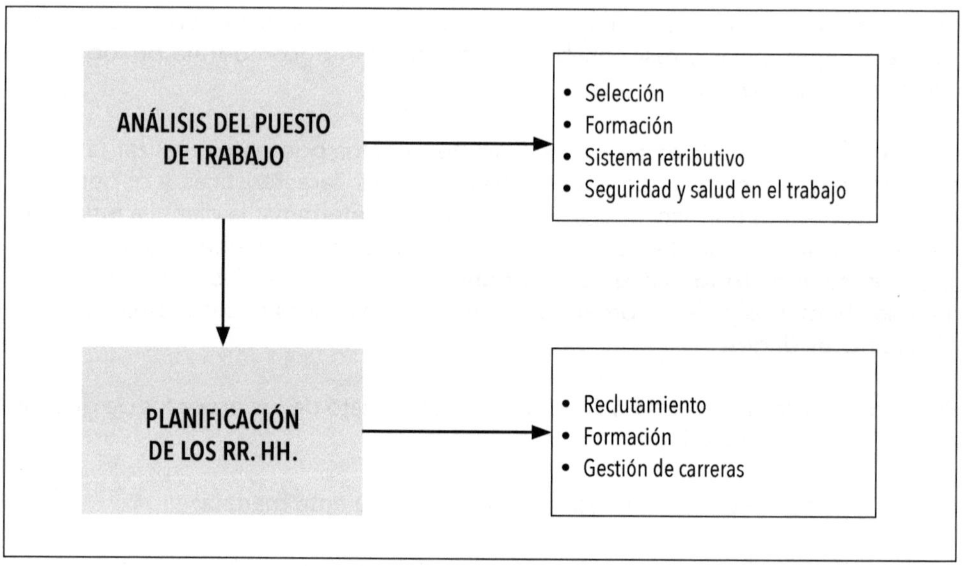

Fuente: Elaboración propia.

ANÁLISIS DEL PUESTO DE TRABAJO

2

INTRODUCCIÓN

En este capítulo se analizan todas las cuestiones relativas al análisis y rediseño del puesto de trabajo que forman parte de los llamados procesos básicos de la gestión de los recursos humanos. Un adecuado análisis del puesto de trabajo es importante no solo por la propia utilidad de la información que se obtiene de este, sino, además, por la influencia que ejerce sobre las demás actividades de la gestión de los recursos humanos. La información obtenida del análisis del puesto de trabajo es necesaria para poder llevar a cabo una buena planificación de los recursos humanos y facilitará el éxito de otros procesos como el reclutamiento, la evaluación del desempeño y la retribución.

OBJETIVOS DEL CAPÍTULO

- Definir el concepto de análisis del puesto de trabajo.
- Delimitar el proceso de realización del análisis del puesto de trabajo.
- Entender cómo se realiza la descripción y especificación del puesto.
- Estudiar las formas de realizar el rediseño de puestos.
- Conocer las tendencias actuales en el análisis del puesto de trabajo.

Jefe de compras

1. CONCEPTO DE ANÁLISIS DEL PUESTO DE TRABAJO

¿Se ha planteado alguna vez qué pasaría en una empresa si sus empleados no supieran qué trabajo tienen que hacer?, o ¿quién es el encargado de decidir lo que hace cada empleado y en qué se basa para determinar ese trabajo? Una empresa no puede funcionar sin personas que tienen asignadas una serie de funciones y actividades, de forma que el trabajo de todos los empleados de la organización sea lo que permita que la empresa tenga éxito. Pero, aunque esto es evidente, la definición de cada puesto se ha llevado a cabo por alguien, y, posiblemente, con base en ello se habrá seleccionado a la persona más adecuada para ocuparlo. Por tanto, en toda empresa es fundamental conocer los puestos de trabajo que son necesarios y qué aspectos se incluyen en cada uno de ellos.

Chiavenato (2011: 190) define el puesto de trabajo como el conjunto de todas las actividades desempeñadas por una única persona que pueden considerarse en un concepto unificado y ocupan un lugar formal en el organigrama. Gómez-Mejía *et al.* (2016: 74) consideran que es más adecuado centrarse en el *trabajo* que un empleado realiza que en el *puesto de trabajo*, ya que el trabajo va evolucionando de manera continua a medida que las empresas cambian sus procesos de trabajo y sus estructuras organizativas para adaptarse a las necesidades de los clientes. A pesar de ello, la necesidad de asignar empleados a puestos de trabajo es un aspecto clave por lo que el análisis de puestos de trabajo se considera una práctica de recursos humanos fundamental para las empresas.

Los puestos de trabajo están formados por una serie de tareas o funciones, obligaciones y responsabilidades. Las **tareas** son los elementos básicos del trabajo; las **obligaciones** están formadas por una o más tareas que constituyen una actividad significativa en la realización de un trabajo; mientras que la **responsabilidad** está definida por una o varias obligaciones que identifican y describen el fin principal o la razón de ser del trabajo (Gómez-Mejía *et al.*, 2016). Por ejemplo, para un puesto de un auxiliar administrativo cumplimentar una hoja de gastos de viajes es una tarea que forma parte de su obligación de controlar los gastos de viaje del departamento que, a su vez, es parte de su responsabilidad de gestionar el presupuesto del departamento.

Para determinar cuáles son los contenidos y cometidos de cada puesto, se lleva a cabo el llamado «análisis de puestos de trabajo», que se define como un proceso sistemático de recopilación de información para tomar decisiones relativas al trabajo, identificando para ello las tareas, obligaciones y responsabilidades de un determinado puesto (Gómez-Mejía *et al.*, 2016: 63).

Otros autores han definido de forma similar lo que es el análisis de puestos. Así, Dessler (2015: 95) considera que es el procedimiento para establecer las responsabilidades y las habilidades que requiere un puesto, así como el tipo de persona que se debe contratar para ocuparlo. Mondy (2010: 92) lo define como el proceso sistemático para determinar las habilidades, obligaciones y los conocimientos necesarios para desempeñar los cargos dentro de una organización. Mientras que para

Dolan *et al.* (2014: 39) es el proceso que consiste en describir y registrar el fin de un puesto de trabajo, sus principales cometidos y actividades, las condiciones bajo las que estas se llevan a cabo y los conocimientos, habilidades y aptitudes necesarios.

Considerando estas aportaciones de los diversos autores, proponemos la siguiente definición integradora: El **Análisis del Puesto de Trabajo** (APT) es el proceso a través del cual la empresa recopila y analiza la información sobre el puesto de trabajo con la intención de identificar las tareas, obligaciones y sus responsabilidades, de forma que sirvan para establecer el perfil de persona que debería ocuparlo.

El análisis del puesto de trabajo ha sido tradicionalmente una técnica esencial de recursos humanos y el punto de partida para otras prácticas de recursos humanos. En la actualidad, con un ambiente laboral muy dinámico, es fundamental tener un buen sistema de análisis del puesto de trabajo. Cuando se crean nuevos puestos y los puestos antiguos se rediseñan o se eliminan, un APT realizado hace algunos años podría estar obsoleto. Por ello, aunque es una tarea muy técnica no debe descuidarse por parte de los departamentos de RR. HH.

2. PROCESO DE REALIZACIÓN DEL ANÁLISIS DEL PUESTO DE TRABAJO

El análisis del puesto de trabajo puede ser entendido como un proceso sistemático con cuatro etapas (Figura 1):

ETAPA I. Objetivos del análisis
ETAPA II. Delimitación del análisis
ETAPA III. Análisis de puestos
ETAPA IV. Descripción y especificación del puesto

Figura 1: Etapas del proceso de análisis del puesto de trabajo.

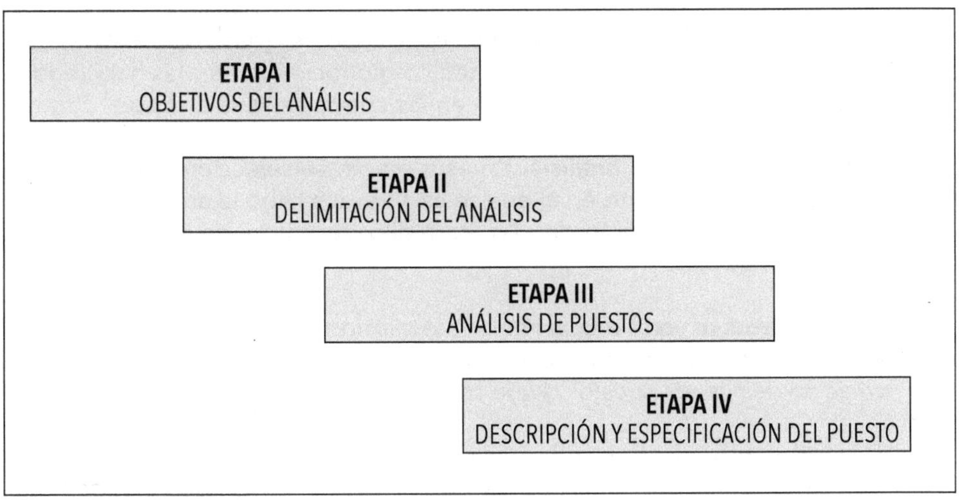

Fuente: Elaboración propia.

ETAPA I: Objetivos del análisis. En esta etapa es necesario identificar la información que se desea obtener y el procedimiento a seguir. Por ello, hay que analizar cuál es el propósito del APT y, en función de ello, recopilar toda la información básica relevante sobre las actividades propias de cada puesto como los organigramas, las descripciones de puestos anteriores, etc.

Según Dolan *et al.* (2014), el análisis del puesto de trabajo permite conocer aspectos claves del diseño de los puestos como sus fines y sus características. En cuanto a las características, se debe incluir la identidad del puesto, las habilidades requeridas para su desempeño, su autonomía y componentes específicos como los elementos físicos y cognitivos necesarios para su realización. Respecto a la finalidad, hay que determinar su razón de ser y la contribución que hace a la organización. Por otro lado, el contexto en el que se realiza el trabajo es también una parte importante del análisis. Hay que conocer las condiciones bajo las que se realizan las actividades para detectar problemas como las fuentes de conflicto, de accidentes, de enfermedades, etc., que hacen que disminuya la productividad de los trabajadores y tienen alto coste para la organización.

Así cuando se lleva a cabo un APT hay que tener claro el objetivo y el procedimiento más adecuado a seguir. Para ello, hay que conocer lo que hace y no hace el titular del puesto de trabajo (Dolan *et al.*, 2014):

- Percepción. Qué se cree que se hace.
- Normas. Qué es lo que se debería hacer.
- Planes. Qué se tenderá a hacer en el futuro.
- Motivación. Qué gustaría hacer.
- Capacidad. Qué se puede hacer.
- Potencial. Que puede hacer y no está haciendo.
- Futuro. Qué se espera que se haga en el futuro.

De esta forma, el APT ofrece un resumen de los deberes y las responsabilidades de un trabajo, su relación con otros puestos, los conocimientos y las habilidades que requiere, y las condiciones laborales en las cuales se lleva a cabo.

ETAPA II: Delimitación del análisis. En esta etapa, se seleccionan los puestos que se analizarán, el momento en el que se va a llevar a cabo el análisis, así como las personas que se encargarán de ello. Para ello, se tratará de dar respuesta a las siguientes preguntas:

1. **¿Qué puestos se van a analizar?** No es lo mismo si se realiza el APT por primera vez, que si se hace como resultado de cambios en la empresa que supongan creación de nuevos puestos o que conlleven la desaparición de algunos.

2. **¿Cuándo se hará el estudio?** El momento en el que se lleva a cabo el análisis es un aspecto importante. Normalmente, cuando se crea la organización se suele llevar a cabo el primer análisis de puestos. Sin embargo,

las empresas van cambiando por lo que, si se producen cambios relevantes en los puestos existentes o se crean nuevos puestos, también habrá que llevar a cabo nuevos análisis.

Siguiendo a Mondy (2010), un APT se debe llevar a cabo en tres ocasiones:

- Cuando se crea una empresa y el APT se realiza por primera vez.
- Cuando se crean nuevos puestos.
- Cuando los puestos cambian de manera significativa como resultado de la aplicación de nuevas tecnologías, métodos, procedimientos o sistemas.

3. **¿Quién lo realizará?** Es importante decidir la persona o personas que se ocuparán de realizar el análisis. En algunos casos, se encarga la tarea a la persona que ocupa el puesto, en otros, a su superior, aunque lo más habitual es que sea una persona del departamento de recursos humanos, a la que se denomina «analista de puestos», la que lo lleve a cabo. También puede ser una tarea subcontratada a una empresa especializada.

ETAPA III: Análisis de puestos. Es el APT propiamente dicho. Se tratará de reunir datos sobre actividades laborales, conductas requeridas por los trabajadores, condiciones laborales, y las características y capacidades humanas necesarias. Por otra parte, es importante cotejar la información con las personas que están desempeñando el puesto para confirmar los datos y su utilidad y, en su caso, corregir posibles errores (Figura 2).

Para reunir los datos sobre cada puesto la empresa dispone de varias fuentes de información, siendo las más habituales las entrevistas, la observación, los diarios, los cuestionarios y los grupos de expertos.

a. Entrevistas. Permiten obtener información directa sobre el trabajo (tareas, obligaciones, estudios, experiencia, responsabilidades, condiciones laborales...). Hay diversos tipos de entrevistas: individuales, de grupo, etc. La ventaja de esta fuente es que la información se puede conseguir de forma fácil y detallada y permite un trato personal. Además, es una técnica muy flexible que se puede ajustar a los objetivos concretos y compaginar fácilmente con otras técnicas. Como inconveniente destaca su coste, el tiempo necesario que se requiere, la necesidad de formación y experiencia de los analistas y la posible distorsión de la información por parte del entrevistado si esta pudiera repercutir en sus condiciones laborales (Dolan *et al.*, 2014).

b. Observación. Consiste en observar al trabajador en el desarrollo de su trabajo para registrar sus características esenciales. Es más adecuado para puestos manuales con actividades repetitivas que para trabajos intelectuales. Es preciso dejar un tiempo prudencial para que el ocupante del puesto se acostumbre a la presencia del analista y trabaje de forma habitual. Como inconveniente destaca que es una fuente lenta y costosa, pero entre sus ventajas está que aporta objetividad y credibilidad si el evaluador es externo y si los datos que se recogen y analizan son directos y objetivos. También puede servir para reforzar la información obtenida a partir de otras fuentes. Pero hay que tener en cuenta que la presencia de un observador puede influir en la conducta del observado, bien de forma positiva (trabajando con mayor rapidez), o de forma negativa (exagerando los riesgos o la complejidad del puesto). Además, para trabajos con un ciclo muy largo o que requieren actividad mental está fuente no es eficaz (Dolan *et al.*, 2014).

c. Diarios o bitácoras. Es el registro que lleva el trabajador a intervalos regulares (días, semanas) de las actividades o tareas que realiza y de la cantidad de tiempo que dedica a cada una de ellas. Si se analizan los diarios durante un periodo de tiempo representativo se pueden identificar las características esenciales del puesto. Puede servir para obtener información útil para puestos muy especializados. Entre sus inconvenientes destacan que el trabajador tiene que dedicarle tiempo y esfuerzo y, además, no se obtiene información sobre las exigencias y especificaciones del puesto (Gómez-Mejía *et al.*, 2016).

d. Cuestionarios. El trabajador responde a una serie de preguntas sobre las necesidades del trabajo en cuanto a conocimientos, habilidades, obligaciones y responsabilidades (Gómez-Mejía *et al.*, 2016). Se valora en cada pregunta la importancia del trabajo y su frecuencia. Es una técnica que permite analizar varios puestos de manera simultánea a un bajo coste (Werther y Davis, 2014). El proceso puede ser más rápido y menos costoso si se envía el cuestionario por correo electrónico o a través de la intranet de la empresa y se pide a los empleados que lo cumplimenten un día determinado (Dessler, 2015). Esto facilita recopilación de información de personas que se encuentran en lugares remotos. Un programa informático puede evaluar los resultados y resumir las características del puesto utilizando descriptores estándares para diferentes categorías (Gómez-Mejía *et al.*, 2016). Su mayor inconveniente es que la preparación y comprobación del cuestionario lleva bastante tiempo. Además, si las preguntas no se comprenden bien o están incompletas, el cuestionario pierde precisión y puede dar lugar a errores que invaliden la información obtenida (Dolan *et al.*, 2014; Gómez-Mejía *et al.*, 2016).

Existen algunos cuestionarios estándar como, por ejemplo, PAQ (*Position Analysis Questionarie*), MPDQ (*Management Position Description Questionaire*), OAI (*Occupational Analysis Inventory*) o F-JAS (*Fleishman Job Analysis Survey*) que no tienen un alto coste, pero no están adaptados a las características y cultura de cada empresa. Otros tipos son: 1) el cuestionario estructurado, donde hay que elegir sobre una escala o marcar una respuesta, y facilitan la tabulación e interpretación de los resultados, pero limitan la respuesta del encuestado; 2) el cuestionario abierto, sin estructurar, que requiere que el encuestado describa la realidad del puesto sin desvirtuarla, por lo que no es fácil tabular los resultados ni interpretarlos; y 3) los cuestionarios mixtos, que incluyen ítems abiertos y cerrados, eliminando los inconvenientes de los dos cuestionarios anteriores.

e. Grupos de expertos. Se recoge la opinión de un grupo de personas especialistas, normalmente trabajadores o supervisores muy experimentados. Permite obtener detalles y puntos de vista que no se habrían logrado de otro modo, aunque es un proceso lento y costoso. Este método es muy útil cuando lo que se pretende es el diseño de un nuevo puesto o el rediseño sustancial de puestos, así como para implantar planes de prevención y seguridad en el puesto (Werther y Davis, 2014).

Figura 2: Ejemplo de análisis del puesto de trabajo.

ANÁLISIS DEL PUESTO
- Objetivo general del puesto
- Denominación del puesto
- Departamento
- Sección
- Categoría profesional
- Tipo de contrato
- Salario aproximado
- Horario
- Dependencia jerárquica
- Recibe órdenes
- Descripción del organigrama de la empresa y en qué lugar se sitúa el puesto

DESCRIPCIÓN DE TAREAS DEL PUESTO
- Cotidianas
- Periódicas
- Ocasionales

RECURSOS UTILIZADOS EN EL PUESTO
- Tecnología
- Herramientas
- Material

CONDICIONES AMBIENTALES DEL PUESTO (lugar, iluminación, temperatura, tipo de trabajo, riesgo de accidente…)

REQUISITOS DEL PUESTO
- Físico (vista, oído, destreza manual, fuerza, altura…)
- Intelectuales (atención, discriminación visual, memoria, fluidez verbal, iniciativa, sociabilidad, razonamiento mecánico…)

RESPONSABILIDAD DEL PUESTO
- Sobre equipo
- Sobre recursos materiales
- Sobre empleados

FORMACIÓN Y EXPERIENCIA REQUERIDA PARA EL PUESTO
- Formación mínima
- Formación aconsejable
- Experiencia
- Perfil deseable (edad, cercanía al puesto de trabajo…)

Fuente: Elaboración propia.

La elección de uno de estos métodos o su combinación estará determinada, entre otras cuestiones, por la complejidad del trabajo y el coste de recopilar dicha información. Por lo que, además de conocer cada uno de los métodos es importante reflexionar sobre las principales características de cada uno de ellos y para qué tipo de puesto es más utilizado (Figura 3).

Figura 3: Características de las fuentes de información para el análisis de puestos de trabajo.

Fuente de información	Estandarización	Influencia del analista	Coste	Tiempo	Aplicación
ENTREVISTAS	Media	Elevada	Alto	Mucho	Puestos complejos
OBSERVACIÓN	Baja	Elevada	Alto	Mucho	Puestos simples
DIARIOS O BITÁCORAS	Baja	Nula	Bajo	Mucho	Todos los puestos
CUESTIONARIOS	Alta	Nula	Bajo	Poco	Todos los puestos
GRUPOS DE EXPERTOS	Baja	Media	Alto	Mucho	Puestos de nueva creación o rediseño de puestos

Fuente: Adaptado de Morales, Ariza y Morales (2000: 29) en Palomo Vadillo (2006).

Tan importante como obtener la información es analizarla para que sea útil y permita alcanzar los objetivos fijados en la etapa I. La empresa tiene a su disposición múltiples técnicas que le permitirán llevar a cabo el análisis de la información. De entre estas técnicas, destacamos las propuestas por los autores Gómez-Mejía *et al.* (2016), Dessler (2015) y Dolan *et al.* (2014):

a) El análisis del inventario de tareas. Se utilizan cuestionarios para establecer una clasificación de tareas en función, por ejemplo, de la importancia y el tiempo requerido para realizarlas. Es una técnica utilizada para definir conocimientos, habilidades y aptitudes (CHA) necesarias para realizar correctamente el trabajo. Consta de tres etapas (Gómez-Mejía *et al.*, 2016):

- Entrevistas: consiste en desarrollar un listado de las tareas que forman parte del puesto para crear descripciones específicas de cada tarea particular y después utilizarlas para el inventario de tareas.

- Encuestas: compuestas por definiciones de tareas y escalas de clasificación. Se pide a los que desempeñan actualmente el puesto que valoren cada tarea en función de su importancia y de la frecuencia y el tiempo de formación necesarios.
- Generación de una tarea mediante la matriz CHA: se utiliza para calificar en qué medida es importante la variedad de CHA para realizar cada tarea con éxito.

Como ventaja de esta técnica podemos destacar que es un método sistemático y que usa cuestionarios personalizados en lugar de cuestionarios genéricos. Además, permite hacer descripciones de puestos y formularios de evaluación del rendimiento e identificar las pruebas de selección más adecuadas (Gómez-Mejía *et al.*, 2016).

b) La técnica de incidentes críticos. Se pide que el titular del puesto describa los incidentes críticos y el comportamiento más adecuado para resolverlos de manera eficaz, al mismo tiempo que se analizan las causas y las consecuencias del incidente (Dolan *et al.*, 2014). Es una técnica utilizada para describir las consecuencias del comportamiento en un trabajo. Consta de los siguientes pasos (Gómez-Mejía *et al.*, 2016):

- Se crean dimensiones para identificar las características básicas del rendimiento. Por ejemplo, para el puesto de dependiente, una dimensión puede ser la relación con los clientes.
- Creación de incidentes. Para cada dimensión se plantean posibles formas de comportamiento ante los incidentes. Por ejemplo, en la dimensión «relación con los clientes», un buen comportamiento sería: «ante una crítica de un cliente por no encontrar un producto, el dependiente se preocupa por localizarlo». Mientras que un mal comportamiento sería: «la discusión delante del cliente entre dos dependientas por no estar el producto en el lugar asignado».
- Se asignan valores de eficacia al incidente para garantizar que recibe la misma consideración por parte del resto de los empleados.

Esta técnica proporciona una descripción detallada del comportamiento en el trabajo como, por ejemplo, la capacidad de reacción de un empleado ante un problema inesperado. Por ello, es útil para la evaluación del rendimiento, para detectar necesidades de formación y para evaluar el comportamiento en las pruebas de selección (Gómez-Mejía *et al.*, 2016).

c) El cuestionario de análisis de puestos. Se hace una clasificación de los elementos del trabajo en función de escalas como, por ejemplo, el grado de utilización o la importancia del trabajo. Es un cuestionario que consta de 194 elementos distintos y utiliza escalas de 5 puntos para determinar el grado en que cada elemento del trabajo está implicado en la realización de una determinada tarea (Dessler, 2015; Gómez-Mejía *et al.*, 2016). Se diseñó bajo dos principios básicos: 1) en todos los trabajos es posible identificar comportamientos idénticos; y 2) todos los puestos se pueden describir en función de la importancia de dichos comportamientos (Dolan *et al.*, 2014). Los componentes se agrupan en seis apartados (Gómez-Mejía *et al.*, 2016):

- Dónde y cómo se obtiene la información para hacer el trabajo.
- Los procesos mentales necesarios, es decir, el razonamiento, la toma de decisiones, la planificación y el procesamiento de la información.
- Cómo se ejecuta el trabajo. Qué actividades físicas requiere, qué herramientas o instrumentos se utilizan.
- Cuáles son las relaciones con otras personas.
- En qué contexto físico y social se lleva a cabo el trabajo.
- Otras actividades, condiciones y características.

El análisis informático de las respuestas permite elaborar un perfil del puesto que indique en qué se diferencia un puesto de trabajo de otro respecto a los diferentes componentes analizados (Dolan *et al.*, 2014).

d) Análisis funcional del puesto de trabajo. Se generan definiciones de los trabajos y se las somete a calificación respecto a la frecuencia e importancia de los trabajadores implicados. Es una técnica que se realiza a través de entrevistas y cuestionarios y es muy común en el sector público. Se diseñó para mejorar el ajuste del empleado al puesto de trabajo. Se recopila información sobre las actividades que realizan las personas, los datos que se manejan, los métodos, técnicas y equipos que utiliza; y los materiales, proyectos o servicios producidos por el trabajador (Dolan *et al.*, 2014; Gómez-Mejía *et al.*, 2016).

e) El Play Hay. Se suele aplicar a los directivos y está básicamente vinculado al sistema de evaluación y de retribuciones. Se sustenta en la entrevista entre el analista del puesto de trabajo y su titular respecto a los objetivos, las dimensiones, la naturaleza y el alcance del puesto y la responsabilidad. Debido a que la información se obtiene a través de entrevista, es muy importante que el entrevistador tenga habilidades específicas para obtener dicha información (Dolan *et al.*, 2014).

f) Otras:

El cuestionario de descripción de la posición directiva. Se determinan las capacidades necesarias para promocionar a posiciones directivas y asumir nuevas responsabilidades (Dolan *et al.*, 2014; Mondy, 2010).

El análisis de capacidades físicas. Se analizan los puestos de trabajo desde el punto de vista de las capacidades físicas requeridas como fuerza, equilibrio, flexibilidad, etc. en una escala de 7 puntos para establecer el grado que se requiere de cada uno de estos aspectos en cada puesto. Este análisis permite un ajuste adecuado de los empleados al puesto de trabajo (Dolan *et al.*, 2014).

ETAPA IV: Descripción y especificación del puesto. En esta etapa se recopila toda la información previamente analizada con los métodos de la Etapa III. Por ello, hay que preparar los documentos adecuados que recojan las conclusiones del análisis. Estos son básicamente dos: la descripción y la especificación del puesto. A esta cuarta etapa le dedicaremos el siguiente epígrafe.

3. LA DESCRIPCIÓN Y ESPECIFICACIÓN DEL PUESTO DE TRABAJO

La cuarta etapa del proceso de análisis del puesto de trabajo tiene como objetivo la preparación de los documentos, la descripción del puesto y la especificación o perfil del puesto, que recopilan las principales conclusiones del estudio realizado para cada puesto.

3.1. DESCRIPCIÓN DEL PUESTO

La descripción del puesto ha sido definida de diversas formas. Werther y Davis (2014: 95) consideran que es una declaración por escrito de las responsabilidades, las condiciones de trabajo y otros aspectos de un puesto determinando. Para Dessler (2015: 67) es un texto que explica lo que hace en realidad el trabajador, cómo lo hace y en qué condiciones desempeña su labor. De esta forma, se registran las obligaciones y las responsabilidades del puesto, así como a quién reporta y a quién supervisa y sus condiciones laborales. Gómez-Mejía *et al.* (2016: 70) lo definen como el documento escrito que identifica, describe y define un puesto de trabajo en función de sus obligaciones, responsabilidades, condiciones laborales y especificaciones. Mondy (2010: 98) considera que es un documento que proporciona información acerca de las tareas, deberes y responsabilidades del puesto. Para Dolan *et al.* (2014: 47), la descripción del puesto ofrece una lista de aspectos relativos a qué se hace, cómo se hace y por qué se hacen las cosas.

Por tanto, la **descripción de un puesto de trabajo** es el resultado del análisis de puestos y se define como el documento que recoge la información relativa a cada puesto con relación a las tareas, obligaciones, responsabilidades y condiciones laborales (Figura 4).

No existe un formato estándar para redactar este documento, aunque se suelen incluir cuatro aspectos: identificación del puesto, resumen del puesto, obligaciones y responsabilidades, y las condiciones de trabajo (Dolan, *et al.*, 2014; Werther y Davis, 2014)[1].

1. **Identificación del puesto.** Se recoge la información o datos básicos necesarios para localizar el puesto en la organización: área, departamento o

1 Ver ejemplos de puestos de trabajo genéricos en Tarcica, J.; González, M. (2013): «120 Descripciones de Puestos: Materiales de Alta Calidad en Recursos Humanos». Disponible en: https://rhmanagerdemo.com/documentos/120descripciones.pdf

sección, denominación del puesto, ocupante actual, superior jerárquico, fuente de información del trabajo, el encargado de la descripción del puesto, la fecha de realización del análisis y la verificación de la descripción del trabajo.

Figura 4: Ejemplo de descripción de un puesto de trabajo.

ÁREA COMERCIAL
NOMBRE DEL PUESTO: RESPONSABLE DE INVESTIGACIÓN DE MERCADOS

MISIÓN: Analizar la información, tanto de carácter interno como externo, respecto a la posición de la empresa, sus productos y servicios en el mercado, la competencia en cada segmento y la evolución y progreso de los distintos mercados.

Trayectoria del puesto: Técnico de marketing

Responsable de investigación de mercados

Director de Marketing

Técnico de estudios de mercado

RESPONSABILIDADES BÁSICAS:

- Definir proyectos de investigación de mercado de la empresa por productos, sectores, consumidores, etc.
- Analizar la posición de la organización y sus productos respecto al mercado y la competencia.
- Evaluar los resultados de las campañas de publicidad respecto al mercado: impacto, imagen, posición, etc.
- Supervisar la calidad de los estudios e investigaciones realizadas: índices de mercado, estudios de medios, etc.

FORMACIÓN REQUERIDA:

- Titulados superiores.
- Máster especializado.

Fuente: Elaboración propia.

2. **Resumen del puesto de trabajo.** Se especifica qué es el puesto, cómo se lleva a cabo, por qué y para qué. Se puede incluir la misión del puesto, los resultados esperados y las actividades o funciones desempeñadas. Se determinan las acciones que deben realizarse en el puesto de trabajo, diferenciando entre tareas que se deben realizar de forma permanente, alternativa u ocasional.

3. **Obligaciones y responsabilidades del puesto.** Explican qué hay que hacer en el trabajo, cómo se hace y por qué se hace. Son las tareas que se tienen que realizar para cumplir con el desempeño del puesto y del que su titular es responsable de manera directa o a través de sus subordinados.

4. **Condiciones de trabajo.** Se describen las circunstancias y condiciones en que se realiza el trabajo, por ejemplo, la posibilidad de un horario flexible o la necesidad de asumir viajes imprevistos.

3.2. ESPECIFICACIÓN DEL PUESTO O PERFIL DEL PUESTO

Aunque en algunos casos las cuestiones relativas a las características que deberían tener las personas para ocupar un determinado puesto se incluyen en su descripción, hay algunos autores como Werther y Davis (2014) que diferencian entre descripción del puesto y especificación del puesto.

La especificación del puesto recoge las características que debe poseer el individuo que desempeñará el trabajo. Indica, por tanto, qué tipo de persona se debe reclutar y qué cualidades se tienen que evaluar para hacer la selección, esto es, los conocimientos, experiencia, habilidades y formación necesaria para desempeñar con éxito el puesto de trabajo (Dessler, 2015).

Otros autores han considerado que las especificidades del puesto, o también llamado perfil del puesto, está constituido por una lista de los requisitos que debe cumplir la persona que lo ocupe. Para Mondy (2010: 100), este documento recoge las cualidades mínimas aceptables que debe poseer una persona con el fin de desarrollar un puesto específico. Mientras que, para Dolan *et al.* (2014: 47), el perfil del puesto incluye de forma detallada los conocimientos, habilidades y aptitudes necesarios para el mismo, es decir, los requisitos exigibles al trabajador. En el mismo sentido, Gómez-Mejía *et al.* (2016: 73) definen las especificaciones del puesto como las características necesarias que debe tener un trabajador para desempeñar con éxito un puesto de trabajo.

En la práctica, en muchas ocasiones, la descripción del puesto incorpora las especificaciones de este, pero por sus características específicas se puede definir de la siguiente manera: La **especificación o perfil del puesto** es el documento donde se recoge la información relativa a las características que debería tener la persona que lo ocupa para que pueda desempeñarlo adecuadamente. Recoge, por tanto: 1) un listado de las características necesarias del trabajador para poder realizar satisfactoriamente su trabajo; 2) la cualificación mínima, y 3) las capacidades y conocimientos necesarios (formación, aptitudes, capacidades, experiencia, etc.) (Figura 5).

4. REDISEÑO DE PUESTOS DE TRABAJO

Una vez que se ha realizado el análisis de los puestos, la empresa debe revisarlos y plantear las alternativas necesarias para su mejora. Al proceso seguido para hacer cambios y mejoras en el puesto se le denomina **rediseño de puestos de trabajo**. Para llevarlo a cabo hay una serie de técnicas muy conocidas y utilizadas, que siguiendo a Dessler (2015), Gómez-Mejía *et al.* (2016) y Werther y Davis (2014), se van a agrupar en cuatro categorías (Figura 6).

Figura 5: Perfil del puesto utilizado por Parque Temático de Madrid

PERFIL DEL PUESTO

EDAD

SEXO

FORMACIÓN GENERAL

FORMACIÓN ESPECÍFICA

TITULACIÓN

EXPERIENCIA PROFESIONAL

- Experiencia laboral general
- Experiencia laboral específica
- Experiencia en el mundo

CONOCIMIENTOS, DESTREZAS PARTICULARES

APTITUDES PSICOFÍSICAS (todo lo que tiene que ver con los sentidos, resistencia física a la fatiga, a la monotonía, estabilidad emocional, coordinación visio-manual, salud general y resistencia)

INTELIGENCIA GENERAL

- Razonamiento abstracto
- Razonamiento numérico
- Aptitud verbal, espacial y mecánica

ASPECTOS O RASGOS DE LA PERSONALIDAD

- Actitud ante el trabajo o la empresa
- Dotes de organización, iniciativa, reflexión…
- Adaptación social, estabilidad, colaboración, disciplina, introversión, extroversión…
- Madurez, liderazgo, dotes de comunicación…

Fuente: Elaboración propia.

a. Técnicas para puestos con bajo nivel de especialización

Para puestos que no están altamente especializados, una técnica de rediseño que se puede utilizar es la **simplificación del trabajo**. El trabajo puede dividirse en tareas simples y repetitivas que harán que el trabajador sea más eficiente en el desempeño de su puesto. Para ello, se reparten las tareas de un solo puesto entre varios (Gómez-Mejía *et al.*, 2016). El mayor problema de esta especialización es que se corre el riesgo de hacer que el trabajo sea más rutinario y monótono, lo que puede desmotivar al trabajador y aumentar los niveles de rotación e insatisfacción laboral, sobre todo en puestos de mayor nivel educativo (Werther y Davis, 2014). Esta técnica es útil para obtener una mayor eficacia en la producción a gran escala de productos estandarizados como, por ejemplo, la cadena de montaje de fabricación de automóviles.

Figura 6. Técnicas de rediseño del puesto de trabajo.

TÉCNICAS DE REDISEÑO DE PUESTOS DE TRABAJO		
Para puestos con bajo nivel de especialización	Simplificación del trabajo	
Para puestos con alto nivel de especialización	• Rotación de puestos • Ampliación del puesto • Enriquecimiento del puesto • Diseño de trabajo en equipos	
Asociadas con la flexibilidad	Trabajadores eventuales	• Trabajadores temporales • Trabajadores a tiempo parcial • Subcontratación • Trabajadores autónomos • Estudiantes en prácticas
	Horario de trabajo flexible	• Horas de trabajo flexible • Semana laboral comprimida • Teletrabajo
Reingeniería		

Fuente: Elaboración propia a partir de Dessler (2015), Gómez-Mejía *et al.* (2016) y Werther y Davis (2014).

b. Técnicas para puestos de alto nivel de especialización

Las técnicas de rediseño para este caso pretenden hacer que el trabajo sea más interesante y más satisfactorio para el trabajador. Las técnicas más usadas para ello son: la rotación de puestos, la ampliación del trabajo o inclusión de nuevas tareas, el enriquecimiento del puesto y los grupos autónomos de trabajo (Werther y Davis, 2014).

La **rotación de puestos** permite al trabajador ir cambiando de un puesto a otro, lo que reduce la monotonía del trabajo (Lectura 1). La rotación hace que los empleados se turnen en distintas tareas sin que se rompa el flujo normal del trabajo (Gómez-Mejía *et al.*, 2016) y beneficia a la empresa porque sus trabajadores se hacen competentes en más de un puesto de trabajo, y también al trabajador que mejora su autoimagen, le proporciona crecimiento personal y, en general, se considera más valioso para la organización (Werther y Davis, 2014).

Con la **ampliación del puesto** lo que se hace es aumentar las tareas o funciones que corresponden a un puesto, de manera que haya más variedad de tareas (Dessler, 2015). Por tanto, es una ampliación del trabajo solo en sentido horizontal, ya que no se adquieren más responsabilidades (Gómez-Mejía *et al.*, 2016). El hecho de incluir nuevas tareas reduce la monotonía y la rutina y se requiere una gama más amplia de habilidades del trabajador (Werther y Davis, 2014).

El **enriquecimiento del puesto** añade nuevas tareas al trabajo y se aumentan los niveles de responsabilidad, autonomía y control, ya que supone un cambio tanto en el contenido como en el nivel de responsabilidad del puesto, con lo que supone un incremento en el nivel de satisfacción del trabajador (Werther y Davis, 2014). La principal diferencia con la ampliación es que el enriquecimiento supone también una ampliación en sentido vertical (Gómez-Mejía *et al.*, 2016). Implica rediseñar el puesto de forma que el trabajador recibe más oportunidades, responsabilidades, logro y reconocimiento, lo que se conoce como *empowerment*, lo que permite al empleado planificar y controlar su propio trabajo sin necesidad de un supervisor. De esta forma, cada empleado es responsable del trabajo que realiza y asume la libertad de tomar decisiones del día a día en su entorno de trabajo (Dessler, 2015; Werther y Davis, 2014).

Lectura 1. Ventajas e inconvenientes de la rotación laboral

La rotación laboral comenzó a implementarse para mejorar la productividad y el rendimiento en las empresas. No es solo la simple rotación o el reemplazo de un trabajador por otro. Si se tienen definidos los objetivos y existe una justificación razonable para hacerlo, la rotación laboral se convertirá en una ventaja competitiva para cualquier negocio. La clave no está tanto en el modelo en sí mismo o en sus variantes (interna o externa), sino sobre todo en la planificación con la que se lleve a cabo.

La rotación laboral interna es la que se realiza dentro de la propia empresa, y el movimiento consiste en cambiar las funciones de unos colaboradores a otros sin que esto suponga una alteración del rendimiento. Este sistema es propio de las estructuras flexibles y es más común en las empresas pequeñas. Por su parte, la rotación laboral externa es la que se produce cuando uno o varios miembros de la empresa se desvinculan de esta y dan paso a nuevas incorporaciones. Supone una modificación en las dinámicas contractuales de las empresas y procesos de cambios para incorporar al nuevo empleado.

Entre las ventajas de la rotación laboral se encuentran: 1) Facilita la renovación del personal, y con ello la aparición de ideas nuevas y más acordes a los contextos. La fórmula ideal para cualquier empresa es la mezcla de experiencia y juventud; 2) Reducción general de salarios, pues el personal nuevo no tiene los mismos beneficios contractuales que los trabajadores antiguos; 3) Permite el reclutamiento de nuevos talentos en el mercado y 4) Favorece el cambio de personas con un bajo rendimiento. Pero también tiene algunos inconvenientes: 1) Supone inversión en procesos de reclutamiento y selección cuando se trata de rotación externa y en formación y adaptación a los nuevos puestos; 2) Afecta la integración de los equipos de trabajo, dado que los nuevos tardan un plazo considerable en acoplarse a la dinámica de las empresas y en asumir de lleno sus funciones; 3) Cuando la rotación es excesiva, la empresa puede proyectar una imagen de inestabilidad e improvisación hacia el exterior y 4) Se corre el riesgo de que la información interna sea revelada por trabajadores que ya no estén en la empresa.

Fuente: Extraído de Retos directivos (2017): «Rotación laboral. ¿Qué ventajas tiene?», 22/02/2017. Disponible en https://retos-directivos.eae.es/rotacion-laboral-que-ventajas-tiene/ [12/02/2018].

ACTIVIDAD DIDÁCTICA RECOMENDADA: Después de leer la lectura, responda a las siguientes cuestiones: ¿Qué ventajas tiene para la empresa la rotación laboral interna? ¿Y la rotación laboral externa? Justifique su respuesta.

Finalmente, con el **diseño del trabajo en equipos**, se suele hacer referencia a grupos autónomos de trabajo, es decir, grupos de trabajadores que desempeñan labores y tareas dentro de una amplia gama de responsabilidades, algunas de ellas del ámbito de dirección (Werther y Davis, 2014). En este caso, el trabajo se diseña para un equipo y sus miembros tienen una formación completa en las distintas tareas, se turnan en la realización de estas por lo que asumen la capacidad de decidir entre ellos cómo van a realizar el trabajo (Gómez-Mejía *et al.*, 2016). Este trabajo ampliado, flexible y complejo modifica la manera en la que se ejecutan las tareas, las personas van de proyecto en proyecto y de un equipo a otro por lo que, además de conocimientos e inteligencia, necesitan capacidad y disposición para este tipo de trabajo, así como habilidades de adaptación (Mondy, 2010).

c. Técnicas asociadas con la flexibilidad

Una de las cuestiones más importantes hoy en día para las empresas es la flexibilidad, es decir, la capacidad de adaptarse rápidamente y de forma adecuada a los cambios del entorno (Lectura 2). Para ello, tienen que analizar qué mecanismos tienen que implantar para flexibilizar los puestos de trabajo, como es el caso de los trabajadores eventuales y los horarios de trabajo flexibles (Gómez-Mejía *et al.*, 2016).

Lectura 2. La flexibilidad laboral en la empresa española

El estudio global de Vodafone, «La flexibilidad laboral: amiga o enemiga», en el que han participado más de ocho mil personas de diez países que trabajan tanto en multinacionales como en pymes del sector público y privado, concluye que el 81 % de las empresas españolas cuenta con políticas de trabajo flexible. Esto significa que cuatro de cada cinco empresas españolas permiten a sus empleados trabajar desde casa o durante sus desplazamientos por el impacto positivo de la flexibilidad laboral sobre el aumento de la productividad.

Según el artículo publicado por Wordpress.com «en lo que respecta a las herramientas que usan los trabajadores para desempeñar sus tareas, el 71 % de los empleados españoles utiliza su propio smartphone para trabajar de forma flexible fuera de su oficina. Una cifra muy superior a la media del estudio, que se sitúa en un 50 %. Y solo el 20% de los trabajadores españoles emplea el teléfono inteligente que le proporciona la empresa, cifra que, no obstante, es superior a la media del estudio, que se sitúa en el 14 %. Sin embargo, solo el 8 % de las compañías de nuestro país utiliza las videoconferencias –la media del estudio es del 20 %–. Y tampoco la nube para compartir archivos parece entusiasmar a las firmas españolas. Finalmente, las aplicaciones de software para acceder a información corporativa son usadas por el 46 %, pero no se emplea tanto el acceso remoto seguro, pues solo el 16 % lo emplea frente al 23 % de la media».

Fuente: Wordpress.com (2016): «La flexibilidad laboral entra de lleno en el empresa española...o eso parece», publicado el 11/02/2016. Disponible en: https://virtualizandoconcitrix.wordpress.com/2016/02/11/flexibilidad-laboral-triunfa-espana/ [20/02/2018].

ACTIVIDAD DIDÁCTICA RECOMENDADA: Después de leer la lectura, responda a la siguiente cuestión: ¿Están las empresas españolas preparadas para la flexibilidad laboral? Justifique su respuesta.

1) Trabajadores eventuales

Los eventuales son trabajadores contratados para resolver necesidades temporales de trabajo o para hacer tareas que no forman parte de las actividades principales de la empresa. Siguiendo a Gómez-Mejía *et al.* (2016) se diferencian los siguientes casos:

- Los **trabajadores temporales** que suelen sustituir a empleados que están en situación de baja laboral, o bien se contratan para aumentar la producción en los picos de demanda. En estos casos, es común acudir a las empresas de trabajo temporal o ETT. Por ejemplo, unos grandes almacenes ante una campaña de Navidad o en período de rebajas.
- Los **trabajadores a tiempo parcial** tienen una jornada laboral más reducida que los trabajadores a tiempo completo, y se suelen contratar en función de las necesidades. Tradicionalmente, los trabajadores a tiempo parcial han sido empleados del sector servicios que tiene una alta variación de la demanda en diferentes momentos de tiempo. Por ejemplo, restaurantes y supermercados contratan trabajadores a tiempo parcial para noches, fines de semana o campañas especiales como rebajas o Navidad. Para el trabajador puede suponer una ventaja si desea compartir su tiempo entre el trabajo y la atención a familiares, el estudio o el ocio (Lectura 3).
- La **subcontratación** (*outsourcing*) es el proceso mediante el cual se transfieren trabajos a otras empresas que se especializan en ello. Se suele subcontratar trabajo que no es esencial o relevante para la empresa con el objetivo de ahorrar costes. En algunas empresas, se subcontratan algunas actividades de RR. HH. como, por ejemplo, la elaboración de las nóminas o la formación especializada.
- Los **trabajadores autónomos** son personas que desarrollan relaciones laborales directamente con la empresa para un determinado período de tiempo o trabajo a realizar bajo sus condiciones de contratación y utilizando sus propias herramientas (Gómez-Mejía *et al.*, 2016). Este tipo de trabajador suele ser muy común en el ámbito periodístico, por ejemplo, los *paparazzi*; pero también en el ámbito de la salud para servicios de urgencias y, en los medios de comunicación, para los tertulianos de diferentes programas radiofónicos o televisivos.
- Los **estudiantes en prácticas** que trabajan a tiempo completo o a tiempo parcial durante un periodo corto de tiempo (normalmente un semestre académico o en período vacacional) para adquirir experiencia laboral. Algunos reciben una compensación por el trabajo realizado, otros no. Unas veces, los estudiantes solo actúan como apoyo a los otros trabajadores, mientras que otras la empresa busca personal joven para formarlo, de manera que puedan llegar a ser futuros empleados de esta (Gómez-Mejía *et al.*, 2016: 79).

2) Horarios de trabajo flexible

Respecto a los **horarios de trabajo flexible** lo que pretenden es modificar el horario de forma que el trabajador tenga más flexibilidad a la hora de entrar y salir del trabajo. Los tipos más comunes son las horas de trabajo flexibles, las semanas laborales comprimidas y el teletrabajo.

Lectura 3. Ventajas del contrato de media jornada

Para conciliar vida profesional y vida familiar algunas personas optan por un contrato de media jornada. Otros aceptan este tipo de contrato para lograr ingresos ante las dificultades que siguen existiendo para encontrar trabajo. Evidentemente, los ingresos con un contrato de media jornada serán inferiores, pero estos contratos tienen también algunas ventajas:

- Se prohíbe la realización de horas extraordinarias.
- Se puede pactar la ampliación de la jornada con horas complementarias, pero el promedio de horas contratadas en el contrato debe ser de 10 horas a la semana.
- La conversión de un contrato a tiempo completo en un trabajo a tiempo parcial, y viceversa, siempre tiene carácter voluntario para el trabajador.
- Ofrece la posibilidad de seguir estudiando. Si se necesita compaginar trabajo y estudio el contrato de media jornada es la mejor opción, ya que se obtendrán ingresos al mismo tiempo que se tendrá tiempo de asistir a clase.
- Con una media jornada se podrá conciliar la vida personal y laboral tanto si tienes hijos como si no.
- Se podrán compatibilizar varios trabajos. En algunos supuestos hay personas que trabajan en dos empresas a media jornada, de esa forma logran obtener un salario completo y diversifican su actividad.
- Se dispone de más tiempo de ocio para dedicarlo a uno mismo: hacer deporte, quedar con amigos, leer un libro o ir al cine, entre otras actividades.

El empresario tiene la ventaja de recibir una serie de bonificaciones, que consisten en un porcentaje sobre las cuotas de la seguridad social, en el caso en que contrate a una persona con un contrato de media jornada cuando se trate de discapacitados, jóvenes desempleados, personas en riesgo de exclusión social, mayores de 45, etc.

Fuente: Extraído de DAS Trabajo (2017): «Contrato media jornada: ¿Qué ventajas tiene para el trabajador?», publicado el 25/09/2017. Disponible en https://www.das.es/blog/contrato-media-jornada/ [12/03/2018].

ACTIVIDAD DIDÁCTICA RECOMENDADA: Después de leer la lectura, responda a las siguientes cuestiones: ¿Qué ventajas tiene para la empresa contratar a empleados a tiempo parcial? ¿Y para el empleado? ¿Es recomendable esta figura para cualquier tipo de empleo? Justifique su respuesta con un ejemplo.

- Las **horas de trabajo flexible** son un acuerdo laboral que otorga a los empleados cierto control de su horario laboral diario. De la jornada diaria, hay un tramo horario en el que todos los empleados deben estar en su puesto (tiempo principal) y otro tramo en el que se puede elegir cuándo estar en el puesto de trabajo (tiempo flexible) (Gómez-Mejía *et al.*, 2016). De esta forma, el trabajador elige en función de sus necesidades el momento de inicio y final de sus actividades de cada día, sabiendo que tiene que cumplir con una determinada cantidad de horas al día o a la semana. Así, por ejemplo, en Repsol se apuesta por la responsabilidad de los empleados y una flexibilidad horaria que facilite la conciliación personal y laboral, por lo que su acuerdo marco recoge la posibilidad de entrada entre las 7:30 y las 9:30 y la posibilidad de la disminución del tiempo dedicado al almuerzo para anticipar el horario de salida (Lectura 4).

Lectura 4. Medidas de flexibilidad en REPSOL

Las medidas de flexibilidad permiten aprovechar mejor el tiempo libre sin descuidar las responsabilidades. Muchas empresas implantan una jornada intensiva en verano o promueven medidas de flexibilidad, cuyos beneficios son múltiples: se incrementa la productividad, se mejora la optimización del tiempo, se crea un buen clima laboral... como es el caso de Repsol: «Nuestras medidas de flexibilidad nos han convertido en un referente del sector y, entre nuestros programas más valorados, destaca el de flexibilidad horaria, teletrabajo o gestión eficiente del tiempo. Un factor determinante es que nuestro trabajo se rige por criterios de responsabilidad, autonomía y eficiencia».

Para Repsol «saber gestionar el tiempo es fundamental» por lo que ofrecen cinco pautas para ayudar a maximizar la productividad de sus empleados al mismo tiempo que se aprovecha al máximo la jornada y se pueda compatibilizar oficina y ocio: «1) Organiza tu jornada. Una herramienta eficaz a la hora de planificar el día son las listas. Apunta en una hoja todas aquellas tareas que tienes pendientes. Te llevará solo cinco minutos y evitarás cierto estrés. 2) Reserva media hora para imprevistos. En ocasiones, a pesar de haber detallado tareas, objetivos y plazos de entrega, surgen pequeños contratiempos que requieren atención. Para que no te impidan cumplir con tus objetivos, reserva media hora al día para resolver este tipo de situaciones. 3) Planifica tus reuniones. Un encuentro mal organizado puede ser un gran ladrón del tiempo. Cuando convoques una reunión, adelántate: asigna una duración determinada, prepara una agenda y asegúrate de que el soporte tecnológico funcione correctamente. 4) Diferencia lo urgente de lo importante. En su libro Los siete hábitos de las personas altamente efectivas, Stephen R. Covey propone un cuadrante en el que clasifica las actividades según su urgencia e importancia. De este modo, las tareas urgentes e importantes deben solucionarse de forma prioritaria; las urgentes, pero no importantes, pueden abordarse a continuación; las que no son urgentes pero sí importantes deberán aplazarse mientras que las que no son ni importantes ni urgentes podrán pasar a un segundo plano. Y 5) Descansa. No disfrutar de las horas de sueño suficientes afecta de forma importante a la productividad en el puesto».

Fuente: Extraído de la web corporativa de Repsol. Equipo Repsol. WELCOME SUMMER! 23/06/2016 Disponible en: http://blogs.repsol.com/nuestra-gente/welcome-summer/ [14/02/2018].

ACTIVIDAD DIDÁCTICA RECOMENDADA: Después de leer la lectura, responda a las siguientes cuestiones: ¿Qué ventajas tiene para la empresa los horarios de trabajo flexible? ¿Y para el empleado? ¿Es recomendable esta figura para cualquier tipo de empleo? Justifique su respuesta con un ejemplo.

- La **semana laboral comprimida** hace que se acorte el número de días laborales por semana, aumentando el número de horas trabajadas por día laboral. Por ejemplo, se podría trabajar 10 horas diarias de lunes a jueves. Otra modalidad consiste en trabajar 4 días de 12 horas, lo que permite que los trabajadores tengan 4 días de descanso (Gómez-Mejía *et al.*, 2016). Esto supone menos interrupciones potenciales en las actividades empresariales que necesariamente tienen que ofrecer sus servicios las 24 horas: hospitales, farmacias, seguridad, y, por otro lado, reduce el absentismo y los retrasos en empresas cuyos centros de trabajo están alejados (por ejemplo, las plataformas petrolíferas en alta mar).

- El **teletrabajo** permite trabajar desde casa, manteniendo el contacto con la oficina o con el responsable a través de teléfono, correo electrónico u otro medio (Lectura 5). Esto permite contratar a trabajadores cualificados que de otra manera no podrían ofrecer sus servicios. En algunos casos, reduce la inversión en infraestructuras, al no ser necesario tener oficinas para todos los empleados, lo que supone un gran ahorro de costes (Gómez-Mejía *et al.*, 2016).

Lectura 5. El *smart working*

El panorama laboral no deja de evolucionar. En plena transformación digital, la forma de entender el trabajo y de trabajar también están cambiando. Por ello, las empresas deben adaptarse a las nuevas tecnologías para que los empleados se sientan más satisfechos, motivados y productivos. Gracias a internet se puede tener acceso a todos los sistemas de información de la empresa, lo que permite que aparezcan innovaciones como el *smart working*, una nueva metodología de trabajo basada en dar al trabajador todas las herramientas necesarias para alcanzar su máximo rendimiento profesional en cualquier lugar.

Para José Ángel Sandín, consejero delegado de Lefebvre-El Derecho, una de las claves para poner en marcha este nuevo modelo de trabajo es que «la empresa tiene que dar confianza al trabajador para que realice su trabajo adecuadamente y tiene que haber una coordinación perfecta entre empresa y trabajador y un esfuerzo de ambos para que sea posible desarrollar la actividad a distancia».

La implantación de esta nueva forma de trabajar supone un reto tanto para las empresas como para los trabajadores y ofrece varias ventajas: 1) Permite decidir dónde quieres trabajar, desde la sala de una cafetería o aeropuerto hasta en un despacho en casa; 2) Ofrece la posibilidad de trabajar en equipo a distancia optimizando el tiempo, los recursos y el proceso de ejecución; 3) A través de internet se permite el acceso a documentos e información en cualquier momento y desde cualquier lugar ofreciendo flexibilidad a través de los múltiples dispositivos; y 4) Permite flexibilizar el horario por lo que el empleado puede disponer de una mayor organización de su tiempo, mejorando la conciliación de la vida laboral con la vida personal.

En España, empresas como Orange o Microsoft han apostado por el *smart working* y los resultados que están obteniendo son: una mayor eficiencia, mayor rendimiento en el trabajo y mayor conciliación con la vida personal.

Fuente: Extraído de OBSERVATORIO RH (2017): «El Smart Working, la nueva revolución del trabajo», publicado el 20/02/2018 Disponible en: http://www.observatoriorh.com/productividad/smart-working-nueva-revolucion-trabajo.html [20/02/2018].

ACTIVIDAD DIDÁCTICA RECOMENDADA: Después de leer esta noticia, responda a las siguientes cuestiones: ¿Qué ventajas tiene para la empresa el *smart working*? ¿Y para el empleado? Justifique su respuesta.

Sin embargo, esta medida también tiene detractores sobre todo en diferentes contextos culturales como es el caso de España (Lectura 6).

Lectura 6. El teletrabajo en España

Según el Instituto Nacional de Estadística (INE), en 2017, solo el 27 % de las empresas españolas apuestan por el teletrabajo frente al 35 % de media europea. Durante la crisis en España se ha producido un incremento del teletrabajo por el ahorro de costes que supone, sin embargo, muchas empresas prefieren que sus empleados trabajen desde la oficina, a pesar de que, según las últimas encuestas, el teletrabajo aumenta la productividad entre un 5 % y un 25 % en comparación con los que trabajan en una oficina; y que el empleado que teletrabaja dedica hasta un 11 % más de horas a trabajar que el que está en el lugar de trabajo.

Según el artículo publicado por HR Evolution: «En España existen dos desventajas para el teletrabajo: por un lado, una normativa difusa y, por otro, el miedo de las empresas por no tener un control de la jornada de los empleados, tal y como lo exige la normativa española. Además, existen tres factores culturales que hacen que las empresas aún sean reticentes a la hora de implementar el teletrabajo en sus compañías: la cultura presencialista, la integración de los trabajadores en la cultura de la empresa y el miedo a un individualismo y falta de trabajo en equipo».

Pero también, existen una serie de ventajas que benefician a las empresas: 1) Ahorro de tiempo y reducción de costes: desde gastos de espacio y energía a gastos en elementos físicos como el papel y demás material de oficina; 2) Mayor productividad y motivación: mayor participación e implicación de los trabajadores con la empresa y sus objetivos; 3) Conciliación de la vida profesional-personal y reducción del estrés al trabajar con horarios más flexibles y de manera muy cómoda; y 4) Retención del talento: permite que un empleado con años de experiencia no se plantee cambiar de trabajo gracias a la facilidad de la conciliación familiar, o que a la hora de tener un hijo, no opte por una reducción a jornada parcial, tal y como ocurre con el 29,5 % de las mujeres ocupadas, según la última encuesta del INE.

Por lo tanto, concluye el artículo, «una empresa que fomenta el teletrabajo logra una mayor atracción y conservación del talento, además de satisfacer a los empleados, incrementar la productividad y la flexibilidad, permitiendo el ahorro de costes para la compañía».

Fuente: HR EVOLUTION (2017): «Solo el 27 % de las empresas españolas permiten el teletrabajo», publicado el 23/01/2017 Disponible en: https://www.hrevolution.es/solo-el-27-de-las-empresas-espanoles-permiten-el-teletrabajo/ [20/02/2018].

ACTIVIDAD DIDÁCTICA RECOMENDADA: Después de leer esta lectura, responda a la siguiente cuestión: ¿Están las empresas españolas preparadas para el teletrabajo? Justifique su respuesta.

d) La reingeniería

La reingeniería es la reconsideración fundamental y el rediseño radical de los procesos de la empresa para lograr mejoras trascendentales en las medidas básicas de desempeño como el coste, la calidad, el servicio y la rapidez (Mondy, 2010). Para alcanzar una mayor competitividad, la empresa rediseña de forma radical el trabajo para organizarse, por ejemplo, a través de procesos en lugar de por departamentos funcionales. La organización del trabajo se hace en torno a resultados y no en torno a tareas o funciones. Por ejemplo, para que una entidad financiera apruebe una solicitud de crédito, esta debe pasar de un departamento a otro: solicitud, análisis de riesgo, aprobación de préstamo y cierre. Esto puede suponer mucho tiempo que si se rediseña en un proceso de trabajo autodirigido puede hacer que los empleados trabajen en conjunto (o de modo virtual) y al mismo tiempo, mejorando la eficiencia (Dessler, 2015). La reingeniería no debe confundirse con recortes de personal, aun cuando en muchas ocasiones el resultado de esta estrategia lleve a una reducción de mano de obra (Mondy, 2010). Por último, la reingeniería afecta a la descripción de puestos de trabajo, ya que estos cambian de manera continua y se diluyen los límites del puesto en la medida que todos los miembros del equipo pasan a responsabilizarse de todo el proceso y no solo de una parte.

5. TENDENCIAS ACTUALES EN ANÁLISIS DEL PUESTO DE TRABAJO

Los avances tecnológicos, la adopción de equipos de trabajo y la necesidad de las empresas de responder a los cambios globales pueden alterar la naturaleza de los puestos y los requerimientos de las personas para desempeñarlos con éxito. En un entorno dinámico, donde los puestos cambian con rapidez, la información del análisis de puestos puede perder precisión y en cierta medida su información podría suponer un obstáculo para la adaptación de la empresa al cambio.

Dolan *et al.* (2014) defienden el cambio que tendrá que asumir el análisis de puestos de trabajo para considerar dos principios organizativos: la flexibilidad y la tendencia a trabajar en equipo (Lectura 7). Ambos aspectos están relacionados con la **multifuncionalidad** en el trabajo, donde lo relevante son las capacidades, habilidades y las competencias que la empresa necesita o necesitará en función de sus planes estratégicos. Si las organizaciones demandan flexibilidad y modifican con rapidez los contenidos de los puestos, es necesario añadir y desarrollar nuevas técnicas más dinámicas, capaces de soportar la agilidad de la propia empresa, para describir nuevos puestos de trabajo flexibles. Esto puede hacer que se pierda el nivel de detalle en las descripciones, pero se pueden aumentar los aspectos relacionados con las competencias de las personas y los resultados que se esperan del trabajo (Dolan *et al.*, 2014).

Uno de los métodos que se está utilizando actualmente y que complementa al APT tradicional es el análisis basado en las competencias. **El análisis de puestos basado en competencias** implica, básicamente, la redacción de la descripción de puestos teniendo en cuenta no solo las tareas y responsabilidades, sino también los conocimientos, experiencias y competencias (Lectura 8) que se requieren para que se pueda desempeñar el puesto con éxito (Alles, 2016: 12). Estas competencias deberían estar de acuerdo con la cultura y la estrategia de la organización, e incluir aspectos como habilidades de comunicación interpersonal, capacidad para tomar decisiones, habilidades de resolución de conflictos, adaptabilidad y automotivación (Bohlander, Sherman y Snell, 2003). Alles (2016) explica que el primer paso es proponer un diccionario de competencias[2] en el que se identifiquen y definan las competencias genéricas o cardinales y las específicas, y se les asignen grados. Alles (2016) propone la asignación de cuatro grados para cada competencia. Una vez que está disponible este diccionario, se realiza un procedimiento interno para definir, para cada puesto de trabajo, cuáles son las competencias aplicables y en qué grado, elaborando así un perfil de competencias para cada puesto.

Lectura 7. La globalización y la revolución tecnológica revolucionan el trabajo en equipo

Ramón Oliver, en su artículo del suplemento Negocios de *EL PAÍS*, explica así la revolución del trabajo en equipo: «¡Uno para todos y todos para uno! El inmortal lema de *Los tres mosqueteros* probablemente siga siendo la mayor oda al trabajo en equipo de la historia de la literatura universal. Pero si en lugar de en el siglo XIX, Alejandro Dumas hubiera escrito su obra cumbre en la actualidad, seguramente ese eslogan habría tenido que ser reformulado en algo parecido a Todos interconectados con todos, y Athos, Porthos, Aramis y el *millennial* D'Artagnan vivirían sus aventuras desde distintos puntos del planeta y se comunicarían a través de Skype. Y es que la globalización y los avances tecnológicos han hecho que el concepto de trabajo en equipo haya cobrado una nueva dimensión. Los equipos son multitarea, están dispersos geográficamente y manejan husos horarios diferentes. La alta especialización de sus integrantes marca la operativa de estos equipos, que pueden ser efímeros alrededor de un proyecto concreto. Y su éxito radica en la colaboración y en la capacidad de sus miembros para establecer relaciones exitosas entre sí».

Según Oliver, las soluciones en movilidad, la nube o las redes sociales han impulsado un nuevo paradigma colaborativo que multiplica el talento y evita la duplicación de tareas. No obstante, la proliferación de equipos dispersos geográficamente y en los que hay escasa comunicación síncrona también representa riesgos para las organizaciones como, por ejemplo, una excesiva deshumanización del equipo que sucede cuando en las comunicaciones entre sus miembros tiene mucho más peso el componente operativo, los resultados y procesos, que el emocional. En los últimos tiempos, distintas aplicaciones como Skype, que permite incorporar voz, imagen o chat, han surgido para facilitar la operatividad de los equipos virtuales. Pero la tecnología no lo resuelve todo. Al igual que ocurre con los equipos de trabajo convencionales, la comunicación fluida, la responsabilidad individual y el compromiso con el grupo son elementos imprescindibles para el éxito del proyecto. La figura del líder que coordine y motive a su equipo se hace esencial. Debe tener habilidades especiales para que el objetivo y el trabajo sean entendidos por todos a pesar de las posibles diferencias culturales y debe ser el que impulse la celebración de los éxitos.

Fuente: Adaptado de Oliver, R. (2016): «Trabajar en equipo en la era digital». Disponible en https://elpais.com/economia/2016/05/19/actualidad/1463645912_860639.html [20/02/2018].

ACTIVIDAD DIDÁCTICA RECOMENDADA: Después de leer esta noticia, responda a la siguiente cuestión: ¿Cuáles son los retos a los que deben hacer frente las empresas con equipos de trabajo?

2 Para más información, consultar la trilogía de Alles (2015 a; b; c).

Lectura 8. El perfil de competencias de un consultor de Recursos Humanos

En los últimos 20 años, las funciones más clásicas de RR. HH. (selección, evaluación y formación) han evolucionado de manera vertiginosa, y se han añadido otras necesidades y funciones emergentes como la conciliación, el desarrollo individualizado del talento, la globalización y deslocalización de plantillas, la integración de la diversidad, la promoción de la salud y el bienestar, entre otros, que requieren de herramientas y soluciones novedosas, teñidas además de un alto componente tecnológico. En este escenario, tan retador como complejo, el profesional de los Recursos Humanos necesita un perfil de competencias (que incluyen conocimientos, habilidades, técnicas, actitudes y valores) muy diferentes a los de finales del siglo pasado.

Peñalver define el PERFIL DE COMPETENCIAS del profesional de RR. HH.:

- Tener capacidad analítica, es decir, saber buscar, filtrar y resumir mucha información, extrayendo lo más interesante y útil en cada momento por lo que también necesita gran capacidad de síntesis.
- Pensamiento sistémico: habilidad de integrar diferentes modelos y visiones, correlacionando variables y extrayendo los patrones emergentes para su proyecto y su cliente.
- Gestión de la diversidad y multiculturalidad.
- Gestión de proyectos coordinando recursos técnicos y personales (habitualmente limitados), para cumplir unos objetivos en un plazo de tiempo normalmente escaso. Planificación y organización.
- Orientación al cliente buscando su satisfacción, adecuándose a sus necesidades y sus características.
- Orientación al resultado.
- Autogestión del estrés y resistencia a la frustración.
- Trabajo en equipo con gran autonomía.
- Aprendizaje continuo: el consultor de RR. HH. debe estar al corriente de las últimas tendencias y técnicas en su campo de actuación, mostrándose además innovador y flexible en su aplicación, orientado al cambio, con soluciones cada vez más digitales y virtuales.

Según este perfil de competencias el consultor en Recursos Humanos, además de tener un fuerte componente técnico debe tener habilidades de pensamiento analítico, sistémico e innovador, así como habilidades sociales y de gestión con el propósito de que sea confiable, tanto él o ella como la organización o empresa de consultoría a quien representa.

Fuente: Adaptado de Peñalver, O. (2017): «El perfil de competencias de un consultor de Recursos Humanos», *Capital Humano*, n.º 325, Sección Dossier, pp. 1-3 [27/02/2018].

ACTIVIDAD DIDÁCTICA RECOMENDADA: Después de leer este artículo, responda a la siguiente cuestión: ¿Qué es un perfil de competencias y para qué sirve?

CUESTIONES PARA LA REFLEXIÓN

1. Diferencie entre descripción y especificación del puesto.
2. ¿Cuáles de los métodos para recopilar información sobre el puesto que tiene a su disposición una empresa le parecen más adecuados? ¿Por qué?

3. Entre las técnicas que puede utilizar una empresa para lograr más flexibilidad, ¿cuáles le parecen más adecuadas? ¿Por qué?
4. ¿Qué ventajas e inconvenientes tiene el teletrabajo?
5. ¿Qué nueva visión aporta el análisis de puestos basado en competencias?

LECTURAS RECOMENDADAS

DE LUIS MOLERO, M. T. (2018): «Fujitsu da las claves para saber cómo será el puesto de trabajo en 2025», *Capital Humano*, n.º 329, pp. 64-67

MORA EGUIARTE, D. (2017): «Horarios flexibles como estrategia para mejorar la productividad y reducir la rotación», *Academo*, vol. 4, n.º 2, pp. 55-62. Disponible en https://dialnet.unirioja.es/servlet/articulo?codigo=6235584 [28/02/2018].

PEÑALVER, O. (2017): «El perfil de competencias de un consultor de recursos humanos», *Capital Humano*, n.º 325, Sección Dossier, pp. 1-3.

QUINTANILLA NAVARRO, R. Y. (2017): «Teletrabajo y conciliación de la vida personal, familiar y laboral», *Revista del Ministerio de Empleo y Seguridad Social*, n.º 133, pp. 343-368.

SITIOS WEB RECOMENDADOS

www.equiposytalento.com
www.arearh.com
www.rrhhmagazine.com
capitalhumano.wke.es
www.observatoriorh.com
www.people-first.es
www.hrevolution.es

LA PLANIFICACIÓN DE LOS RECURSOS HUMANOS

3

INTRODUCCIÓN

En este capítulo se analizan todas las cuestiones relativas a la planificación de los recursos humanos (PRH) que, junto al análisis de puestos de trabajo, es uno de los procesos básicos de la gestión de los RR. HH. En general, a través de la planificación se puede evaluar si la organización cuenta con los empleados necesarios, en el lugar preciso y momento oportuno, para alcanzar los objetivos estratégicos. La PRH ayuda a determinar las necesidades de personal, por lo que podremos saber cuántas personas y de qué tipo debemos reclutar; nos ayuda a prever la escasez de fuerza laboral, así como las áreas en las que puede producirse obsolescencia, lo cual facilita el diseño de planes de formación. También puede ayudar a determinar los planes de carrera para retener a empleados valiosos y dotarles de más conocimientos. Todo ello será más eficaz si se realizan las previsiones con la exactitud necesaria para alcanzar los objetivos económicos y sociales de la empresa. La exactitud de las previsiones dependerá del uso de las herramientas correctas y de la disposición de un adecuado sistema de información de los recursos humanos (SIRH).

OBJETIVOS

- Definir la planificación de los recursos humanos.
- Diferenciar la planificación de los recursos humanos de la planificación de plantilla.
- Delimitar el proceso de planificación de recursos humanos.
- Entender cómo se realizan y definen los planes de recursos humanos.
- Definir el Sistema de Información de Recursos Humanos.

1. LA PLANIFICACIÓN DE LOS RECURSOS HUMANOS

Los puestos de trabajo tienen que contar con personal cualificado para desempeñarlos. Cubrir estas necesidades de personal requiere una planificación eficaz de los recursos humanos. La planificación de recursos humanos, por tanto, trata de anticiparse y prever el movimiento de personas hacia el interior de la empresa, dentro de esta y hacia fuera, con el objetivo de lograr una gestión eficiente de los recursos humanos que ayude a alcanzar los objetivos de la organización (Bohlander *et al.*, 2003).

La planificación de los recursos humanos supone prever las necesidades de personal para los próximos años, tomando como referencia la estrategia de la empresa (Dolan *et al.*, 2014). No es solo una planificación de la plantilla, es decir, plantear la previsión de las necesidades cuantitativas de personal de la empresa, sino que se considera una tarea que pasa de tener un carácter administrativo a tener relevancia estratégica.

Gómez-Mejía *et al.* (2016: 168) definen la PRH como el proceso que utiliza una organización para garantizar que tiene el personal adecuado para ofrecer un determinado nivel de productos o servicios en el futuro. Dessler (2015: 88) lo define como el proceso mediante el cual la empresa decide qué puestos cubrirá y cómo lo hará. Para Dolan *et al.* (2014: 57), se trata del proceso de elaborar e implantar planes que aseguren la disponibilidad y tipo de personas apropiados, en cada momento para satisfacer las necesidades de la organización. Y Mondy (2010: 106) lo define como el proceso sistemático para hacer coincidir la oferta interna y externa de personas con la apertura de puestos que se anticipa en la organización durante un período específico.

Teniendo en cuenta estas definiciones podemos concluir que la **Planificación de los Recursos Humanos** es el proceso de elaboración e implantación de planes y programas por el cual una empresa se asegura el número suficiente de personal, con la cualificación necesaria, en los puestos adecuados y en el tiempo oportuno para hacer las cosas más útiles económicamente.

Como tal, la planificación de los recursos humanos (PRH) está directamente vinculada a la estrategia empresarial y lo que pretende es asegurar que la empresa logre sus planes empresariales en términos de objetivos económicos, de resultados y necesidades de recursos. Los planes deben estar en consonancia con los objetivos estratégicos y operativos de la empresa y ser aplicables tanto a la expansión de proyectos como a su reducción (Dessler, 2015; Werther y Davis, 2014).

En concreto, la PRH ayuda a desarrollar estructuras organizativas viables y a determinar el número y tipo de empleados necesarios para lograr los objetivos estratégicos. Para alcanzar el éxito, las empresas deben alinear estrechamente sus estrategias y programas (tácticas) de RR. HH. con las oportunidades del entorno, las estrategias de negocio y las competencias distintivas de la organización (Gómez-Mejía *et al.*, 2016). En este sentido, hacer una planificación estratégica de RR. HH. tiene las siguientes ventajas (Gómez-Mejía *et al.*, 2016):

- Fomentar el comportamiento proactivo frente al reactivo. Desarrollar una visión de «a dónde» quiere ir la empresa y cómo para ello debe hacer uso de sus RR. HH.

- Facilitar a la empresa desarrollar un conjunto de objetivos estratégicos sobre la base de su talento, su saber-hacer.

- Estimular el pensamiento crítico y el desarrollo de nuevas iniciativas dentro de un proceso continuo y flexible.

- Ayudar a identificar diferencias entre la posición actual y futura de la empresa, es decir, entre «dónde estamos» y «dónde queremos estar».

- Fomentar la participación de todos los directivos y crear vínculos comunes que refuercen la cultura organizativa.

- Identificar oportunidades y limitaciones de RR. HH.

- Crear vínculos comunes para reforzar la cultura de la organización y fomentar valores como la orientación al cliente, la innovación, el crecimiento rápido y la cooperación.

Por otro lado, la incorporación a la gestión de personas de técnicas anteriormente reservadas a otras áreas organizativas lleva a aceptar que es posible planificar este recurso aplicando procedimientos objetivos (Dolan *et al.*, 2014). Según Dolan *et al.* (2014), la planificación puede ayudar a reducir los costes de la rotación de personal, del reclutamiento, la selección y la formación, así como de la baja productividad y del absentismo.

En resumen, la **Planificación de Recursos Humanos** ayuda a la empresa a mejorar los procedimientos generales de planificación empresarial; a mejorar la utilización del personal de la empresa, detectando para ello las carencias y excesos de los recursos humanos; a enriquecer y mejorar la base actual de información sobre el personal; y, en general, a aumentar la consciencia de la importancia de una gestión eficiente de los recursos humanos a todos los niveles de la organización.

2. EL PROCESO DE PLANIFICACIÓN DE LOS RECURSOS HUMANOS

La planificación de recursos humanos debe ser analizada como un proceso sistemático y como un conjunto de métodos y técnicas. En concreto, el proceso de planificación de RR. HH. tiene como objetivo lograr que la plantilla de la organización sea en todo momento, cuantitativa y cualitativamente, la necesaria para conseguir las metas deseadas (Lecturas 1 y 2). El proceso básico de PRH consiste en pronosticar la demanda y oferta de recursos humanos, identificar las diferencias entre ellas y desarrollar planes de acción para cubrir las diferencias encontradas (Dessler, 2015; Gómez-Mejía *et al.*, 2016).

Lectura 1. La planificación de plantilla

La planificación de plantillas dará respuesta a los siguientes interrogantes:

- ¿Cuántos trabajadores deberá tener la empresa?, ¿cuándo, en qué departamento, y con qué cualificación? (A esto responde la planificación de asignación de recursos humanos).
- ¿Cuántos trabajadores necesitará la empresa, y realizando qué tipo de actividades/trabajos? (A esto responde la planificación de reclutamiento y selección de personal).
- ¿Cuántos trabajadores deberán ser formados y con qué objetivos? (A esto responde la planificación de la formación y la promoción).

Por ello, según José Hueso, para planificar plantillas es necesario plantear respuestas a las siguientes preguntas: «1) ¿A qué dedican su tiempo los trabajadores de mi empresa?, 2) ¿Todas las cosas que se hacen son útiles o hay algunas que se hacen por rutina o incorrecta estructuración de funciones, y no sirven de nada?, 3) Si se mecaniza alguna tarea, ¿se pueden conseguir ahorros en tiempo significativos? y 4) ¿Podría organizar mi empresa de otro modo totalmente distinto que necesitase menos recursos o permitiese un uso más flexible de los recursos actuales?».

Con la planificación de plantillas se pretende prevenir el futuro en términos cuantitativos y cualitativos, para determinar las personas que se necesitan y en qué puestos y se pueda establecer la plantilla ideal. Hueso concluye que «permite la adecuada adaptación de la empresa a las necesidades reales de personal de cada momento, permitiendo establecer la estructura más eficaz que la empresa tendrá en el futuro».

Fuente: Adaptado de El valor de las personas. El blog de José Hueso (2017): «¿Qué beneficios aporta a las empresas planificar sus plantillas?», 5/4/2017. Disponible en http://josehueso.blogspot.com.es/2012/03/que-beneficios-aporta-las-empresas.html [02/03/2018].

ACTIVIDAD DIDÁCTICA RECOMENDADA: Después de leer esta lectura, responda a la siguiente cuestión: ¿Para qué sirve la planificación de plantillas? Justifique su respuesta.

Entendida como proceso, la planificación se lleva a cabo a través de las siguientes etapas (Figura 1):

ETAPA I. Inicio del proceso de planificación.
ETAPA II. Análisis de la situación laboral actual.
ETAPA III. Estudio de los desajustes existentes entre oferta y demanda de personal.
ETAPA IV. Elaboración de planes de RR. HH.

Lectura 2. Beneficios de la planificación de plantilla

El proceso de planificación de plantillas es una fase primordial para cualquier organización y, en especial, para el departamento de Recursos Humanos que participa como nexo del resto de áreas y/o departamentos con el objetivo común de adaptarse a los cambios. La dirección estratégica de la empresa ayuda a que esa adaptación sea posible y ajustar la fuerza productiva de la compañía es una de las claves de éxito por lo que la planificación y previsión de plantillas es uno de los campos de actuación fundamentales de los Recursos Humanos.

Entre los principales beneficios que aporta la planificación de plantillas están:

1. Calcular las necesidades de personal, presentes y futuras. Quizás lo más complicado es determinar las necesidades futuras y saber anticiparse a los cambios.
2. Conseguir una plantilla de dimensiones realistas para cada momento. Es muy importante tener plantillas reales y no sobredimensionadas que atiendan a la realidad de la empresa en cada momento.
3. Promover la promoción y cualificación de la plantilla, teniendo en cuenta las necesidades de formación en cada momento para un grupo o grupo determinado de la organización de forma que sepamos adaptarnos a los cambios con conocimientos y siendo eficaces y eficientes.
4. Aumentar la motivación laboral. Los trabajadores/as se sienten parte de la organización, ya que están en continuo cambio entendido como mejora, convirtiendo a la plantilla en perfiles polivalentes con capacidad de aprendizaje y adaptación.

Fuente: Adaptado de CCOONTIGO Campus «Planificación de plantillas... ¿Por qué?», 21/1/2018. Disponible en https://www.ccoontigocampus.es/esc1/blog/planificacion-de-plantillas-por-que/ [02/03/2018].

ACTIVIDAD DIDÁCTICA RECOMENDADA: Después de leer esta lectura, responda a la siguiente cuestión: ¿Qué otros beneficios puede aportar a una empresa realizar una planificación de plantilla?

ETAPA I. Inicio del proceso de planificación. Determinar los objetivos específicos que se desean lograr en el área de recursos humanos para iniciar el proceso de planificación identificando la situación laboral deseable. Estos objetivos deben estar en concordancia con los objetivos generales de la empresa y con las necesidades concretas de personal. Se tendrá que buscar y analizar toda la información acerca de la estrategia, los objetivos, políticas y planes de la empresa para determinar cómo influye sobre los recursos humanos (Dolan *et al.*, 2014).

En esta etapa se establece la interrelación necesaria entre la planificación de los recursos humanos y la planificación estratégica de la empresa. La obtención y mantenimiento de ventajas competitivas dependen, en buena medida, de la disponibilidad por parte de la empresa de los recursos humanos suficientes y distintivos para hacer frente a los retos y oportunidades del entorno.

Figura 1: Proceso de planificación de los recursos humanos.

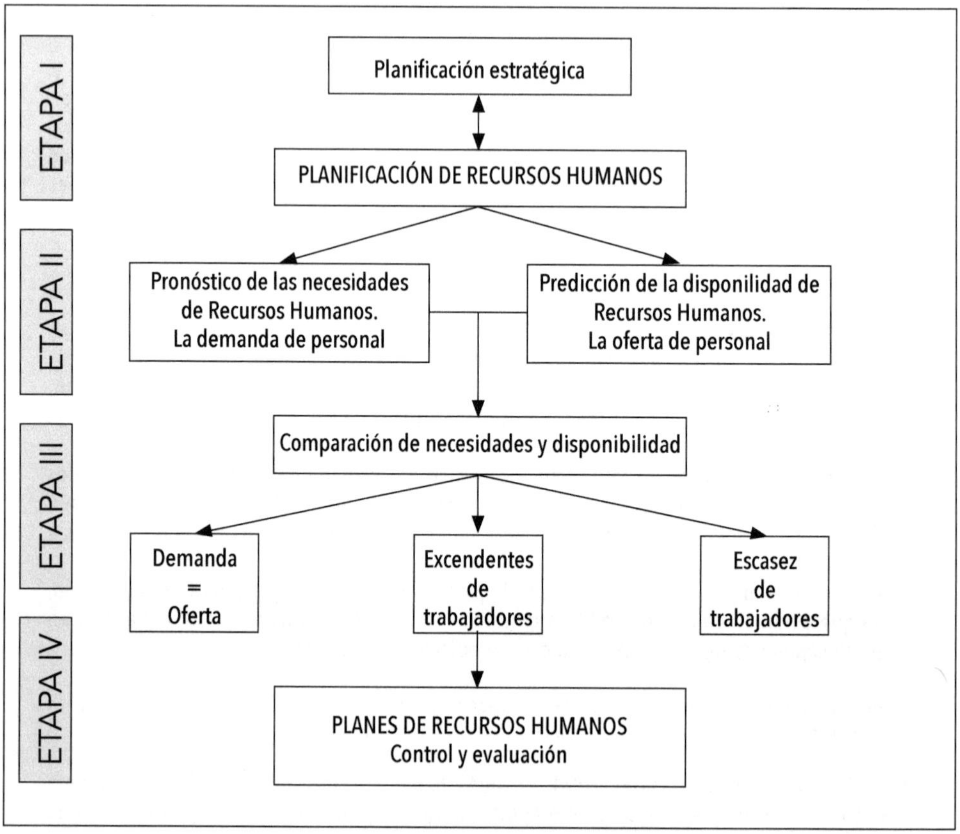

Fuente: Adaptado de Mondy (2010: 107).

ETAPA II. Análisis de la situación laboral actual. Se trata de analizar la situación laboral actual, es decir, de la demanda y de la oferta de personal (Dolan *et al.*, 2014).

a. DEMANDA DE RECURSOS HUMANOS

Un componente fundamental de la planificación de recursos humanos es la previsión de la cantidad y tipo de personas necesarias para cumplir los objetivos de la organización. Dicha demanda puede estar determinada por múltiples factores, que agruparemos en tres categorías (Werther y Davis, 2014) (Figura 2).

1. Factores externos. Cambios que ocurren en el entorno de la organización que son difíciles de predecir a corto plazo y de evaluar sus efectos a largo plazo.

2. Aspectos organizativos. La organización responde a los cambios que percibe del entorno tomando decisiones que modifican sus planes estratégicos y todas aquellas cuestiones asociadas a estos.

3. Factores relativos a la fuerza de trabajo. Son aspectos que podrían hacer que la demanda de recursos humanos sufra variaciones temporales, como bajas por maternidad, enfermedades, excedencias; o definitivas como jubilaciones, renuncias, despidos, defunciones, etc.

Figura 2: Factores de la demanda de recursos humanos a futuro.

EXTERNOS	ORGANIZATIVOS	LABORALES
• Económicos • Factores sociales • Tecnológicos • Competitivos	• Planes estratégicos • Presupuestos • Ventas y producción • Nuevas actividades • Cambios organizativos	• Jubilaciones • Renuncias • Terminación de contratos • Muertes • Permisos no remunerados

Fuente: Werther y Davis (2014: 70).

Por otra parte, la previsión de la demanda de recursos humanos se puede llevar a cabo siguiendo una gran variedad de **Técnicas o Métodos de Previsión.** Se suelen clasificar en dos enfoques: 1) los cuantitativos, que suponen el uso de técnicas estadísticas o matemáticas, y suelen ser los enfoques usados por los técnicos o los planificadores profesionales; y 2) los enfoques cualitativos, que tratan de conciliar los intereses, capacidades y aspiraciones de los empleados individuales con las necesidades actuales y futuras de personal de la organización. El uso combinado de ambos enfoques, cuantitativos y cualitativos, proporciona una estimación más completa y, por tanto, mejor para la eficacia de la planificación de los recursos humanos (Bohlander *et al.*, 2003).

1. Métodos de previsión de la demanda cuantitativos[1]. Son, actualmente, métodos menos útiles ya que las empresas se enfrentan a entornos muy volátiles, sin embargo, se utilizan con mucha frecuencia. Es importante tener en cuenta que los resultados de las previsiones serán más precisos cuanto más se acorte el tiempo de previsión (Dolan *et al.*, 2014). Las limitaciones de estos métodos son que dependen demasiado de datos históricos y de las relaciones entre variables que podrían no mantenerse en el futuro (Gómez-Mejía *et al.*, 2016). Los métodos más conocidos son:

Análisis de tendencias. Sirve para pronosticar las necesidades futuras y consiste en realizar un estudio de las necesidades de empleo de la empresa a lo largo de un período de tiempo. Se basa en la extrapolación, por lo que

1 Si se desea obtener más información sobre métodos o técnicas de previsión de la demanda y de la oferta de recursos humanos, recomendamos los siguientes autores: Dessler. (2015: 90); Dolan et al. (2014: 65-69); Gómez-Mejía et al. (2016: 89-94) y Werther y Davis (2014: 72-75).

es un método sencillo, pero ofrece aproximaciones poco precisas y válidas a corto plazo (1 año). Además, presupone que la demanda de empleo depende únicamente del tiempo, pero hay otros factores como la productividad, los cambios demográficos y las jubilaciones que también afectan a las necesidades de personal (Dessler, 2015).

Análisis de razón. Permite hacer pronósticos teniendo en cuenta la relación histórica entre dos variables como, por ejemplo, número de empleados necesarios para un determinado volumen de ventas (Dessler, 2015). Se basa en la indexación, que es el método que estima necesidades futuras estableciendo una comparación entre el incremento en los niveles de empleo y un índice determinado como, por ejemplo, la cifra de ventas. Así, se pueden analizar ratios históricas relacionadas con el tamaño de la plantilla para predecir la demanda futura de RR. HH. Es un método muy rígido que presupone una productividad constante (Werther y Davis, 2014).

Ánalisis de regresión. Se analiza la demanda futura de RR. HH. a través de una ecuación que predice la conducta de una variable (empleados) a partir del conocimiento de otras variables (ventas, productividad...) por lo que genera previsiones de la demanda más precisas (Dolan *et al.*, 2014).

Diagrama de dispersión. Es un método gráfico utilizado para encontrar la relación entre dos variables, una que mide la actividad empresarial (p. ej., ventas o clientes) y la otra que mide el número de empleados. Si ambos factores están relacionados, los datos tienden a formar una línea recta que permitirá estimar las necesidades de personal a futuro (Dessler, 2015). Un ejemplo podría ser la relación entre el tamaño de un hotel por el número de habitaciones y el número de camareras de habitación necesarias.

2. Métodos de previsión de la demanda cualitativos. Dependen de la valoración cualitativa de expertos, entre los que se podría incluir a los altos directivos. Son métodos más flexibles y permiten incorporar más factores que los cuantitativos, pero tienen como inconveniente que son subjetivos (Gómez-Mejía *et al.*, 2016). Los principales métodos son:

Técnica de grupo nominal. Se reúne cara a cara a un pequeño grupo de expertos para que discutan de forma abierta y hagan estimaciones de la demanda y de la oferta de recursos humanos. Las discusiones de grupo facilitan el intercambio de ideas, por lo que la aceptación de los resultados es mayor. Sin embargo, la presión del grupo puede hacer que la valoración sea menos precisa de lo esperado (Werther y Davis, 2014).

Técnica Delphi. Un grupo de expertos intercambia varias rondas de estimaciones de la demanda u oferta de recursos humanos, normalmente sin llegar a verse. La información de los demás expertos es utilizada por cada uno de ellos para precisar más su propia estimación. En esta técnica pueden participar las personas que toman las decisiones por lo que se pueden servir para analizar lo que se espera y desea para el futuro. Sin embargo, puede haber problemas para integrar las opiniones de los expertos (Dolan *et al.*, 2014; Werther y Davis, 2014).

Enfoque ascendente. La dirección de la empresa hace un pronóstico de las necesidades de personal. Todos los niveles de dirección participan en el pronóstico aportando información sobre las necesidades de personal de su nivel teniendo en cuenta las del nivel que le precede, por lo que se puede obtener un pronóstico agregado de las necesidades de personal de toda la organización (Mondy, 2010).

b. OFERTA DE RECURSOS HUMANOS

El análisis de la demanda del personal es una de las cuestiones necesarias para poder llevar a cabo la planificación del personal, pero también es necesario conocer y estudiar la oferta de trabajo, es decir, la disponibilidad de trabajadores con la cualificación necesaria para satisfacer la demanda de trabajo de la empresa (Werther y Davis, 2014). De esta forma, la determinación de la oferta o disponibilidad de recursos humanos exige el conocimiento tanto del mercado de trabajo interno como del externo (Dessler, 2015).

1. <u>La oferta interna de trabajo</u>

La oferta interna de trabajo se compone de los empleados actuales. El primer paso para analizar la oferta interna es llevar a cabo una planificación de plantillas que se inicia con la información disponible sobre el número de personas que actualmente conforman la organización, incluyendo su distribución por puestos de trabajo, por categorías laborales, direcciones y departamentos, sexo, edad, antigüedad, etc. (Werther y Davis, 2014).

La estimación de las necesidades de plantilla sigue el siguiente proceso (Figura 3):

1. Se establece la plantilla existente al principio del año.
2. Se analizan las reincorporaciones que se producirán a lo largo del año y las bajas previstas en función de datos históricos como la tasa de rotación, las jubilaciones, etc.
3. Se comparan los datos de la fase dos con la plantilla existente al principio del año y se obtiene la diferencia, es decir, la plantilla prevista al final del año.
4. Las necesidades de plantilla expresadas por los distintos departamentos dan lugar a la plantilla teórica (la que se va a necesitar a lo largo del tiempo considerado, que suele ser un año). Esta plantilla teórica se pone en relación con la prevista a finales de año y se obtienen las necesidades de plantilla, que es lo que va a permitir planificar las acciones que será preciso llevar a cabo, como selección, reclutamiento, incentivos, etc.

Figura 3: Proceso de estimación de las necesidades de plantilla.

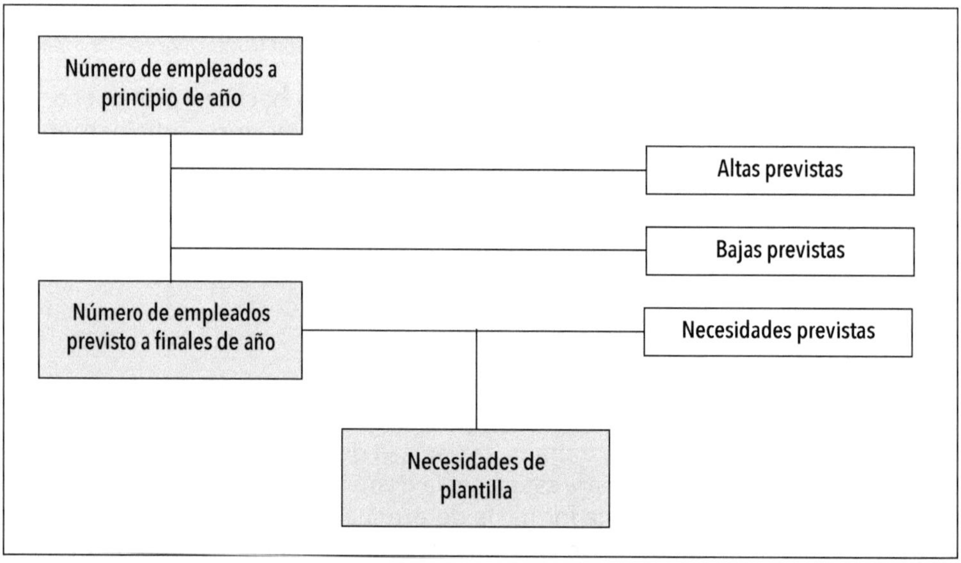

Fuente: Elaboración propia.

Sin embargo, la evaluación de la oferta interna de trabajo no consiste solamente en analizar el número de empleados, sino que también es necesario conocer su potencial para poder estimar las vacantes que podrían ser ocupadas por los trabajadores actuales de la organización. Para obtener esta información se suelen llevar a cabo las llamadas **«auditorías de recursos humanos»**, que ofrecen un resumen de las habilidades y conocimientos de cada empleado (Werther y Davis, 2014).

El análisis de la oferta interna se inicia con la preparación de ***organigramas***, es decir, representaciones gráficas de todos los puestos de la organización, junto con el número de ocupantes y las necesidades futuras de personal, mensuales o anuales (Bohlander *et al.*, 2003: 96). Luego se puede completar con el ***análisis de Markow***, que es un método que sirve para pronosticar la disponibilidad de candidatos internos para cubrir puestos de trabajo. Se crea una matriz que muestra las probabilidades de que los empleados que son susceptibles de ascender a un puesto clave estén disponibles cuando llegue el momento (Dessler 2015). Además de esta información, se pueden elaborar ***inventarios de recursos humanos*** (Figura 4), que tienen por objeto determinar la cualificación y potenciales disponibles, niveles de rendimiento, evolución de la carrera, experiencias profesionales, formación recibida u otros aspectos cualitativos para cada empleado (Dolan *et al.*, 2014). Con la información obtenida en estos análisis previos se pueden plantear las llamadas ***gráficas de reemplazo,*** que son registros de la empresa que describen el desempeño actual y la posibilidad de ascender que tienen los candidatos internos a puestos de mayor responsabilidad (Dessler, 2015).

Figura 4: Formato de Inventarios de Recursos Humanos

INVENTARIOS DE RECURSOS HUMANOS

PARTE 1 (para ser rellenada por el departamento de personal)
Nombre .... Número de empleado ....
Puesto.. Edad ....
Experiencia (número de años en el puesto) ....
Fecha de contratación..
Puestos anteriores dentro de la empresa ....

PARTE II (para ser rellenada por el empleado)

- Calificaciones especiales (elabore una lista de sus conocimientos especiales, aun si no los ha empleado en su trabajo actual, pero considera que pueden servir para la empresa) ....
- Herramientas y aparatos que puede manejar...
- Áreas de responsabilidad, describa brevemente las que están a su cargo ....
  a) Soy responsable del cuidado y manejo de los siguientes equipos..
  b) Soy responsable de los siguientes aspectos de seguridad ....
  c) Soy responsable de la supervisión de las siguientes personas o funciones......................................
- Educación formal y capacitación especializada
  a) Formación académica (señale las cursadas)
    - Estudios elementales
    - Bachillerato
    - FP grado medio
    - FP grado superior
    - Diplomado
    - Licenciado
    - Doctor
  b) Capacitación especializada (incluya duración y años en los que concluyó su preparación)
    Curso: ....
    Curso: ....

PARTE III (para ser rellenada por el departamento de personal y el supervisor del empleado
- Evaluación general del desempeño..
- Potencial para promoción..
- ¿Qué puestos específicos puede desempeñar en el futuro?
- Aspectos de su desempeño que debe mejorar...
- Firma del supervisor.. **Fecha** ....

PARTE IV (para ser rellenada por el departamento de personal)
- ¿Se añaden aquí las dos últimas evaluaciones de este empleado?
Sí.. **No** ....
Preparado por .... **Firma** ....

Fuente: Adaptado de Werther y Davis (2008: 136).

La información obtenida en las auditorías de recursos humanos va a permitir plantear la ***planificación de la sucesión***, que es el proceso mediante el cual la dirección y el departamento de recursos humanos utilizan la información disponible para tomar decisiones sobre las promociones internas (Werther y Davis, 2014: 77).

Dessler (2015:94) la define como el proceso continuo y sistemático de identificar, evaluar y desarrollar el liderazgo organizacional para mejorar el desempeño. Para ello, según este autor, se debe 1) identificar las necesidades de futuro para los puestos clave y los individuos con potencial, así como las habilidades necesarias para desempeñarlos; 2) preparar a los candidatos internos mediante capacitación y experiencias interdisciplinares; y 3) evaluar y seleccionar a los individuos que sean más adecuados para los puestos clave (Lectura 3).

Lectura 3. ¿Cuál es el significado de la planificación de la sucesión?

La planificación de la sucesión es el proceso por el cual el departamento de recursos humanos trabaja en colaboración con la alta dirección para seleccionar, entrenar y empoderar a un individuo específico para que esté preparado para asumir un puesto de mayor autoridad y responsabilidad que pueda quedar vacante debido a una renuncia, despido, ascenso, jubilación o muerte de un empleado. Las partes interesadas en el proceso de planificación de la sucesión son: el o los empleados preseleccionados, los superiores inmediatos de los candidatos preseleccionados, el departamento de recursos humanos y la alta dirección. Todas estas partes trabajan juntas para hacer que el proceso de transición de la sucesión sea lo más suave posible bajo la premisa y racionalidad de que bajo ninguna circunstancia debe ser interrumpido el trabajo por la ausencia de un empleado.

La necesidad de planificación de sucesión surge cuando una vacante es inminente. El departamento de recursos humanos informa y solicita a todos los departamentos que probablemente tengan empleados cualificados para postular a la vacante. Una vez que las postulaciones son recibidas, recursos humanos las revisa y, de acuerdo con la alta dirección, preselecciona a unos pocos candidatos. Los candidatos preseleccionados reciben formación técnica y de habilidades específicas para el puesto y se selecciona aquel que se considera el mejor candidato. El empleado elegido debe entender bien las políticas y ética de la compañía, y por lo tanto, ser capaz de integrarse de manera adecuada con la estructura existente.

Aunque a veces es esencial inyectar nuevas ideas y establecer nuevas habilidades para que la organización pueda progresar, esta oportunidad se pierde con la planificación de la sucesión, ya que el talento se limita a los empleados actuales de la empresa. Además, la planificación de sucesión puede producir desacuerdo e insatisfacción en los preseleccionados que finalmente no fueron los elegidos, que pueden llegar, incluso, a abandonar la empresa.

Fuente: Adaptado de Moorty, S. (2018): «¿Cuál es el significado de la planificación de la sucesión?», noticia publicada el 01/02/2018. Disponible en https://www.cuidatudinero.com/13168559/cual-es-el-significado-de-la-planificacion-de-la-sucesion [09/03/2018].

ACTIVIDAD DIDÁCTICA RECOMENDADA: Después de leer esta noticia, responda a la siguiente cuestión: ¿Cuáles son las ventajas de la planificación de la sucesión?

2. La oferta externa de trabajo

En ocasiones, no es posible cubrir todas las vacantes con la oferta interna. Puede que la empresa no cuente con la persona adecuada para sustituir a un empleado que ha sido promocionado o que ha abandonado la empresa.

También, en el caso de los puestos de nivel inicial o básico, es necesario recurrir a fuentes externas de provisión de personal. La organización deberá buscar en el mercado de trabajo externo la persona adecuada para el puesto que se desea cubrir por lo que es necesario que conozca ese mercado. Para ello, tendrá que llevar a cabo un análisis de los factores que pueden tener influencia en la oferta de trabajo, entre los cuales están los cambios demográficos, cambios en los valores sociales, la economía nacional y regional, el nivel de formación / especialización de la fuerza laboral, la demanda de habilidades específicas de los empleados, la movilidad de la población, las formas de contratación o la legislación laboral tanto nacional como internacional (Werther y Davis, 2014).

ETAPA III. Estudio de los desajustes existentes entre oferta y demanda de personal. Una vez que hemos obtenido la información sobre las necesidades y las disponibilidades de recursos humanos, es necesario analizar el ajuste entre ellas, lo cual nos permitirá tomar medidas para resolver los posibles desajustes existentes, de forma que podamos establecer los planes tanto a corto como a largo plazo (Dessler, 2015; Mondy, 2010).

A partir de la comparación de la oferta y la demanda de recursos humanos se pueden plantear tres situaciones (Gómez-Mejía *et al.*, 2016) (Figura 5):

1) Que haya defecto en la oferta, o sea, menos trabajadores de los que necesitamos. Para resolver estas situaciones, será necesario tomar ciertas medidas, que se expresarán en los planes de recursos humanos.

2) Que nos encontremos con exceso de oferta, es decir, más trabajadores de los necesarios.

3) Que la oferta y la demanda coincidan, en cuyo caso solo habrá que considerar aspectos como sustituciones de cese o transferencias internas y reajustes.

1. Defecto en la oferta de personal

En el caso en que la empresa necesite más efectivos, y no se disponga de la oferta interna de personal adecuada o suficiente, la empresa se tendrá que plantear nuevas políticas de personal en materia de reclutamiento, selección, análisis de nuevos puestos y de movimientos internos, para poder lograr la composición de personal necesaria para cada momento (Dolan *et al.*, 2014) o acudir a la subcontratación del trabajo a otras empresas, contratar a trabajadores a tiempo parcial o temporales o pagar horas extras a los empleados (Gómez-Mejía *et al.*, 2016). Por otra parte, y con una visión a largo plazo, se pueden llevar a cabo iniciativas de formación con el objetivo de que los empleados actuales adquieran los conocimientos, la experiencia, la capacitación y las habilidades necesarias para que puedan promocionar a nuevos puestos en el futuro.

Figura 5: Situaciones en la planificación de Recursos Humanos.

1. Demanda de trabajo excede a la oferta

- Formación y reciclaje
- Planificación de sucesiones
- Promoción interna
- Reclutamiento externo
- Subcontratación
- Utilización de los trabajadores temporales o a tiempo parcial
- Utilización de horas extras

2. Oferta de trabajo excede a la demanda

- Recortes salariales
- Reducciones de jornada
- Trabajo compartido
- Jubilaciones anticipadas voluntarias
- Bajas incentivadas (con indemnizaciones)
- Despidos

3. Oferta igual que la demanda de trabajo

- Sustitución del personal que se marcha con personal de dentro o de fuera
- Traslados y reajustes

Fuente: Gómez-Mejía *et al.* (2016: 169).

2. Exceso en la oferta de personal

Cuando se observa que la empresa tiene excedente de trabajadores puede poner en práctica varias medidas para corregir este desequilibrio. Entre estas medidas destacamos las propuestas por Mondy (2010: 112):

- La limitación de la contratación. No se reemplazan los trabajadores que abandonan la organización, es decir, se amortizan puestos de trabajo.
- La reducción de horas de la jornada laboral. Tiene un mayor efecto sobre los trabajadores que reciben salarios por horas.
- Jubilación anticipada. Se ofrece a algunos de los trabajadores la posibilidad de jubilarse antes de la edad legal para ello.
- Despidos. Cuando la empresa tiene que despedir a parte de su plantilla. Esto suele afectar más a los trabajadores con menos antigüedad, o a los que tienen contratos temporales o contratos a tiempo parcial. Una forma de justificar los despidos es llevando a cabo reducciones de tamaño de la organización, con la intención de ser más competitivos.

ETAPA IV. Elaboración de planes de RR. HH. Cuando se han analizado las necesidades y disponibilidades de personal, y se han planteado las alternativas disponibles para resolver los desequilibrios, se procede a la elaboración de planes de recursos humanos, que sirven de guía fundamental para otras actuaciones como el reclutamiento y la selección, la planificación de carreras y la formación.

Los planes de RR. HH. incluyen los pronósticos que se han llevado a cabo respecto a qué se desea hacer, cómo y cuándo hacerlo, quién será el encargado y qué recursos van a ser necesarios para su puesta en marcha. Se pueden clasificar por su proyección temporal en planes a largo, medio y corto plazo (Lectura 4).

Lectura 4. El ciclo de la planificación de personal

La planificación de los recursos humanos se puede definir como un proceso cíclico donde participan varios perfiles dependiendo del volumen de las empresas y del sector. Las fases del proceso son:

1) Planificación anual: se busca dimensionar los equipos, ajustar los costes y definir las calidades del servicio para todo el año. La dirección de recursos humanos y la dirección de operaciones utilizan herramientas de planificación atendiendo a demandas basadas en su experiencia y en resultados anteriores por lo que es importante tener datos históricos u otras fuentes de datos para ayudar a definir mejor las necesidades de personal y, si es necesario, contratar empleados o mover personal entre departamentos.

2) Planificación mensual: una vez dimensionado el equipo hay que ajustar las desviaciones atendiendo a bajas, necesidades específicas, picos de trabajo detectados a ese corto plazo mensual. El mes es un periodo suficiente en el que la modificación puede no suponer un coste elevado, ya que se dispone de tiempo para lanzar planificaciones con nuevas contrataciones o reasignaciones, excepto en sectores donde la nueva contratación requiere de experiencia y procesos de formación más largos.

3) Planificación diaria: el día a día implica ajustes atendiendo a las necesidades reales detectadas tanto de la demanda como del estado del propio equipo. Cuanto antes se detecten y se obtenga información para poder tomar decisiones el coste de las desviaciones diarias se reducirá drásticamente. Un ejemplo es mover el personal del equipo de una localización a otra, retrasar o adelantar las horas de entrada y salida, ya que no hay margen para nuevas contracciones.

Toda la información generada es muy valiosa para conocer el funcionamiento de los equipos de trabajo e incluso para generar futuros patrones adaptados a lo que realmente ocurrió. Definir un patrón de planificaciones consistente y que se pueda aplicar en nuevos centros o nuevas aperturas permite definir políticas de dimensionamiento y planificación que llevan a la excelencia. Datos como el absentismo, el coste de cada localización, la experiencia requerida para el personal en determinados momentos o la flexibilidad aporta información que ayuda a mejorar la productividad y reducir costes de manera directa.

Fuente: Adaptado de García Ansola, P. (2018): «El ciclo de la planificación de personal», noticia publicada el 16/02/2018, en https://es.linkedin.com/pulse/el-ciclo-de-la-planificaci%C3%B3n-personal-pablo-garcia-ansola [08/03/2018].

ACTIVIDAD DIDÁCTICA RECOMENDADA: Después de leer esta noticia, responda a la siguiente cuestión: ¿Cuáles son los beneficios de la planificación anual, mensual y diaria del personal?

Por último, es esencial el control y la evaluación de los planes de recursos humanos para determinar la efectividad del proceso. Algunos de los criterios posibles para evaluar la PRH son (Dolan *et al.*, 2014):

- Nivel de personal existente frente a necesidades establecidas de contratación.
- Niveles de productividad frente a objetivos formulados.
- Programas implantados frente a planes de actuación.
- Resultados logrados frente a los esperados, por ejemplo, reducción de absentismo, abandono o rotación (Lectura 5).
- Coste de los programas frente a lo presupuestado.
- Relación beneficios / costes del programa.

Lectura 5. La rotación voluntaria de las plantillas

Dos estudios recientes han abordado, desde distintos prismas, un tema que tradicionalmente ha sido un tabú para las organizaciones: la rotación voluntaria de sus plantillas. Uno de estos trabajos, el Índice de Dinamismo Laboral, elaborado conjuntamente por IESE Business School y Meta4, revela que el número de trabajadores que han abandonado voluntariamente sus puestos en España se ha multiplicado por seis en el lapso de siete años, pasando de uno por cada 600 en 2010 a uno por cada 100 durante 2017. El segundo, a cargo de la consultora Future for Work Institute, ahonda en las causas de esas salidas, y concluye que en nueve de cada 10 casos la empresa podría haber hecho más por tratar de evitarlas.

En esta noticia se comentan las opiniones de algunos expertos que se resumen en que si hay poca rotación y todas las vacantes se solucionan con promoción interna, se impide la renovación de la plantilla y la entrada ideas innovadoras y perspectivas diferentes y si, por el contrario, la rotación es muy alta puede que los empleados no interioricen los valores de la organización. De cualquier forma, con la rotación se corre el riesgo de perder más que ganar porque los que se marchan suelen ser los más valiosos. La salida de un empleado con talento es un fracaso para la compañía porque supone tener que contratar a alguien que lo reemplace, con el coste económico y el tiempo que representa (en términos del proceso de selección y del periodo de adaptación de esa nueva persona a su puesto). Además, puede provocar un peligroso efecto llamada en sus compañeros, por lo que la empresa debe estar preparada y tratar de anticiparse a esa eventual fuga de talento.

El estudio de Future for Work Institute recalca que los empleados raramente se marchan por una sola causa. Las principales son los jefes y la falta de oportunidades de desarrollo, pero también influyen la ausencia de desafíos, la escasa autonomía, el salario… «Y si además se cruza por el camino una buena oportunidad profesional, la rotación estará servida».

Fuente: Adaptado de Oliver, R (2017): «Dejen salir antes de entrar», noticia publicada el EL PAIS-NEGOCIOS el 22/11/2017. Disponible en: https://elpais.com/economia/2017/11/22/actualidad/1511372181_522539.html [02/03/2018].

ACTIVIDAD DIDÁCTICA RECOMENDADA: Después de leer la lectura, responda a la siguiente cuestión: ¿Por qué es recomendable para las empresas cierto grado de rotación laboral? Justifique su respuesta.

3. EL SISTEMA DE INFORMACIÓN DE RECURSOS HUMANOS

Para que la empresa pueda actuar de forma activa necesita información sobre los recursos humanos actuales y potenciales, es decir, aquellos que van a ser necesarios en un futuro. En una empresa pequeña, esta necesidad de información puede satisfacerse mediante un sistema manual. Pero conforme la organización se hace más compleja, la información referente a los puestos, solicitudes de trabajo, compensaciones, etc., requiere tratamiento y análisis constante para garantizar que las decisiones basadas en ella sean adecuadas, para lo cual se crea el llamado Sistema de Información de Recursos Humanos (SIRH) (Werther y Davis, 2014).

Los sistemas de información de recursos humanos son aquellos utilizados para recopilar, registrar, almacenar y recuperar datos relativos a los recursos humanos de la organización. Actualmente la mayoría de estos sistemas están informatizados (Gómez-Mejía *et al.*, 2016). Dado el alto coste que los recursos humanos tienen para las empresas, la forma de gestionar dicha información puede tener una enorme influencia en los resultados finales de la organización por lo que estas tecnologías están adquiriendo un importante peso en las empresas (Lectura 6).

El SIRH debe ofrecer datos concretos sobre múltiples aspectos de los empleados para que facilite al departamento de RR. HH. el logro de sus objetivos a corto, medio y largo plazo (Figura 6). Estos sistemas de información deben tener capacidad de ofrecer información válida no solo a nivel operativo, sino también a nivel estratégico.

Figura 6. Usos múltiples de los SIRH.

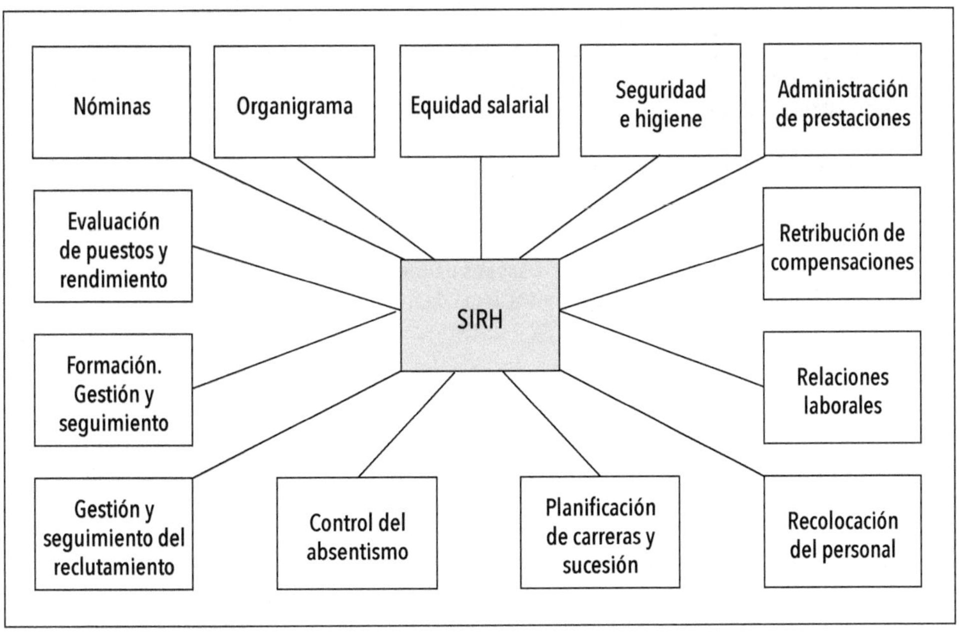

Fuente: Elaboración propia a partir de Dolan *et al.* (2007: 99).

Lectura 6. Importancia de los sistemas de información de RR. HH. para las empresas

Cada vez más, las áreas de Recursos Humanos demandan aplicaciones que les permitan administrar la carrera profesional de sus empleados y hacerles crecer dentro de la compañía. Automatizar la selección, el desarrollo y la promoción de la plantilla con estas herramientas redunda en un mayor y mejor crecimiento y rendimiento de la organización. Por este motivo, los proveedores del mercado de *software* de RR. HH. ofrecen soluciones integrales que se adaptan a las distintas necesidades que demandan las empresas.

Estas tecnologías aportan una serie de ventajas a las organizaciones, según Gerardo Lara, director de Innovación y Desarrollo de Recursos Humanos de Sacyr: «Este tipo de herramientas nos permiten desplegar nuestros procesos de recursos humanos de una manera eficiente, ágil y con un alcance global. Un *software* especializado nos permite ayudar a nuestros colaboradores a planificar su propia carrera profesional, detectamos talento interno, optimizamos nuestros procesos de promociones, disminuimos la tasa de rotación y mejoramos su motivación». Por su parte, Yolanda García, directora de Recursos Humanos de AbbVie comenta: «En nuestra empresa contamos con un *software* que facilita la integración de toda la información de un empleado desde que se incorpora. La misma herramienta nos permite abordar su gestión de manera integral; por ejemplo, administrar el talento, el desempeño, los cambios de compensación, e incluso preparar los planes de sucesión. Y aparte de las ventajas que esto tiene para el departamento de Recursos Humanos, también añade valor a la gestión que puede realizar el propio mánager, que puede ver la información de un colaborador y administrar todos sus movimientos».

Cristina Prats, directora del Centro de Servicios de Cataluña de Seresco, apunta: «Una herramienta capaz de integrar en una misma plataforma la gestión de administración y de gestión del capital humano en una única base de datos permite a las empresas poder detectar cuál es su capital humano, así como debilidades y fortalezas de su plantilla y trabajar en ellas. A su vez, permite emplear políticas de formación, capacitación, retención del talento y ligar algunos de estos procesos a la retribución». En definitiva, «posibilita cerrar el círculo de todo lo que atañe a la gestión del mayor valor de las compañías: sus personas».

Fuente: Adaptado de «Gestionando la carrera profesional de los empleados a golpe de clic», noticia publicada en www.equiposytalento.com el 07/03/2017. Disponible en http://www.equiposytalento.com/reportajes/software-de-rrhh [09/03/2018].

ACTIVIDAD DIDÁCTICA RECOMENDADA: Después de leer esta noticia, responda a la siguiente cuestión: ¿Cuáles son los beneficios de un sistema de información de los RR. HH.?

Un SIRH contiene *hardware* y aplicaciones de *software* que contribuyen a ayudar a los directivos a tomar decisiones sobre recursos humanos. El *software* puede ser un programa personalizado o un programa estándar. En general, estos programas incluyen (Gómez-Mejía *et al.*, 2016):

- Una base de datos con información básica de los empleados.
- Un programa para el seguimiento de candidatos a un puesto que permita acceder a la información para evaluar al candidato, programar entrevistas con los directivos, etc.

- Un inventario de cualificación de los empleados que permita identificar el potencial de un empleado de cara al reclutamiento interno.
- Un programa de nóminas capaz de calcular el sueldo bruto y neto, los impuestos, las cotizaciones a la seguridad social y las deducciones del sueldo como pagos a seguros médicos, planes de jubilación y cuotas a sindicatos.
- Un programa de administración de prestaciones que asesore sobre el plan de prestaciones y puede proporcionar un resumen anual de prestaciones por empleado.
- Un programa de gestión del tiempo del empleado que controla la asistencia, puntualidad y el absentismo del empleado.

Por último, es imprescindible garantizar la seguridad y confidencialidad de los registros de los SIRH a partir de políticas y directrices de uso de la información en cuanto a codificación y acceso limitado a esta, al mismo tiempo que se permita al empleado verificar y corregir sus registros personales (Gómez-Mejía *et al.*, 2016).

CUESTIONES PARA LA REFLEXIÓN

1. ¿Por qué cree Ud. que es importante hacer la planificación de Recursos Humanos?
2. La planificación de recursos humanos incluye la planificación de plantilla ¿Por qué?
3. ¿Cómo puede afectar la planificación de RR. HH. a otras prácticas de recursos humanos?
4. Explique las diferentes alternativas que tienen las empresas para dar solución a los desequilibrios entre la oferta y la demanda de personal.
5. ¿Qué utilidad tiene un sistema de información de RR. HH.?

LECTURAS RECOMENDADAS

CANAL FERNÁNDEZ, L. (2015): «Gastos de personal, oferta de empleo y tasa de reposición de efectivos», *Actualidad Administrativa*, n.° 9.

SÁENZ, M. (2017): «¿Es la planificación de la fuerza de trabajo la solución milagrosa de los RR. HH.?», *Observatorio de Recursos Humanos*, publicado el 10/08/2017. Disponible en: http://www.observatoriorh.com/orh-posts/la-planificacion-la-fuerza-trabajo-la-solucion-milagrosa-los-rr-hh.html [10/03/2018].

SAN NICOLÁS, M. (2016): «Workforce Analytics»: análisis y planificación estratégica —de verdad— de Plantillas», *Capital Humano*, n.° 327, pp. 25-26.

SANZ, M. (2018): «Evolución en lugar de reestructuración. Planificación estratégica de la transformación de la plantilla», *Observatorio de RR. HH. y Relaciones Laborales*, n.° 109, pp. 18-19.

SITIOS WEB RECOMENDADOS

www.equiposytalento.com
www.rrhhmagazine.com
capitalhumano.wke.es
www.aprenderh.com
www.rrhh-web.com
www.observatoriorh.com

PARTE 2
PROCESOS DE AFECTACIÓN

CAPÍTULO 4. RECLUTAMIENTO

CAPÍTULO 5. SELECCIÓN Y SOCIALIZACIÓN

Uno de los desafíos más frecuentes a los que se tienen que enfrentar las empresas y, en concreto, el departamento de recursos humanos, es la búsqueda y selección del personal para ocupar los puestos de trabajo previamente diseñados en el análisis y la planificación de estos.

El **proceso de afectación** es aquel mediante el cual la organización busca, analiza e incorpora a las personas que precisa para cada puesto de trabajo; por lo tanto, este proceso no solo incluye el reclutamiento y la selección, sino que una vez elegido el mejor candidato para desempeñar el puesto de trabajo, se ponen en marcha otros aspectos de afectación igualmente importantes como la socialización (Figura 1).

Figura 1. Proceso de afectación.

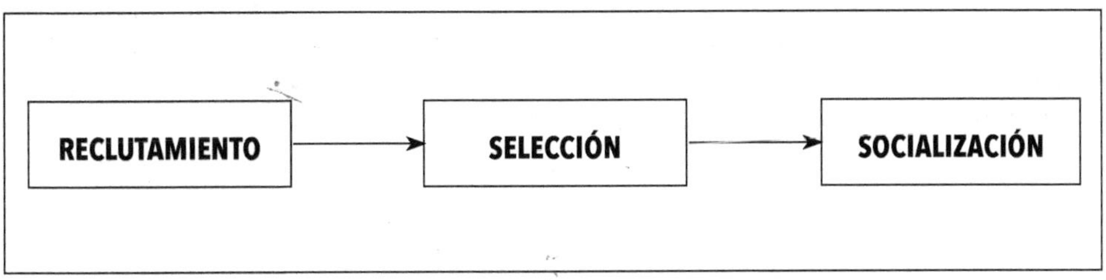

Fuente: Elaboración propia.

La afectación es un proceso en la medida en que las diferentes fases o actividades se suceden unas a otras como una secuencia, que se realizan en el tiempo de acuerdo con un orden determinado. Además, cada parte influye en la otra, de forma que errores en la fase inicial se transfieren a la siguiente; esto es, si no conseguimos candidatos "buenos" en el proceso de reclutamiento, aun cuando hagamos una buena selección, probablemente no habremos elegido al "mejor empleado". Por otro lado, si el reclutamiento y la selección se realizan bien, pero no se orientan de forma adecuada al candidato y este no se adapta a su puesto, afectará a su desempeño.

Si el **reclutamiento** es el proceso que busca los candidatos potencialmente válidos para un puesto de trabajo, la **selección** es aquel en el que se elige al mejor de estos. Por ello, podemos decir que si el reclutamiento no es exitoso, está casi garantizado el fracaso en el proceso de selección. Por otro lado, hay que considerar que todo proceso tiene un coste que, en ocasiones, es muy elevado para las organizaciones y, aunque podríamos eternamente estar buscando al mejor candidato, en algún momento hay que poner fin a esta búsqueda porque el exceso de coste y tiempo utilizado pueden hacer fracasar el proceso. Además, si tenemos a un buen candidato no podemos alargar el proceso más de lo normal porque nos puede suceder que perdamos a ese candidato que puede estar participando en procesos de selección de otras empresas. Por último, la **socialización** supone la adecuación de la persona al puesto de trabajo y a la cultura organizativa.

El proceso de afectación se constituye, por tanto, como uno de los ejes fundamentales de la gestión de los recursos humanos, estrechamente interrelacionado con los otros procesos para garantizar el éxito de dicha gestión.

- La **planificación y el análisis del puesto** van a ser puntos de referencia para conocer cuántas personas necesitamos, en qué momento y con qué características para ocupar los puestos ofertados.
- Una vez contratado el personal nuevo, si los procesos de reclutamiento y selección han sido eficientes, las necesidades de **formación y perfeccionamiento** serán menores.
- Por otra parte, en función del tipo de personal contratado, podemos **planificar y gestionar su carrera profesional** con la intención de no perder personas valiosas para la organización.
- Además, un buen proceso de selección puede servir como instrumento para la posterior **evaluación del rendimiento**.
- Finalmente, si queremos atraer a buenos candidatos y retener el talento, **el sistema de retribución** será un aspecto fundamental para tener en cuenta.

RECLUTAMIENTO

4

INTRODUCCIÓN

En este capítulo se presentan las etapas del proceso de afectación: reclutamiento, selección y socialización y se analiza la primera de ellas. El reclutamiento consta de un conjunto de procedimientos destinados a atraer candidatos potencialmente cualificados y capaces de ocupar puestos en la organización. Precede a la selección y la condiciona, ya que determina la cantidad y calidad de candidatos disponibles.

OBJETIVOS DEL CAPÍTULO

- Analizar el concepto de reclutamiento como la primera fase del proceso de afectación.
- Identificar y clasificar las diferentes fuentes y métodos del reclutamiento.
- Analizar las tendencias actuales en reclutamiento.

1. CONCEPTO Y PROCESO DE RECLUTAMIENTO

Cuando las empresas detectan necesidades de personal se inicia el proceso de afectación, que se compone de tres etapas: reclutamiento, selección y socialización (Figura 1). En este proceso se toman decisiones importantes para la empresa ya que afectan no solo a su personal, sino también a los resultados de la empresa y su éxito (Gómez Mejía *et al.*, 2016). También, este proceso interviene en la atracción y captación de talento (Lectura 1).

Figura 1: El proceso de afectación.

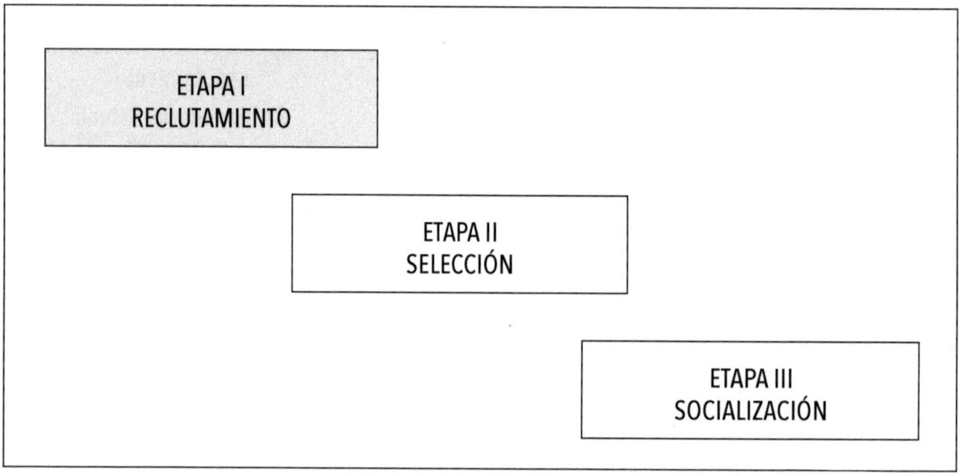

Fuente: Elaboración propia.

El **reclutamiento** ha sido definido por los distintos autores de forma similar. Gómez-Mejía *et al.* (2016: 173) lo definen como el primer paso del proceso de contratación para lograr un conjunto de candidatos cualificados para un determinado puesto de trabajo. Para Dolan *et al.* (2014: 76), el reclutamiento se define como el conjunto de actividades y procesos que se realizan para conseguir un número suficiente de personas cualificadas, de forma que la organización pueda seleccionar a aquellas más adecuadas para cubrir sus necesidades de trabajo. Por su parte, para Mondy (2010: 128), es el proceso de atraer individuos de manera oportuna en número suficiente y con los atributos necesarios, así como alentarlos para que soliciten los puestos vacantes en una organización. Chiavenato (2011: 128) considera que el reclutamiento es un conjunto de técnicas y procedimientos desarrollados para atraer candidatos potencialmente cualificados y capaces para ocupar puestos dentro de la organización. Según este autor, es un sistema de información mediante el cual la organización divulga y ofrece al mercado de trabajo oportunidades de empleo. Werther y David (2014: 112) se refieren a la identificación de talento como el proceso de ubicar e interesar a candidatos capacitados para llenar las vacantes de la organización. El inicio del proceso es la búsqueda de candidatos y su finalización se produce cuando se reciben las solicitudes de empleo. En todas las definiciones se destaca la idea de que el reclutamiento es un proceso cuyo fin es atraer personas («talento») con la cualificación necesaria.

Así, proponemos la siguiente definición del proceso de **reclutamiento**: Conjunto de actividades tendentes a atraer un número suficiente de candidatos cualificados para ocupar un puesto de trabajo. Estos candidatos deben tener la cualificación suficiente para el puesto, sin que esta sea excesiva o innecesaria ni, por supuesto, deficiente.

Lectura 1. La atracción y captación de talento

En este artículo, Mouliaá explica que, con la transformación digital, muchas empresas se están centrando en buscar y retener el talento. La autora ofrece dos definiciones de talento. Para la Real Academia de la Lengua, talento se refiere «a la persona inteligente o apta para determinada ocupación». Y para Pilar Jericó, experta en el análisis del talento y el impacto del miedo en las organizaciones y en las personas, «definimos al profesional con talento como un profesional comprometido que pone en práctica sus capacidades para obtener resultados superiores en un entorno y organización determinados».

Por lo tanto, hay que entender que hay personas que desarrollan mejor su talento en unas organizaciones que en otras y que cada empresa tiene que buscar el tipo de talento que mejor se adapta a sus necesidades y a sus características. Mouliaá comenta que «los profesionales con talento son personas motivadas que disfrutan con lo que hacen, con competencias y capacidades para desempeñar su trabajo, que están en permanente actualización de sus conocimientos y ello les lleva a alcanzar resultados excepcionales».

Las empresas se encuentran con el reto de atraer, captar y retener el talento.

- Atracción del talento. Generar imagen de buen empleador, comunicar y desarrollar buenas formas y métodos de reclutamiento (p. ej., marketing de reclutamiento).
- Captación del talento. Encontrar las competencias más demandas en el personal, mejorar los procesos de búsqueda de candidatos (p. ej., *social recruitment)*, garantizar la calidad en todo el proceso de selección.
- Retener. Motivar para que el talento se quede en la empresa (p. ej., salario emocional).

Fuente: Adaptado de Mouliaá, M. (2017): «La importancia de captar y retener el talento en tu empresa», publicado el 16/05/2017 en https://recursos-humanos.infojobs.net/la-importancia-del-talento [05/02/2018].

ACTIVIDAD DIDÁCTICA RECOMENDADA: Después de leer este artículo, responda a la siguiente cuestión: ¿Qué relación hay entre la atracción y la captación de talento y el proceso de afectación? Justifique su respuesta.

El reclutamiento constituye la primera fase del proceso de afectación y tiene como objetivo reunir el mayor número posible de aspirantes «cualificados» a fin de poder seleccionar entre estos a aquellos que son, en principio, los más idóneos para el puesto de trabajo que se necesita cubrir. Cuando se hace referencia a los más idóneos, no se refiere a las «personas mejores», sino las mejores para realizar unas funciones o un puesto de trabajo concreto. La atracción de candidatos no cualificados o demasiado cualificados para un determinado puesto de trabajo conlleva para la empresa una pérdida de recursos (tiempo y dinero).

Siguiendo a Dolan *et al.* (2014), los fines del reclutamiento son los siguientes:

- Identificar las necesidades actuales y futuras de reclutamiento tomando como punto de partida la información obtenida en la planificación de recursos humanos y en el análisis de los puestos de trabajo.
- Atraer a un número suficiente de personas cualificadas para los puestos vacantes al mínimo coste.
- Filtrar a los candidatos que no se ajustan bien al puesto para que aumente la tasa de éxitos en el proceso de selección.
- Reducir la probabilidad de abandono de los candidatos seleccionados.
- Respetar la normativa jurídica vigente.
- Aumentar la eficiencia de las personas y de la organización.
- Evaluar el proceso de reclutamiento y analizar la eficacia de las fuentes y técnicas utilizadas.

El reclutamiento precede a la selección y la condiciona, pues determina la cantidad y calidad de candidatos disponibles. A su vez, el reclutamiento puede entenderse como un proceso con dos etapas: 1) decisión y delimitación; y 2) identificación y selección de fuentes y métodos de reclutamiento (Figura 2).

Figura 2: Etapas del proceso de reclutamiento.

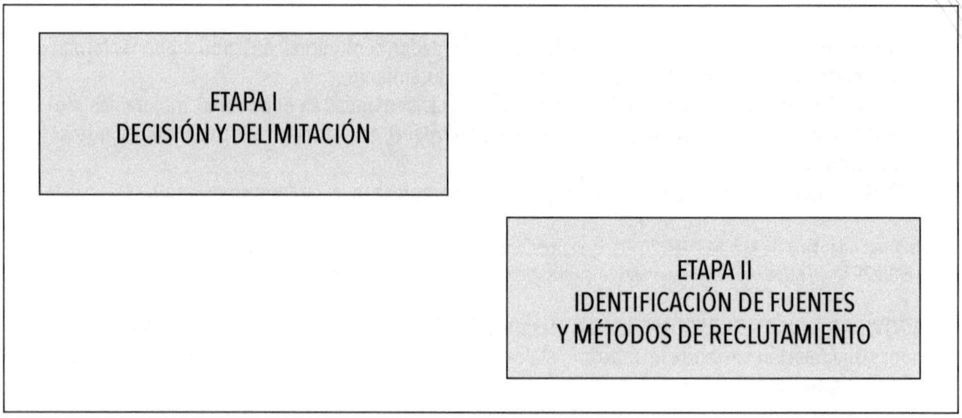

Fuente: Elaboración propia.

En la primera etapa, la de decisión y delimitación, se analizan las necesidades de personal, se valoran las alternativas disponibles para cubrir dichas necesidades, y se determina el momento y la forma para realizar el reclutamiento. Este proceso parte de la información disponible sobre las necesidades presentes y futuras de recursos humanos de la organización. También, en esta primera fase, se realiza una investigación externa para identificar lo que el mercado laboral puede ofrecer a la empresa (Chiavenato, 2011).

Si se detecta la necesidad de contratar o incorporar a nuevos empleados o de realizar reemplazos, la organización tendrá que buscar alternativas y decidir si incrementa su fuerza laboral. La decisión está determinada en gran medida por los costes del reclutamiento y de la selección. Estos costes pueden ser muy significativos e incluyen todos los relacionados con el proceso de búsqueda, la realización de entrevistas o de otras pruebas, la reubicación e incorporación del nuevo empleado, etc. En función de cómo sean los costes, algunas organizaciones buscan otras alternativas como la subcontratación o las horas extras (Mondy, 2010).

Además de analizar las necesidades cuantitativas de personal y tomar la decisión sobre la forma de cubrir esas necesidades, se identifican y analizan las vacantes que quiere ocupar. El análisis del puesto ofrece la información necesaria sobre los requisitos de este (descripción y especificación del puesto), lo que pueda ayudar a establecer el momento y la forma para llevar a cabo la búsqueda de candidatos.

Para poder realizar una buena búsqueda de candidatos, en la segunda etapa del proceso, se identifican y seleccionan las fuentes de reclutamiento (Dolan *et al.*, 2014). Una vez elegidas las fuentes, se procede a seleccionar los métodos de reclutamiento, es decir, los medios específicos para atraer a candidatos adecuados para cubrir los puestos vacantes (Mondy, 2010).

2. FUENTES Y MÉTODOS DE RECLUTAMIENTO

Una vez detectada la necesidad de iniciar un proceso de reclutamiento, la siguiente cuestión es determinar dónde buscar a esos potenciales candidatos para ocupar el puesto de trabajo. El mercado laboral permite identificar a posibles candidatos disponibles (desempleados) o a otros que pueden estar empleados (en la misma u otra organización). Estos últimos candidatos pueden estar o no en búsqueda activa de empleo (Chiavenato, 2011). Teniendo en cuenta a todos los candidatos posibles, la empresa tiene que decidir si quiere encontrar a su candidato dentro de la propia empresa o, si por el contrario, prefiere o tiene que salir al mercado.

Las fuentes de reclutamiento pueden ser de diferentes tipos (Figura 3): personas que trabajan ya en la empresa (reclutamiento interno) o personas ajenas a la empresa (reclutamiento externo). Aunque también algunas empresas utilizan fuentes internas y externas para hacer reclutamiento a lo que se denomina reclutamiento mixto. Este se puede abordar de tres formas: 1) primero hacer reclutamiento externo y si no da resultados hacer reclutamiento interno; 2) hacer primero reclutamiento interno y si no da resultados hacerlo externo; y 3) hacer reclutamiento interno y externo de forma simultánea (Chiavenato, 2011).

La decisión de utilizar una, otra o ambas fuentes de reclutamiento va a depender de las características del puesto, del coste en el que se quiere incurrir y del tiempo disponible para la incorporación del candidato. Dolan *et al.* (2014) consideran que es necesario realizar un análisis de coste-beneficio de la fuente y métodos utilizados. Los costes del proceso de reclutamiento pueden ser intrínsecos (método utilizado) y extrínsecos (relativos al puesto, factores ambientales...). Dolan *et al.* (2014) presentan dos ratios que sirven para analizar la eficacia del proceso de reclutamiento: *yield ratio* (ratio entre las solicitudes presentadas y las aceptadas) y el *time lapse ratio* (tiempo transcurrido entre la decisión de reclutar y la contratación del nuevo empleado).

Figura 3. Fuentes de reclutamiento.

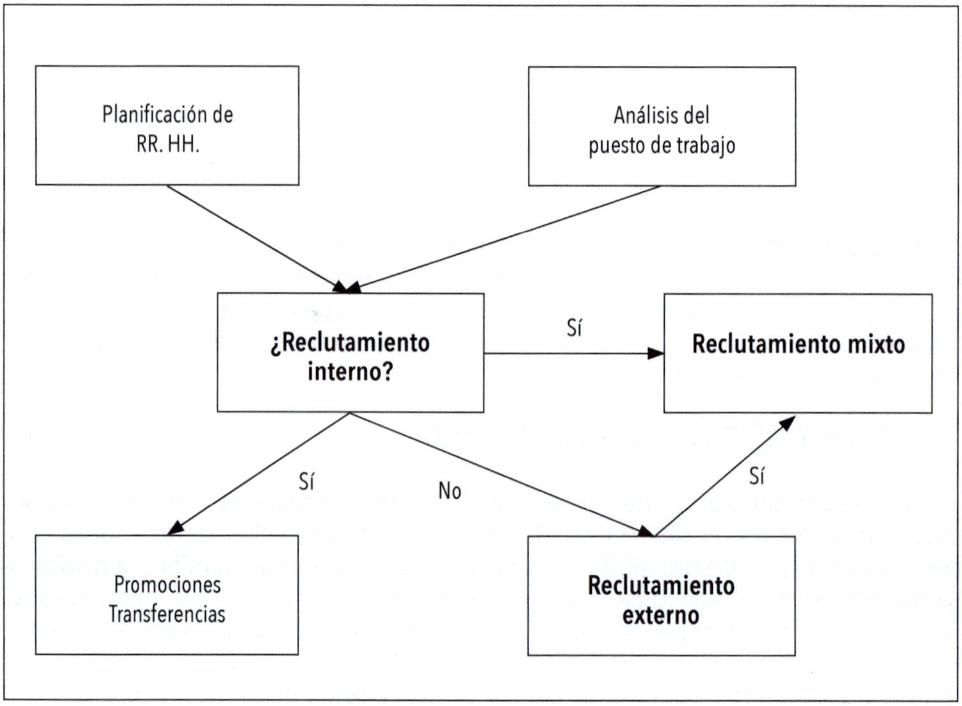

Fuente: Elaboración propia.

RECLUTAMIENTO INTERNO

En el reclutamiento interno se busca dentro de la propia empresa a los candidatos para ocupar el puesto. La organización tiene que identificar a los empleados actuales que pueden ocupar la vacante a cubrir y ofrecerles la posibilidad de hacerlo. En este sentido, se pueden realizar ascensos o promociones (movimiento vertical), transferencias (movimiento horizontal) o transferencias con ascenso (movimiento diagonal).

Este tipo de reclutamiento exige la coordinación continua y la integración entre el departamento de RR. HH. y el resto de los departamentos e implica varios sistemas y bases de datos. Los datos que se pueden utilizar pueden proceder de las pruebas de selección anteriores, de las evaluaciones del rendimiento, del desempeño alcanzado en programas de capacitación y entrenamiento, del análisis y descripción del puesto actual del candidato interno y del puesto considerado, de la planificación de carrera o de las condiciones de promoción del candidato interno —si está preparado para un ascenso— y de reemplazo —si hay un sustituto preparado— (Chiavenato, 2011).

La figura 4 resume las principales ventajas e inconvenientes del reclutamiento interno.

Figura 4: Ventajas e inconvenientes del reclutamiento interno.

RECLUTAMIENTO INTERNO	
VENTAJAS	**INCONVENIENTES**
• Más económico. Evita gastos del proceso: anuncios, gastos de integración... • Más rápido • Mayor índice de validez y seguridad. Se conoce al candidato y este conoce la organización • Los empleados se sienten más seguros y comprometidos a largo plazo con la organización. Más motivados • Aprovecha las inversiones en formación realizadas • Desarrolla un cierto grado de competencia interna. Afán de superación	• No encontrar en la organización a la persona adecuada • Posibles luchas internas, conflicto de intereses y falta de cooperación entre las personas • Endogamia. No hay otros puntos de vista e ideas • No se puede hacer en términos globales en toda la organización. Solo si los candidatos internos se ajustan mejor que los externos al puesto

Fuente: Adaptado de Dolan *et al.* (2014) y Chiavenato (2011).

Una vez que la empresa decide que desea hacer reclutamiento interno, dispone de varios métodos / herramientas para hacer llegar a los empleados la oferta del nuevo puesto. De entre las herramientas disponibles para buscar información sobre los actuales empleados se destacan las siguientes (Dolan *et al.*, 2014; Mondy, 2010):

- Los archivos de personal.
- Las listas de ascensos o planes de promoción.
- Los sistemas de información de recursos humanos de la empresa (SIRH).

Por otra parte, las organizaciones tienen distintos métodos para anunciar internamente la oferta de puestos a cubrir:

- Transmisión de la información boca a boca (Dolan *et al.*, 2014).
- Anuncios en los tablones (Dessler, 2015).
- Transmisión de la oferta de trabajo a través de circulares (en papel o por email), a través de la intranet (Dessler, 2015; Dolan *et al.*, 2014) o del portal del empleado (Lectura 2). Además, muchas empresas están desarrollando la *app* del empleado para facilitar el acceso del personal a la información interna de la empresa (Lectura 3).

RECLUTAMIENTO EXTERNO

El reclutamiento externo se produce cuando la organización trata de cubrir una vacante con personas ajenas, es decir, con candidatos externos. Esto se produce cuando no se encuentra al candidato idóneo dentro de la empresa o bien se está buscando atraer a trabajadores con ideas nuevas, formas distintas de «hacer las cosas», y se aprovecha también la formación previa del trabajador. En estos casos, se decide salir al mercado laboral a buscar y atraer candidatos que están disponibles u ocupados en otras empresas.

La figura 5 resume las ventajas e inconvenientes del reclutamiento externo.

Figura 5: Ventajas e inconvenientes del reclutamiento externo.

RECLUTAMIENTO EXTERNO	
VENTAJAS	**INCONVENIENTES**
• Atraer trabajadores con ideas nuevas, puntos de vista distintos y nuevas formas de abordar los problemas • Renovar y enriquecer los recursos humanos de la organización • Aprovechar las inversiones en formación realizadas en otras empresas	• Suele tener una alta duración • Es más caro • Puede ser menos seguro ya que no se conoce a los candidatos externos • Puede originar frustración entre el personal de la organización al no poder desarrollar sus expectativas de carrera • Puede afectar a la política salarial de la empresa (desequilibrios y agravios comparativos)

Fuente: Adaptado de Chiavenato (2011) y Dolan *et al.* (2014).

Para buscar candidatos externos, las organizaciones tienen diversas técnicas o métodos de reclutamiento que varían en función de su facilidad de uso, su coste y la calidad de candidatos que proporcionan. Siguiendo a Dessler (2015), Dolan *et al.* (2014), Gómez-Mejía *et al.* (2016) y Werther y Davis (2014), se encuentran los siguientes métodos de reclutamiento:

Lectura 2. El portal del empleado

Jesús Gómez, en este artículo explica que los sistemas de comunicación interna que han implantado algunas de las grandes compañías han llevado a los departamentos de recursos humanos a poner en marcha procesos de descentralización de actividades como es el caso del portal del empleado. El autor comenta que «se trata de un entorno interno en la organización al que acceden todos sus trabajadores y donde se puede acceder a todo tipo de información relacionada con la gestión de las personas en la empresa. Este entorno puede ser considerado como un autoservicio para el empleado, ya que dentro de este espacio es posible que los trabajadores puedan consultar su nómina, controlar sus horarios de entrada y salida, descargar y visualizar información relacionada con la empresa y con los recursos humanos, etc.».

La información que suele aparecer en el portal del empleado es información administrativa, seguimiento y control del trabajador, comunicación, acceso a formación, entorno de ocio e información corporativa. Esta herramienta tiene muchas ventajas como un mejor conocimiento sobre la organización, genera una sensación de pertenencia a una comunidad, se minimizan los tiempos dedicados a aspectos burocráticos, mejora la relación entre la empresa y los trabajadores y comunicación interna, se actualiza de forma continua la información, se optimiza el tiempo dedicado de los miembros del departamento de recursos humanos, mejora la implicación de los trabajadores en la empresa y se ofrece mayor homogeneidad en la información.

Para las empresas pequeñas y medianas, también se están desarrollando programas específicos (software) para crear portales adaptados a las necesidades de sus trabajadores.

Fuente: Adaptado de Gómez, J. (2017): «¿En qué consiste el autoservicio o portal del empleado?», publicado el 11/05/2017 en https://www.cerem.es/blog/en-que-consiste-el-autoservicio-o-portal-del-empleado [05/02/2018].

ACTIVIDAD DIDÁCTICA RECOMENDADA: Después de leer esta noticia, responda a la siguiente cuestión: ¿Qué ventajas e inconvenientes tiene el portal del empleado para una pequeña y mediana empresa?

Lectura 3. Las *apps* de empleados

Las aplicaciones móviles para empleados son una herramienta que están empezando a utilizar las grandes empresas más innovadoras. Esta herramienta puede facilitar el día a día del empleado y mejorar su satisfacción personal, es decir, mejorar la *employee experience* o experiencia del empleado.

Solís explica las principales funcionalidades y ventajas de esta herramienta. Las principales funcionalidades de las apps de empleados son: las píldoras informativas; los trámites y gestiones; cursos y formación profesional; notificaciones push, etc.

Entre las principales ventajas de las apps de empleados están la reducción de costes, la mejora de la comunicación interna y con los expatriados, y la optimización de procesos.

Fuente: Adaptado de Solís, I. (2017): «La revolución de las APPS de empleados», publicado el 31/03/2017 en https://factorhuma.org/attachments/article/12930/c486-apps-empleados.pdf [05/03/2018].

ACTIVIDAD DIDÁCTICA RECOMENDADA: Después de leer esta noticia, explique con más detalle las funcionalidades que puede tener una app de empleados y busque algún ejemplo.

- *Consulta de los archivos de la empresa.* Se puede utilizar la información que tiene disponible la empresa sobre candidatos que se han presentado a otros procesos de reclutamiento o que han enviado su currículum por iniciativa propia.
- *Presentación espontánea.* El candidato se dirige directamente a la empresa. Se puede pedir que rellene una solicitud que se incluirá en la base datos de potenciales candidatos.
- *Candidatos propuestos por los propios empleados.* Es un método que tiene alta tasa de éxito, requiere poco tiempo y tiene un coste bajo. Los empleados conocen las necesidades de la empresa y su modo de actuar, por lo que es muy probable que recomienden a personas que puedan desempeñar bien el puesto de trabajo.
- *Anuncios en los periódicos y revistas.* Método sencillo para atraer candidatos, pero cada vez menos utilizado. Su mayor inconveniente es que no filtra a los solicitantes, pudiéndose darse el caso de que haya muchas solicitudes, pero pocos candidatos sean idóneos para el puesto.
- *Agencias privadas de colocación o empleo.* Estas empresas suelen hacer una selección previa y normalmente saben dónde encontrar buenos candidatos. Cobran unos honorarios que a veces pueden ser cuantiosos. Existen también las empresas denominadas «cazatalentos» (*headhunters*) especializadas en el reclutamiento y selección de altos directivos y profesionales con gran demanda en el mercado laboral.
- *Las empresas de trabajo temporal.* Son empresas que contratan a empleados con carácter temporal para que realicen su trabajo en otra empresa con la que han llegado a un acuerdo. En este caso, se trataría de una subcontratación, puesto que el trabajador, una vez finalizada la labor para la que fue contratado, no tiene ninguna vinculación con la empresa que contrató el servicio a la ETT. Sin embargo, en España, muchas empresas acuden a las ETT para, a modo de prueba, seleccionar a su personal una vez que han comprobado la eficacia de la persona en el puesto de trabajo. Por otra parte, a partir de la reforma del mercado laboral español (Ley 3/2012), las ETT pueden además actuar como agencias de colocación siempre que se ajusten a la normativa reguladora de esta materia y siempre que garanticen a los trabajadores la gratuidad de los servicios prestados.
- *Agencias públicas de empleo.* La mayoría de los países tienen un servicio público de búsqueda de empleo, que es gratuito y ofrece a los candidatos información interesante sobre el mercado de trabajo, y sobre empleo y formación. En España, el Servicio Público de Empleo Estatal (SEPE) es un organismo autónomo adscrito al Ministerio de Empleo y Seguridad Social que, junto con los Servicios Públicos de Empleo de las Comunidades Autónomas, forman el Sistema Nacional de Empleo. Este servicio se encarga de promover, diseñar y desarrollar medidas y acciones para la creación de empleo[1].

1 Para más información, ir a www.sepe.es

- *Instituciones docentes.* Son buenas canteras para conseguir candidatos. Hay muchas compañías que acuden a las universidades para reclutar personal titulado para puestos profesionales.
- *Asociaciones y colegios profesionales.* Para puestos muy especializados, es una buena forma de encontrar candidatos que se adecuen al perfil.
- *Reclutamiento por internet.* Internet es un canal de comunicación entre organizaciones y candidatos. Es uno de los métodos más utilizados para buscar candidatos y para buscar empleo. Las organizaciones pueden buscar talento a través de los sitios web para la búsqueda de empleo (por ejemplo, infojobs.net, empleo.com, infoempleo.com, laboris.net, technoempleo.com, monster.es), de las redes sociales (por ejemplo, Facebook, Twitter, LinkedIn) o a través de la propia web de la empresa (Lectura 4). Algunos autores como Chiavenato (2011) explican que, en el reclutamiento virtual, el registro de currículos se realiza a través del espacio principal habilitado en el sitio web. Además, a través de estos sitios, los candidatos pueden encontrar información sobre la empresa, sobre las ofertas de trabajo y sobre el proceso de selección.

Lectura 4. La captación de talento a través de redes sociales

Marta Mouliaá analiza cómo los departamentos de recursos humanos están utilizando las redes sociales para buscar candidatos. Según comenta la autora: «El objetivo principal es analizar cuáles son los canales más adecuados para publicar nuestras ofertas en función del perfil y dónde encontrar a aquellos candidatos que no están buscando trabajo, pero que disponen del talento que la empresa necesita». E indicada que el *social recruitment* permite encontrar tanto candidatos activos como pasivos.

Alicia Pomares, consultora de recursos humanos especializada en gestionar el cambio cultural y la innovación, señala que «pocas empresas están utilizando el *big data* como herramienta de RR. HH. y actualmente es una de las tendencias de futuro en gestión del talento. Podremos saber quién tiene ese talento especial que necesitamos para ese proyecto nuevo que vamos a arrancar dentro de la empresa, y también nos permitirá detectar dónde está el talento que interesa e incluso cómo ayudar a cautivar el interés del candidato que queremos incorporar».

Mouliaá también explica que para captar talento hay que llevar a cabo procesos de selección con garantías de calidad y dice que «el talento es inteligencia, competencias, compromiso y potencial, por lo tanto, lo primero que hay que hacer es definir qué es lo que necesita la empresa y, según esto, analizar las capacidades de los profesionales para detectar su potencial y sus habilidades más excepcionales y seleccionar al que encaje y se alinee con nuestra organización». Por ello, es importante plantear bien el anuncio del puesto de trabajo para que se adapte al perfil del profesional que se está buscando. Y hay que ofrecer a los potenciales candidatos una buena imagen de la empresa y tratarlos como si fueran clientes, contestando sus correos electrónicos, dándoles retroalimentación del proceso, etc.

Fuente: Adaptado de Mouliaá, M. (2017): «La importancia de captar y retener el talento en tu empresa», publicado el 16/05/2017 en https://recursos-humanos.infojobs.net/la-importancia-del-talento [05/02/2018].

ACTIVIDAD DIDÁCTICA RECOMENDADA: Después de leer esta noticia, responda a la siguiente cuestión: ¿Qué es el *social recruitment* y que relación tiene con el *employer branding*?

3. TENDENCIAS ACTUALES EN RECLUTAMIENTO

Los cambios que se han producido en la sociedad y en el mercado laboral han modificado las relaciones entre empleador y empleado lo que ha llevado a las organizaciones a plantearse cuál y cómo tiene que ser el papel de los recursos humanos en el futuro (Esteban, 2012). En este sentido, muchas organizaciones han visto la necesidad de crear una marca de buen empleador (*employer branding*).

Por otra parte, las empresas y los profesionales de recursos humanos se enfrentan a un gran cambio ante el desarrollo de internet y, en especial, de las redes sociales. Este escenario hace necesario crear redes activas de relaciones dentro y fuera de las empresas. Los procesos de reclutamiento y selección de personal han ido evolucionando para adaptarse a los cambios y para aprovechar las nuevas tecnologías. La web y las redes sociales están permitiendo a las empresas atraer y mantener el talento (Díaz Llairó, 2010).

El uso de internet para reclutamiento está muy extendido (Blasco, 2004). Algunos autores hablan de ***e-recruitment*** para hacer referencia al uso de internet en el proceso de reclutamiento, que es compatible con el proceso clásico (Mukiur, 2016). En este contexto, se ha desarrollado el reclutamiento a través de las redes sociales (Lectura 5). Para denominar este fenómeno, se han utilizado términos como reclutamiento 2.0, *social recruiting*[2] o reclutamiento 3.0. Mukiur (2016: 138) define el **reclutamiento 3.0** como «el proceso por el cual las empresas buscan e identifican los posibles candidatos para cubrir sus necesidades internas de empleo o de mano de obra a través de las redes sociales multiplataformas de internet[3] (Google+, Twitter, Facebook, Hi5, LinkedIn, Xing, Dejaboo, etc.) que son compatibles o accesibles desde diferentes plataformas tecnológicas».

Las redes pueden poner en contacto a personas y comunidades que al sentirse más cómodos pueden hablar y actuar tal y como son, lo que permite una observación más objetiva de los comportamientos de los candidatos que en una entrevista (Rojas, 2010). En este sentido, Rojas (2010) destaca las ventajas que tienen las redes sociales para hacer reclutamiento:

- Facilidad para localizar el talento. Se interactúa con muchas personas al mismo tiempo y desde cualquier lugar del mundo.
- Contactar con personas que no están disponibles por otras vías y encontrar perfiles profesionales diferentes.

---

2 https://es.linkedin.com/pulse/social-recruitment-consiste-en-reclutar-colaboradores-p%C3%A9rez-toledo

3 Las tecnologías conocidas como web 3.0 son aplicaciones de internet de segunda generación basadas en comunidades multiplataformas de usuarios y una gama especial de servicios, como las redes sociales, los wikis, los blogs, etc. (Mukiur, 2016: 138).

- Obtener datos personales y profesionales más detallados y comprobarlos.
- Menor distancia entre seleccionador y candidato. Se crea un ambiente más tranquilo que ayuda a descubrir si el candidato está siendo honesto.
- Ayuda a precalificar, filtrar y evaluar a los candidatos potenciales.
- Menores costes que el reclutamiento tradicional. Es una ventaja para las empresas pequeñas con menos medios para realizar procesos de reclutamiento.
- Ayudan a crear, difundir y mantener la marca de buen empleador.

Lectura 5. Los perfiles en redes sociales de los candidatos a un empleo

El Informe Infoempleo-Adecco Redes Sociales y Mercado de Trabajo, en su quinta edición, muestra que el 78 % de los usuarios utilizaron redes sociales en 2016 para buscar empleo; tres de cada cuatro usuarios enviaron su currículum vítae a una oferta de empleo que conocieron a través de redes sociales. Y en el caso de las empresas, el 84 % utilizó las redes sociales para conocer a los candidatos.

Entre los métodos más utilizados para la búsqueda de empleo están: los portales web de empleo (98 %), las páginas web corporativas (8 %) y las empresas de selección (86 %). También en este informe se obtuvo que el «47 % de los candidatos con cuenta en redes sociales ha sido contactado por este medio con relación a una oferta de empleo en, al menos, una ocasión, si bien solo el 48 % de los candidatos cree que las empresas estén usando las redes sociales para reclutar candidatos». La tendencia que se prevé para los próximos dos años es que los mecanismos más utilizados sean los portales web de empleo (97 %), los contactos personales (96 %), las redes sociales (95 %) y los sites corporativos (94 %).

En cuanto a la valoración de las redes sociales como medio para atraer y seleccionar talento, el 92 % tenían una valoración positiva, siendo la red mejor valorada Linkedin (67 %). Las empresas utilizan de forma mayoritaria los portales web de empleo para reclutar a nuevos empleados (88 %). Además, el 86 % de las empresas busca en las redes sociales a los candidatos preseleccionados antes de tomar una decisión de contratación. En concreto, los perfiles en redes sociales más consultados por parte de los profesionales de recursos humanos son LinkedIn (67 %), Facebook (40 %) y Twitter (22 %).

Fuente: Extraído de EUROPA PRESS (2017): «El 86 % de las empresas consulta los perfiles en redes sociales de los candidatos a un empleo», publicado el 02/03/2017. Disponible en https://www.20minutos.es/noticia/2973811/0/mayoria-empresas-consultan-perfil-redes-sociales-candidatos-empleo/#xtor=AD-15&xts=467263 [05/02/2018].

ACTIVIDAD DIDÁCTICA RECOMENDADA: Después de leer esta noticia, responda a la siguiente cuestión: ¿Qué aspectos de los perfiles de las redes sociales de un candidato pueden ser considerados por una empresa para tomar la decisión de contratación? Justifique su respuesta.

Sin embargo, el uso de las redes sociales para estos procesos también tiene sus problemas e inconvenientes. En especial, las empresas y los responsables de recursos humanos tienen que respetar la normativa vigente a la hora de entrar en la vida privada de las personas. Uno de los problemas que se puede encontrar un profesional o una empresa es que se cree una mala reputación *on-line* (Rojas, 2010).

Podemos encontrarnos con muchas redes sociales, algunas de ellas profesionales (Lectura 6), que permiten la gestión de la reputación digital, la comunicación corporativa, la comunicación de productos y eventos, dar visibilidad, prevenir crisis, gestionar el conocimiento y mejorar la comunicación interna y la captación de talento (Celaya, 2011).

Lectura 6. Reclutar talento a través de LinkedIn

Ana Delgado analiza el papel de LinkedIn en los procesos de reclutamiento. Según comenta la autora es la mejor red para el desarrollo de marca personal y, además, es una buena herramienta para captar talento, aunque no es la más fácil de manejar ni la más barata.

En este artículo se explican los tipos de cuentas que ofrece LinkedIn a sus usuarios: la cuenta básica gratuita y la cuentas premium de pago y sus tipos (Business, Job Seeker, Sales Professional, Recruiter y su versión simplificada, Recruiter Lite). Las cuentas premium tienen más funcionalidades que la gratuita como «mandar mensajes directos a cualquier contacto en inMail (el correo electrónico de LinkedIn), guardar búsquedas semanalmente, guardar cientos de perfiles distintos, organizarlos y almacenarlos para analizar posteriormente y clasificarlos por orden de preferencia, entre otras funciones». Isidro Pérez, gerente de la consultoría Avanza Soluciones, comenta que los precios de la cuenta premium pueden oscilar de 40 € a 800 € al mes. Y las recomendaciones que se dan es que, para las pequeñas y medianas empresas, la premium básica sería una buena opción y para los *freelancers*, la Business Plus.

En cuanto a las principales ventajas que ofrece esta red a las empresas a la hora de captar profesionales, Bruno Vázquez-Dodero, de Aula CM, enumera las siguientes: impulsa la búsqueda proactiva, es fácilmente verificable, facilita el *networking*, el desarrollo de la marca personal y empresarial y facilita la puerta fría.

Fuente: Adaptado de Delgado, A. (2017): «Cómo reclutar talento a través de LinkedIn», publicado el 23/01/2017. Disponible en http://www.emprendedores.es/gestion/rrhh-talento-humano-linkedin [05/02/2018].

ACTIVIDAD DIDÁCTICA RECOMENDADA: Después de leer esta noticia, busque más información y explique cómo funciona Recruiter de LinkedIn.

En la figura 7 se resumen algunas de las **redes sociales** que se suelen utilizar para captar talento en las organizaciones.

Figura 7: Redes sociales para la captación de talento.

RED SOCIAL	DESCRIPCIÓN	UTILIDAD PARA LA CAPTACIÓN DE TALENTO
Facebook	Red social generalista. La más popular en todo el mundo. Se publica y comparte todo tipo de información personal y profesional	Publicar búsquedas, recibir respuestas inmediatas y encontrar perfiles interesantes, aunque no estén en el mercado
Twitter	Microblogging: enviar mensajes con un máximo de 280 caracteres. Canal bidireccional muy potente. Permite adjuntar vídeos, fotos, archivos, etc.	Permite conocer a las personas más relevantes, publicar ofertas y recibir respuestas inmediatamente. Potente intercambio y viralidad de ofertas
Google+	Red social generalista. Sus «círculos» permiten ordenar los amigos por afinidades. Enfocada para uso personal. No se permite crear perfiles de empresa	Permite conocer a las personas más relevantes, publicar ofertas y recibir respuestas inmediatamente. Potente intercambio y viralidad de ofertas
Youtube	Publicación de vídeos que pueden ser vistos, compartidos y descargados por los usuarios de la red	Débil herramienta para la captación de talento
Vimeo	Publicación de vídeos que pueden ser vistos, compartidos y descargados. No admite vídeos comerciales, demostraciones de videojuegos o pornografía. Contenido creado por el usuario. Alta resolución	En determinados campos, ligados a la creatividad y la edición, puede ser un buen canal para encontrar perfiles de interés
LinkedIn	Red social profesional. Permite crear y gestionar una amplia agenda de contactos profesionales, buscar proveedores y referencias, seguir eventos de nuestro interés, pedir opiniones, etc.	Búsqueda de personas de interés, publicación de ofertas de empleo, búsqueda individual de empleo, etc.
Xing	Red social profesional. Permite crear y gestionar una amplia agenda de contactos profesionales, buscar proveedores y referencias, seguir eventos de nuestro interés, pedir opiniones, etc.	Búsqueda de personas de interés, publicación de ofertas de empleo, búsqueda individual de empleo, etc.
Slideshare	Publicación de presentaciones que pueden ser vistas, compartidas y descargadas por los usuarios	Permite captar talento buscando las aportaciones en los grupos, temáticas de interés, etc.

Fuente: Adaptado de Celaya (2011).

Otra tendencia actual en los procesos de reclutamiento es el **videocurrículum**. En este caso, el candidado se graba mientras presenta su currículum vítae (CV)[4] de forma que el candidato puede mostrar sus capacidades, su talento y otras características de su perfil que sean adecuadas para el puesto solicitado. Los encargados del reclutamiento pueden ver, escuchar y conocer la trayectoria profesional y académica de cada candidato de una forma más directa y atractiva (Lectura 7).

Lectura 7. El videocurrículum

Claudia Roca Martínez explica qué es el videocurrículum y su utilidad. La autora lo define como «un vídeo promocional que hacemos de nosotros mismos». Puede servir como elemento de diferenciación y, por ello, se recomienda que sea creativo y que refleje la personalidad y habilidades.

En este artículo, se comentan las claves para elaborar un buen videocurrículum:

- Reflexión y preparación. Mostrar naturalidad y sinceridad y reformular las debilidades para plantearlas de forma que no suenen negativas. Adaptar el mensaje a cada destinatario.
- Introducción. Cuidar los primeros segundos del vídeo porque son la primera impresión que se recibirá de ti.
- Experiencia. Dedicar más tiempo a este apartado para explicar las experiencias profesionales, lo que se ha aprendido en cada una de ellas, qué se ha aportado y si se ha conseguido algún logro en las empresas en las que se ha trabajado.
- Desenlace. Hacer un resumen de los contenidos y destacar que se es el candidato adecuado, aportando otros aspectos de tu personalidad que no se hayan mencionado antes.
- Difusión. «Moverlo» por distintas plataformas y redes sociales.
- Actualización. Mantenerlo siempre actualizado.

Para ver ejemplos de videocurrículums exitosos ir a https://www.iebschool.com/blog/videocurriculum-reclutamiento-seleccion/

Fuente: Adaptado de Roca Martínez, C. (2016): «Cómo hacer un videocurrículum y destacar sobre los demás», publicado el 29/02/2016. Disponible en https://www.iebschool.com/blog/videocurriculum-reclutamiento-seleccion/ [05/02/2018].

ACTIVIDAD DIDÁCTICA RECOMENDADA: Después de leer esta noticia, responda a la siguiente cuestión: ¿Cuándo es adecuado utilizar un videocurrículum? Justifique su respuesta.

Sin embargo, una de las mayores novedades en la gestión de los recursos humanos es la aplicación de la **inteligencia artificial** en los procesos de reclutamiento y selección de personal (Lectura 8). Bartolomé García y Represa de la Lastra (2017)[5] explican cómo los avances tecnológicos facilitan la automatización de la fase de reclutamiento. Por ejemplo, herramientas como *machine learning* (ML) o aprendizaje automático permiten utilizar muchas

4 Hay páginas como www.videocurriculum.es/ especializadas en este tipo de CV.

5 https://blog.ferrovial.com/es/2017/11/inteligencia-artificial-recursos-humanos-seleccion-personal/

fuentes de reclutamiento para atraer a más candidatos, filtrar currículos de forma automática y hacer búsquedas semánticas para detectar a los candidatos idóneos.

Lectura 8. La inteligencia artificial en el proceso de reclutamiento

Anna Fornés, directora de la Fundació Factor Humà, comenta que «la irrupción de la inteligencia artificial en la gestión de los recursos humanos de las compañías es incipiente, pero va muy rápida; el sistema de Unilever es pionero, pero la digitalización, el cribado y rastreo de currículos mediante inteligencia artificial comienza a tener un peso muy importante en la selección de personal» y añade que «los sistemas de reclutamiento automatizados son muy golosos porque permiten obtener más información, de forma más rápida, y tomar decisiones con más agilidad, lo que proporciona más eficacia y eficiencia a los procesos de selección de personal, aunque también plantea algunos dilemas morales».

Jordi Serrano, de la Comisión Consultiva de la Fundació Factor Humà y socio fundador de Future for Work Institute, asegura que «lo importante es que los responsables de recursos humanos de cada empresa se aseguren de que los algoritmos que se usarán en la selección de personal incorporan los valores que tiene la organización»; y respecto a la deshumanización de este tipo de reclutamiento, comenta que «en cualquier proceso de selección la mayoría de candidatos tampoco llega a verse con ninguna persona porque un montón de currículos son directamente descartados por quien los lee, y en esas fases iniciales seguramente la inteligencia artificial pueda ser más objetiva en el filtrado».

Entre las ventajas que tiene aplicar la inteligencia artificial en los procesos de reclutamiento están: la gestión de miles de candidatos, el análisis de grandes volúmenes de datos e información de forma estandarizada (rastreo de millones de páginas web, blogs personales o profesionales, redes sociales) y la posibilidad de ofrecer respuestas individuales personalizadas.

Fuente: Adaptado de Rius, M. (2017): «Así revoluciona la inteligencia artificial la selección de personal». Disponible en http://www.lavanguardia.com/vida/20170916/431305811534/revolucion-inteligencia-artificial-seleccion-personal.html [19/02/2018].

ACTIVIDAD DIDÁCTICA RECOMENDADA: Después de leer esta noticia, responda a la siguiente cuestión: ¿Cómo pueden las pequeñas y medianas empresas utilizar la inteligencia artificial en sus procesos de reclutamiento?

CUESTIONES PARA LA REFLEXIÓN

1. ¿Cuáles son las principales razones que llevan a una empresa a usar el reclutamiento externo?
2. El reclutamiento es un proceso que condiciona el éxito de la selección, ¿es esto cierto?, ¿por qué?
3. ¿Qué es el *social recruitment*?
4. ¿Qué ventajas tienen las tendencias actuales en reclutamiento para las pequeñas y medianas empresas?
5. ¿Qué es un videocurrículum?

LECTURAS RECOMENDADAS

CASTAÑO COLLADO, G.; PONSODA GIL, V.; ROMEO, M. A.; SANZ GÓMEZ, P. (2016): «El papel del psicólogo del trabajo en el reclutamiento y la selección de personas en las organizaciones», *Capital humano*, n.° 315, pp. 76-78.

CONTRERAS-PACHECO, O. E.; CAMACHO-CANTILLO, D. C.; BADRÁN-LIZARAZO, R. M. (2017): «Las *Social Networking Sites* (SNS) en los procesos de reclutamiento y selección del talento humano. Revisión de literatura», *Entramado*, 13, n.° 1, pp. 92-100. Disponible en https://dialnet.unirioja.es/servlet/articulo?codigo=6084925 [05/02/2018].

MARTÍN MOLINA, A. (2017): «La esencia del reclutamiento como proceso previo a la selección», *Capital humano*, n.° 317, pp. 68-73.

MUKIUR, R. M. (2016): «Reclutamiento a través de las redes sociales: Reclutamiento 3.0», *Opción*, 32, n.° 10, pp. 135-151. Disponible en http://www.produccioncientificaluz.org/index.php/opcion/article/view/21805/21573 [05/02/2018].

SITIOS WEB RECOMENDADOS

www.rrhhmagazine.com
capitalhumano.wke.es
www.losrecursoshumanos.com
www.rrhhpress.com
www.reclutando.net
www.rrhh-web.com
www.asempleo.com
www.equiposytalento.com

SELECCIÓN Y SOCIALIZACIÓN

5

INTRODUCCIÓN

En este capítulo se analizan los últimos pasos del proceso de afectación: la selección y la socialización. La selección es el conjunto de técnicas que permiten encontrar a las personas más adecuadas para desempeñar determinados puestos de trabajo, mientras que la socialización supone la adecuación de la persona al puesto de trabajo y a la cultura organizativa.

OBJETIVOS DEL CAPÍTULO

- Definir el proceso de selección.
- Analizar las principales herramientas e instrumentos de los que se disponen para llevar a cabo el proceso de selección.
- Identificar las tendencias actuales en el proceso de selección de personal.
- Analizar la socialización así como su importancia dentro del proceso de afectación.

1. CONCEPTO Y PROCESO DE SELECCIÓN

La segunda etapa en el proceso de afectación es la selección (Figura 1). En la selección se busca a los candidatos más adecuados para cubrir los puestos disponibles en la organización (Chiavenato, 2011). Mondy (2010: 158) define la selección como el proceso de elegir, a partir de un grupo de solicitantes de empleo, al individuo más apto para un puesto de trabajo y para la organización. Según Dolan *et al.* (2014: 86), la selección comprende tanto la recopilación de la información sobre los candidatos al puesto como la determinación de a quién se deberá contratar. Para Gómez-Mejía *et al.* (2016: 173), es el proceso por el que se toma la decisión de contratar o no contratar a los candidatos a un puesto.

Así, proponemos la siguiente definición del **proceso de selección**: es el proceso de elección del candidato más adecuado para ocupar un puesto disponible. Para ello, se utilizan una serie de técnicas / métodos que tratan de identificar a la persona que mejor y de forma más eficiente pueda desempeñar el puesto de trabajo y que, además, ayude a mejorar la eficiencia de la organización.

Figura 1: El proceso de afectación.

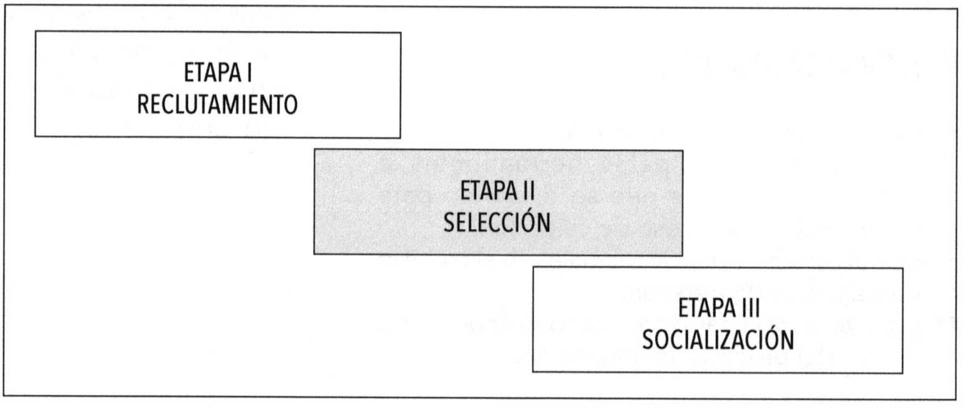

Fuente: Elaboración propia.

El proceso de selección comprende tanto la recopilación de información sobre los candidatos a un puesto de trabajo como la determinación de a quién contratar. De esta forma, la selección es un proceso en el que, por una parte, se comparan los criterios de la organización que provienen de la descripción y análisis del puesto con el perfil de los candidatos, obtenido a partir de la aplicación de una serie de técnicas. Por otra parte, es un proceso de decisión en el que se utilizan las técnicas de selección para recomendar a los candidatos que sean más adecuados y se dispone de varias posibilidades para tomar esta decisión (Chiavenato, 2011):

- Modelo de colocación. Hay un puesto vacante y un candidato para ocuparlo.
- Modelo de selección. Hay un puesto vacante y varios candidatos para el puesto.

- Modelo de clasificación. Hay varios puestos vacantes para cada candidato y varios candidatos para cada puesto vacante.

El proceso de selección tiene que ser eficiente y eficaz. Siguiendo a Chiavenato (2011), la eficiencia consiste en optimizar los recursos, es decir, hacer pruebas que sean válidas y precisas, hacer bien las entrevistas, realizar el proceso con rapidez y agilidad, contar con costes operativos mínimos, involucrar a la dirección, etc. La eficacia consiste en obtener resultados y lograr los objetivos, es decir, hacer una buena selección de personas. Para llevar a cabo un proceso de selección de forma eficaz hay que alcanzar tres objetivos (Dolan *et al.*, 2014: 87):

1. Contribuir a los objetivos finales de la organización. Para que la organización pueda satisfacer sus objetivos es necesario disponer de personal con altos niveles de rendimiento.
2. Asegurar la rentabilidad de la inversión económica que se hace al incorporar personas, teniendo en cuenta los resultados esperados de ellas.
3. Satisfacer los intereses de los individuos y de la organización al contratar y ubicar a los solicitantes de un puesto de trabajo.

Para lograr eficazmente estos objetivos, las actividades de selección deben tomar en consideración sus interacciones con los otros procesos de gestión de recursos humanos como el análisis del puesto de trabajo, la planificación, el reclutamiento, la orientación y socialización, la formación, la evaluación del rendimiento y la retribución (Dolan *et al.*, 2014).

La selección se puede entender como un proceso con tres etapas: preselección, pruebas de selección y la decisión que da lugar a la contratación del nuevo trabajador (Figura 2).

Figura 2: El proceso de selección.

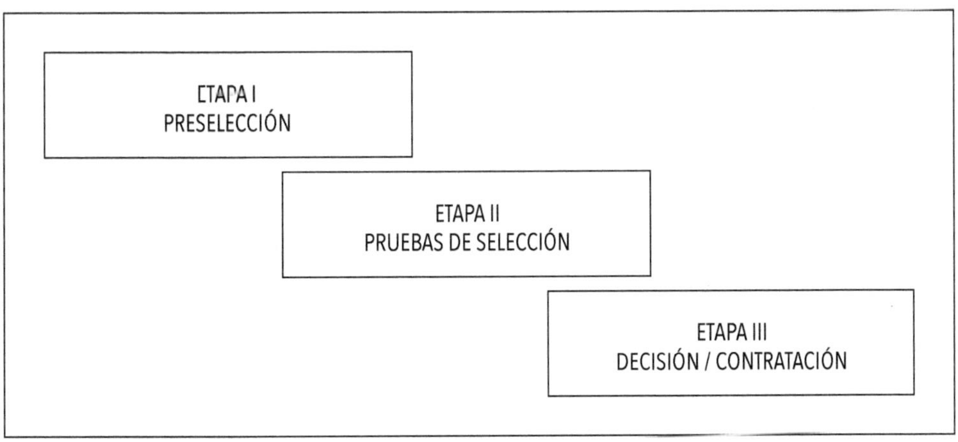

Fuente: Elaboración propia.

Etapa I: Preselección. En esta etapa se tiene que decidir cuáles son los candidatos reclutados que van a realizar las pruebas de selección. En este caso, la organización puede ponerse en contacto con todos los candidatos o bien puede realizar un primer proceso de filtrado en el que se selecciona a los candidatos que van a continuar en el proceso de selección. Para ello, se comparan los currículos[1] de los candidatos con el perfil deseado para ese puesto de trabajo y se descarta a los candidatos que no se adapten a los requerimientos del puesto de trabajo.[2]

En algunos casos, además del currículum de cada candidato, la organización solicita a los candidatos que rellenen unos impresos de solicitud en los que se pide información más completa sobre aspectos como el historial académico y profesional o sobre la situación laboral actual del candidato. También se puede utilizar el impreso de solicitud ponderado, en el que se da una valoración diferente a cada tipo de información, estableciendo ponderaciones. Estos impresos ayudan a la organización a diferenciar mejor a los candidatos que probablemente serán más adecuados para el puesto (Dolan *et al.*, 2014).

Un complemento de los impresos de solicitud son los impresos de biodatos o de información biográfica, que son una versión más detallada que la solicitud en la que se pregunta a los candidatos por sus antecedentes, experiencias y preferencias y se asigna una puntuación a cada respuesta (Gómez-Mejía *et al.*, 2016). Esta información puede servir para predecir, a partir de los comportamientos y experiencias del pasado, los comportamientos y experiencias del futuro (Dolan *et al.*, 2014).

Etapa II: Pruebas de selección. La segunda etapa se inicia una vez que la organización ha seleccionado a los candidatos que podrán continuar en el proceso de selección. En este caso, someterá a estos candidatos a una serie de pruebas de selección, que serán analizadas con más detalle en el apartado siguiente. En esta etapa, la organización tiene varias opciones para realizar las pruebas de selección (Chiavenato, 2011):

- Selección con una fase. Es una forma más simple, pero más imperfecta para hacer la selección del personal. La técnica que se suele utilizar es la entrevista o, en otros casos, una prueba de conocimientos.
- Selección secuencial con dos fases. Se hacen pruebas en dos fases, en la segunda se aplican técnicas que permitan completar la información obtenida en la primera fase y que ayudan a decidir si se acepta al candidato.

1 El currículum (CV) tiene que incluir las características personales, académicas y profesionales del candidato. Un buen CV debería tener las siguientes características: ser claro, concreto, verídico, comprobable y cronológico. El diseño es una cuestión personal.

2 Para más información sobre esta etapa, en el caso de la selección por competencias, consultar Alles (2006; 2016).

- Selección secuencial con tres o más fases. Se realizan al menos tres pruebas de selección que permitan obtener la información necesaria para decidir si se acepta al candidato (Lectura 1).

Etapa III: Decisión / contratación. En la última etapa del proceso de selección, se toma la decisión de aceptar o rechazar a cada candidato y se realiza la contratación. La organización elige uno o más candidatos y se le expresa el deseo de que se incorpore a la empresa. La decisión es comunicada de forma verbal o por escrito (Dessler, 2015) y se puede concertar una entrevista para explicar la oferta de trabajo. La información que se suele facilitar es:

- Condiciones del puesto de trabajo[3]: contrato de trabajo, horarios, vacaciones, retribuciones, categoría profesional, ayudas, etc.
- Contenido del puesto de trabajo: funciones, jerarquía, responsabilidades...
- Fecha de inicio.

En esta etapa se recomienda informar de la decisión a los candidatos que no hayan sido seleccionados y es conveniente guardar sus expedientes porque puede haber alguno que sea adecuado para otro puesto (Werther y Davis, 2014).

2. HERRAMIENTAS E INSTRUMENTOS PARA LA SELECCIÓN

La selección va a determinar la calidad de las personas que trabajan en la organización. La contratación de una persona no adecuada para un puesto puede crear conflictos entre el personal, en especial, si son otros trabajadores los que tienen que resolver los errores de los empleados ineficientes. También puede ocurrir que se desmotive a los empleados con más talento y busquen trabajo en otra empresa (Gómez Mejía *et al.*, 2016).

Para realizar un buen proceso de selección hay que elegir las técnicas y herramientas (pruebas) más adecuadas para cada caso. Las técnicas de selección permiten proporcionar información sobre los diferentes puestos y analizar la adecuación de los candidatos a los puestos disponibles (Chiavenato, 2011). Estas pruebas evalúan factores como aptitudes, personalidad, habilidades y motivación de los empleados potenciales, y permiten elegir candidatos en función de su ajuste al puesto de trabajo y a la cultura organizativa (Mondy, 2010: 167). Por ello, para Mondy (2010), las pruebas de selección tienen que ser diseñadas de forma que se ajusten a normas claras, en la medida de lo posible estén estandarizadas (uniformidad en los procedimientos y condiciones) y sean objetivas, válidas y fiables. Otros autores, como Dolan *et al.* (2014) y Gómez-Mejía *et al.* (2016) también señalan que para llevar a cabo un buen proceso de selección hay que analizar dos aspectos importantes de las herramientas de selección: la fiabilidad y la validez.

3 Para más información sobre las condiciones del puesto de trabajo, ver los anexos I y II.

Lectura 1. Técnicas de selección de personal

Para realizar la selección de personal, los expertos utilizan diversos métodos entre los que se encuentran: la lectura y clasificación de currículos, la realización de entrevistas personales y de pruebas grupales o individuales. En esta noticia se comenta que debido al desarrollo tecnológico han aparecido nuevas herramientas que ayudan a hacer más ágil la gestión de los procesos de selección. Se busca que los trabajadores y los clientes, sean los embajadores de la marca de la empresa. Las empresas tienen que dar pruebas a la sociedad de que son buenos lugares para trabajar. Además, están apareciendo nuevos perfiles profesionales, y los reclutadores tienen que buscar las herramientas y los mecanismos para detectar el talento, por ejemplo, a través de las redes sociales. Como se comenta en la noticia, los procesos están determinados en su forma y tiempo por el sector al que pertenece la empresa y el puesto que se ofrece. Por ejemplo, en el caso de perfiles relacionados con la informática, los expertos de la consultoría de la Comunidad Laboral HR-Consulting, comentan que «los procesos para el reclutamiento de informáticos tienen que ser muy ágiles ya que, al haber multitud de vacantes y menos demandantes, si se procede con diferentes pruebas dilatando la selección en el tiempo, las empresas corren el riesgo de encontrarse sin candidatos ya que habrán encontrado un lugar en otra organización».

Actualmente, conviven técnicas más tradicionales de selección con otras más actuales como:

- Búsqueda en redes sociales profesionales. Son búsquedas activas en herramientas accesibles 24/7. Y es cada vez más frecuente encontrar perfiles antes de hacer pública la vacante.

- Pruebas individuales, dinámicas grupales y gamificación. Son pruebas complementarias para que los candidatos puedan demostrar que saben hacer lo que dicen que saben hacer. En el caso de la gamificación, se aplican mecánicas de juego a escenarios profesionales para encontrar capacidades y habilidades que de otro modo no se podrían conocer de un candidato.

Javier Caparrós, director general internacional de Trabajando.com y HR-Consulting, comenta que «la selección avanza hacia la identificación de perfiles profesionales que encajen en formación y experiencia con el puesto que hay que cubrir, pero también, y sobre todo, con la cultura corporativa y las necesidades a medio y largo plazo de la organización y para ello utilizamos nuevas técnicas y herramientas».

Fuente: Extraído de ECOAULA.ES (2017): «Técnicas de selección de personal: más allá del CV», noticia publicada en el economista.es, el 03/10/2017. Disponible en http://www.eleconomista.es/ecoaula/noticias/8649295/10/17/Tecnicas-de-seleccion-de-personal-mas-alla-del-CV.html [28/03/2018].

ACTIVIDAD DIDÁCTICA RECOMENDADA: Después de leer esta noticia, responda a las siguientes cuestiones: ¿Qué técnica de selección se puede identificar en esta noticia? ¿Para qué tipo de puestos puede ser adecuado incluir, entre las pruebas de selección, la gamificación?

La fiabilidad se refiere a la consistencia de la medida, tanto a lo largo del tiempo como entre entrevistadores diferentes. Una medida es fiable si produce resultados consistentes. Pero no siempre se puede lograr porque puede haber errores, bien por defecto (un elemento de la variable que se está midiendo no se incluye en la medida) o por contaminación (se incluyen influencias no deseadas). Por otra parte, la validez es el grado en que una técnica mide el conocimiento, las habilidades o las capacidades deseadas. En el contexto de la selección, es el grado en que las puntuaciones obtenidas en una prueba se corresponden con el rendimiento real en el puesto. Hay dos estrategias para demostrar la validez de los métodos de selección: de contenido —se evalúa el grado en que el contenido de la prueba es representativo del contenido del puesto— y validez empírica —demuestra la relación entre la prueba y el rendimiento en el puesto—. De esta forma, los métodos de selección pueden se fiables, pero no válidos; sin embargo, si no son fiables tampoco son válidos (Gómez-Mejía *et al.*, 2016: 183).

Hay muchas técnicas de selección a disposición de las organizaciones. A continuación se comentarán algunas de las más habituales.[4]

a. Pruebas escritas / orales de selección. Las pruebas escritas / orales pueden ser de diversos tipos y permiten recoger, transmitir y evaluar información sobre cada candidato. Entre ellas, destacan las pruebas de conocimientos o habilidades y los test.

- Las **pruebas de conocimientos o habilidades** sirven para evaluar los conocimientos y habilidades. Se mide el grado de conocimiento profesional necesario para el buen desempeño de un puesto de trabajo o el grado de capacidad para realizar algunas tareas. Pueden ser orales (preguntas y respuestas verbales), escritas (preguntas y respuestas escritas) o de realización (ejecución de un trabajo o tarea en un tiempo determinado). También pueden evaluar los conocimientos generales o específicos necesarios para el desempeño de un puesto (Chiavenato, 2011).

- Los **test** se refieren a un conjunto de pruebas que valoran el desarrollo mental, aptitudes, habilidades, etc. Son pruebas objetivas y estandarizadas de modelos de conducta (Chiavenato, 2011). Los test pueden ser de diferentes tipos (Lectura 2). Entre los más habituales están los de capacidad y los de personalidad (Gómez-Mejía *et al.*, 2016). Los test de capacidad miden distintas capacidades: verbales, cualitativas, de la rapidez de percepción, etc. Entre ellos están los test de inteligencia (razonamiento abstracto), los de aptitud numérica (comprender relaciones numéricas), los test de aptitud verbal (comprender conceptos expresados a través de las palabras) o los de inteligencia emocional (comprender las emociones, motivaciones y deseos de los demás y de uno mismo). Los test de personalidad evalúan rasgos y características consistentes de cada candidato. En el campo de la psicología, se considera que hay cinco factores que definen la personalidad (Gómez-Mejía *et al.*, 2016: 186):

4 Dessler (2015: 138) presenta un resumen de la evaluación de los métodos de selección con tres criterios: validez, impacto negativo y coste.

- Extroversión: grado en que una persona es habladora, dinámica, sociable, entusiasta y activa.
- Simpatía: grado en que una persona es amigable, tolerante, confiada, generosa, cooperativa, honrada y flexible.
- Diligencia: grado en que una persona es formal y organizada; se adapta y persevera en sus tareas.
- Estabilidad emocional: grado en que una persona es segura, tranquila, independiente y autónoma.
- Abierta a la experiencia: grado en que una persona es intelectual, filosófica, creativa, artística, intuitiva y curiosa.

Lectura 2. Los test de selección de personal

En muchos procesos de selección se utilizan entre otras herramientas los test de selección de personal. Como se comenta en esta noticia, «este método puede ser aplicado tanto para procesos de grandes empresas que requieren cientos de trabajadores como para pequeñas selecciones en las que simplemente se quiere ser algo exhaustivo y ahorrar tiempo a los reclutadores para que no tengan que enfrentar entrevistas personales con candidatos que no llegarán a buen puerto en la empresa».

Entre los test más utilizados por las empresas destacan:

1. Test de aptitudes. Para evaluar las habilidades relacionadas al puesto.

2. Test proyectivos. Para predecir el comportamiento de los candidatos y conocer de forma indirecta aspectos de su personalidad.

3. Test de nivel intelectual. Para conocer el nivel de cultura general y conocimiento a nivel intelectual de los candidatos y poder identificar a los más actualizados e informados.

4. Test de personalidad. Los más conocidos. Su finalidad es detectar los rasgos de personalidad que no son compatibles con el puesto de trabajo ofertado.

Los candidatos a un puesto de trabajo pueden prepararse para enfrentarse a este tipo de pruebas. Por ejemplo, el candidato puede pensar en habilidades y aptitudes personales que lo hacen apto para un puesto en el caso de que se tenga que enfrentar un test de personalidad o de aptitudes; o mantenerse al día de la actualidad local si espera que le hagan un test de nivel cultural.

Fuente: Extraído de Universia España (2017): «Conoce los test de selección de personal más utilizados».19/10/2017. Disponible en http://noticias.universia.es/practicas-empleo/noticia/2017/04/04/1151071/conoce-test-seleccion-personal-usados-reclutadores.html [28/03/2018].

ACTIVIDAD DIDÁCTICA RECOMENDADA: Después de leer esta noticia, responda a la siguiente cuestión: ¿Qué opina sobre la utilidad de los test proyectivos en los procesos de selección?

b. Entrevista de selección[5]. La entrevista es un proceso de comunicación entre dos o más personas. Como todo proceso de comunicación tiene limitaciones (ruido, omisión, distorsión, sobrecarga y barreras). La entrevista es el método más común en la selección del personal a pesar de su subjetividad e imprecisión. Según Chiavenato (2011), las entrevistas de selección se desarrollan en cinco etapas:

1. Preparación de la entrevista. Se necesita la información sobre el puesto y sobre el candidato. Hay que decidir el tipo de entrevista que realizar.
2. El ambiente. Definir el lugar físico y también ambiente psicológico (clima) que se desea crear en la entrevista.
3. Desarrollo de la entrevista. El entrevistador obtiene información del candidato analizando su comportamiento y las respuestas que da a las diferentes preguntas (Lectura 3). Se puede ofrecer información sobre el puesto y sobre la organización. En esta fase se tiene en cuenta tanto el contenido de la entrevista como el comportamiento del candidato.
4. Cierre de la entrevista. El entrevistador tiene que dejar claro el momento de finalización de la entrevista. Se recomienda también informar al entrevistado sobre los pasos siguientes.
5. Evaluación del candidato. Lo recomendable es que se realice la evaluación del candidato una vez finalizada la entrevista. Esta evaluación servirá para asesorar al que tomará la decisión sobre si debe rechazar a ese candidato y sobre cuál es su posición respecto al resto de los candidatos.

c. Técnicas de simulación del trabajo. Una de las más habituales son las pruebas de ejemplos de trabajo, en las que el candidato realiza actividades físicas o verbales bajo supervisión estructurada y unas condiciones estandarizadas. Una de estas pruebas es el «ejercicio de la bandeja», en la que se crea una situación lo más real posible para que se puedan analizar conductas habituales de trabajo. Se colocan en una bandeja varios folios con situaciones y los problemas y se pide al candidato que los ordene en función de la prioridad y, en algunos casos, que explique cómo resolverlos. El candidato dispone de tiempo limitado para realizar la prueba y es habitual que para crear más presión se le interrumpa, por ejemplo, con llamadas telefónicas (Dolan *et al.*, 2014). En otras técnicas de simulación se tiene que desempeñar un papel o rol (*role-playing*), colocando al candidato en una situación que se pueda producir en un puesto de trabajo o en la vida profesional (Chiavenato, 2011).

d. Centros de evaluación o valoración (*assessment centers*). Se realizan un conjunto de tareas o ejercicios simulados. Los centros de evaluación suelen estar fuera de las instalaciones de la empresa. Las pruebas se pueden realizar a lo largo de uno a tres días y participan varios candidatos a la vez.

5 Para obtener más información sobre las entrevistas, consultar Dolan et al. (2014: 100-103), Dessler (2015: 157-183), Gómez-Mejía et al. (2016: 187-189), Mondy (2010: 174-181) y Werther y Davis (2014: 147-154).

Lectura 3. Preguntas que tener en cuenta en una entrevista de trabajo

Montse Mateos explica que «no decir la verdad en una entrevista de trabajo le dejará fuera del proceso y puede ser nefasto para su carrera laboral». En la encuesta del Employment Screening Benchmark Report se obtuvo que «el 85 % de los reclutadores ha encontrado mentiras en los currículos de sus entrevistados, un porcentaje que ha aumentado 20 puntos en los últimos cinco años». Además, un análisis realizado por ABA English encontró que «un 20 % de los españoles reconoce que exagera en el cara a cara previo a acceder a un empleo». Las mentiras más habituales por orden son en las habilidades, las responsabilidades laborales, la duración de los trabajos en los que se ha estado, los puestos y los títulos académicos. En el caso de los idiomas, la mayoría de los españoles asegura que tiene un nivel de inglés medio, pero la realidad suele ser diferente. Según un informe de ABA English, «el 53 % de las personas entre 20 y 45 años declara haber perdido una oportunidad de trabajo o una promoción por un nivel bajo de inglés».

Algunas de las preguntas en las que se suele mentir son:

- ¿Cuáles son sus referencias? En este caso, hay que enumerar las empresas o proyectos en los que ha trabajado y mencionar los que más le han aportado aunque, en algún caso, se haya tenido una mala experiencia que ha podido servir par mejorar profesionalmente.
- ¿Por qué dejó su anterior puesto? Explicar de forma objetiva los hechos.
- ¿A qué sueldo aspira? Es recomendable ir a la entrevista con suficiente información para responder a esta pregunta. Pero si no se dispone de la información, se puede comentar lo que ganaba antes y lo que se desea ganar, pero sin mentir porque el seleccionador puede averiguar fácilmente si se está mintiendo.
- ¿Cuántos idiomas habla? Si se miente puede tener luego problemas cuando se incorpore al puesto y tenga que mantener conversaciones con un cliente o un jefe en otro idioma.
- ¿Con quién le gustaría trabajar? Dos de las capacidades más valoradas son la adaptación y la resiliencia. Para poder estar bien en un puesto, es mejor ser sincero y comentar cuáles son nuestras preferencias en este sentido: ser autónomos, trabajar de forma colaborativa, etc.

Fuente: Adaptado de Mateos, M. (2017): «Cinco preguntas con las que ‹patinará› en una entrevista de trabajo». Disponible en http://www.expansion.com/emprendedores-empleo/empleo/2017/12/27/5a43de2bca47418b098b45bd.html [19/02/2018].

ACTIVIDAD DIDÁCTICA RECOMENDADA: Después de leer esta noticia, busque más información sobre las preguntas que se suelen realizar en las entrevistas de trabajo y reflexione sobre cuáles son las más difíciles de responder.

En la mayoría de los casos se evalúan las habilidades de los candidatos en cuatro áreas: organización, planificación, toma de decisiones y liderazgo (Gómez-Mejía *et al.*, 2016). En estos centros se suelen aplicar los denominados programas de evaluación múltiple en los que se utilizan varias técnicas de evaluación, hay varios evaluadores y se evalúan diferentes aspectos. Se eligen las técnicas más relevantes para el tipo de puesto o características que se pretenden evaluar. Entre las técnicas que se utilizan están la resolución de problemas de grupo, entrevistas, ejercicio de la bandeja, test y simulaciones (Dolan *et al.*, 2014; Mondy, 2010).

e. Otras: comprobación de referencias, reconocimientos médicos, pruebas de grafología (Lectura 4), cartas de recomendación (Dessler, 2015; Dolan *et al.*, 2014; Gómez-Mejía *et al.*, 2016; Mondy, 2010; Werther y Davis, 2014).

Lectura 4. La grafología en los procesos de selección

En algunas ofertas de trabajo se pide «una carta de presentación manuscrita y firmada» para que un grafólogo analice la escritura y obtenga conclusiones sobre cuestiones como la personalidad, el carácter, las emociones, aptitudes y capacidades, las motivaciones e intereses y los valores y el comportamiento ético del candidato. Alejandro Contreras ofrece una definición de la grafología: «La disciplina que estudia la personalidad global del individuo a través del análisis de la escritura y del dibujo». Como se comenta en este artículo, en el ámbito de los recursos humanos, se puede utilizar en los procesos de reclutamiento y selección de personal en la orientación individual, para el diseño de equipos de trabajo, para la reubicación de puestos, evaluación de competencias y estudios de motivación laboral.

Los elementos de la escritura que se suelen analizar son los siguientes:

- La forma de la letra. Refleja el modo en el que nos mostramos. Por ejemplo, las letras angulosas suelen reflejar personas rígidas e inflexibles y las letras curvas identifican a personas con más capacidad de adaptación.
- El tamaño de la letra. Es un reflejo de la capacidad de análisis y de la autoestima de la persona.
- La inclinación de las palabras. Refleja si la persona es introvertida o extrovertida.
- La dirección de las frases. Se relaciona con el estado de ánimo y con orientación hace el logro.
- La distribución espacial del texto dentro de la página y los márgenes. Por ejemplo, la armonía entre estos elementos indica capacidad de organización.
- Los espacios en blanco entre las palabras y entre líneas. Son reflejo del interés por el orden y de la necesidad de contacto con los demás.
- La continuidad en la escritura. Refleja si la persona es más intuitiva o más lógica y también su capacidad de concentración.
- La presión de la escritura. Muestra el grado de determinación y de compromiso y la energía vital de la persona.

En este artículo se ponen algunos ejemplos. Para un puesto en el que se necesiten las dotes de comunicación, se va a buscar a una persona cuya escritura tenga óvalos ligeramente abiertos a la derecha, esté inclinada, ligada o agrupada y el margen derecho sea pequeño. Pero si se busca a una persona con capacidad analítica, la letra será pequeña y a veces decreciente, con formas simplificadas y presión firme. Pero, como comenta Alejandro Contreras, «no hay escrituras mejores o peores, la personalidad perfecta no existe, así como la letra perfecta tampoco; siempre va a depender de si la escritura se adapta bien para según qué puesto de trabajo».

Fuente: Adaptado de Contreras, A. (2016): «Selección de personal a través de la grafología», 22/04/2016. Disponible en http://www.lanuevarutadelempleo.com/Noticias/seleccion-de-personal-traves-de-la-grafologia [28/03/2018].

ACTIVIDAD DIDÁCTICA RECOMENDADA: Después de leer esta noticia, responda a la siguiente cuestión: ¿Se puede utilizar la grafología en otros procesos de gestión de los recursos humanos? Justifique su respuesta.

3. TENDENCIAS ACTUALES EN SELECCIÓN

Las nuevas tecnologías han permitido hacer cambios en los procesos de selección como automatizar pruebas de evaluación psicológica o realizar pruebas a distancia y en el momento deseado por los candidatos. De esta forma, los procesos de selección han ido evolucionando gracias al uso de recursos informáticos para la evaluación de candidatos, de internet en las diferentes fases del proceso de contratación (reclutamiento y selección) y al uso de la videoconferencia para realizar entrevistas (Blasco, 2004).

Para los procesos de selección, internet da la posibilidad de realizar evaluaciones a distancia con un buen nivel de calidad y con bastante validez y fiabilidad. A este fenómeno se le denominó **teleselección**, es decir, la selección virtual de empleados. Además, muchas empresas están tratando de optimizar los procesos de selección de personal utilizando el ***big data*** y el ***HR analytics*** (Lectura 5).

Lectura 5. *Big data* y la gestión del talento

La era digital ha provocado cambios en los procesos internos de las empresas. Algunos departamentos de recursos humanos han empezado a utilizar herramientas como *big data* y el *HR* analytics para su gestión.

Big data. Permite gestionar grandes cantidades de datos para tratarlos, analizarlos y extraer información relevante que ayude a generar informes, predicciones y a tomar decisiones.
HR analytics. Metodología desarrollada para cuantificar diferentes aspectos de la gestión de personal.

En este artículo se explica cómo se utilizan *big data* y *HR analytics* para encontrar el candidato más adecuado.

1. Búsqueda de talento. Se utilizan motores de búsqueda automatizados, se rastrea la red y se analizan todos los datos sobre los candidatos.
2. Selección del talento. Se pueden realizar pruebas como la resolución de ejercicios, encuestas, entrevistas para evaluar las capacidades de los candidatos y su aportación.
3. Formación del talento. Se utilizan las nuevas tecnologías y recursos multimedia para comprender mejor la información sobre el candidato y el puesto.
4. Desarrollo del talento. Se pueden utilizar procesos analíticos para ayudar a desarrollar el potencial de los trabajadores.
5. Gestión del talento. La recopilación de grandes cantidades de información permite conocer mejor a los empleados, ayuda a resolver problemas y a encontrar soluciones.
6. Retribución. Se pueden desarrollar nuevas formas de pago, personalizadas. Por ejemplo, el pago de una parte variable más flexible en función de las responsabilidades y éxitos de cada candidato.

Fuente: Adaptado de Manjon, A. (2017): «Cómo el uso del Big Data ayuda a la gestión de talentos», publicado el 23/11/2017. Disponible en http://ways-talent.com/recursos-humanos/uso-big-data-ayuda-gestion-talento/ [19/02/2018].

ACTIVIDAD DIDÁCTICA RECOMENDADA: Después de leer esta lectura, responda a la siguiente cuestión: ¿Qué utilidad tienen *big data* y *HR analytics* para realizar el proceso de selección de personal en las pequeñas y medianas empresas?

En las entrevistas a través de videoconferencia, o **videoentrevistas**, el entrevistador busca obtener la misma información que en una entrevista presencial, es decir, observar el comportamiento del candidato, comprobar sus conocimientos, aptitudes y actitudes, ver si se ajusta bien al puesto de trabajo y a la cultura organizativa. Las videoentrevistas se pueden realizar en tiempo real, programando una cita a una hora determinada y utilizando programas como Skype. Otra posibilidad es que sean atemporales, es decir, se establecen las preguntas que se quieren realizar y se envían al candidato para que las conteste a través de un vídeo, de forma que se puedan escuchar y ver en el momento que se considere más oportuno.

Una de las tendencias más actuales en selección de personal es la aplicación de la **inteligencia artificial** (Lectura 6). Hacer un buen proceso de selección de personal requiere conocer bien el perfil del puesto de trabajo, las tareas que desarrollar y su nivel de exigencia para poder compararlos con las cualidades de los candidatos. Para ello, la inteligencia artificial ofrece técnicas que pueden ayudar a captar la complejidad del proceso para optimizarlo (Arias Bravo, Rosete Suárez y Martínez Rodríguez, 2006) (Lectura 7).

4. LA SOCIALIZACIÓN

La tercera fase del proceso de contratación o afectación es la socialización (Figura 3). Si el reclutamiento y la selección son actividades encaminadas a atraer y seleccionar candidatos idóneos para un puesto, la socialización pretende facilitar la incorporación de las personas a su puesto de trabajo. Una vez incorporada la persona, hay que poner en práctica acciones que ayuden a mejorar su desarrollo dentro de la organización. No todas las empresas hacen un proceso formal de socialización, sin embargo, es recomendable hacerlo porque facilita que el trabajador se adecúe bien y rápido a su puesto de trabajo y a la cultura organizativa.

Figura 3: El proceso de afectación.

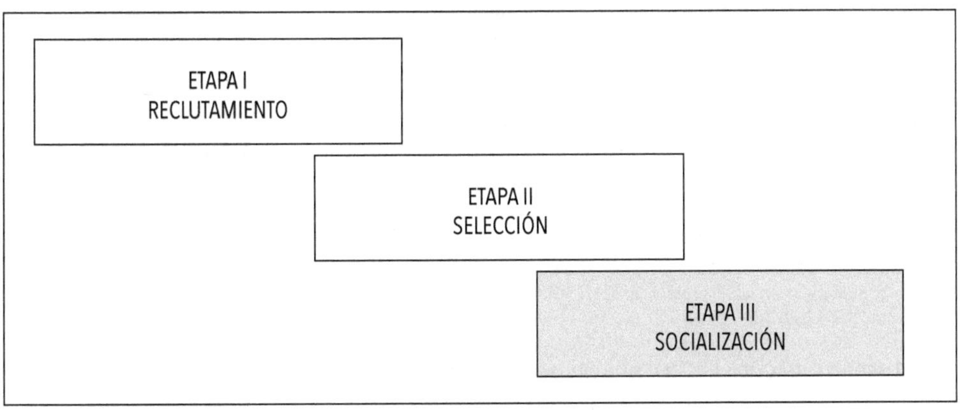

Fuente: Elaboración propia.

Lectura 6. La inteligencia artificial y la selección de personal

En esta noticia se comenta el nuevo sistema de reclutamiento digital que Unilever ha implantado en España y que se caracteriza por la ludificación y la inteligencia artificial. Esta empresa desarrolla el programa Futuros Líderes y como ejemplo, ha contratado a cuatro jóvenes recién graduados que fueron seleccionados entre más de tres mil candidatos teniendo en cuenta su destreza en una docena de juegos *online*, sus habilidades y el potencial que ha identificado en ellos un programa de inteligencia artificial (IA) que los puso a prueba durante una entrevista digital.

Yolanda Menal, directora de Recursos Humanos de Unilever España, comenta que «hemos comenzado a aplicarlo para contratar a los jóvenes recién graduados del programa Futuros Líderes porque se trata de una metodología que conecta directamente con la forma de pensar y de operar de este perfil de candidatos, nativos digitales». La directora de Recursos Humanos explica su funcionamiento en cuatro fases:

1. Hay que rellenar un formulario en la web de Unilever con los datos personales del candidato. Se puede utilizar también el perfil de usuario de LinkedIn.
2. Se dedican veinte minutos a doce juegos *online* diseñados para evaluar sus competencias en resolución de problemas, pensamiento analítico, empatía, agilidad, capacidad de adaptación a nuevos entornos, capacidad de aprender y de reaprender, toma de decisiones... Una vez realizadas estas pruebas, «la máquina saca un perfil cognitivo de cada candidato y selecciona aquellos perfiles que más encajan con el sistema de trabajo y con los valores de Unilever para pasar a la siguiente fase».
3. Se realiza una entrevista *online* que se puede grabar cuándo y dónde quiera el candidato. Esta entrevista la evalúa un sistema de inteligencia artificial, para eliminar prejuicios o sesgos. Menal comenta que «durante la entrevista el candidato tiene que resolver problemas reales basados en escenarios reales que se dan en Unilever, y el sistema de inteligencia artificial analiza y valora sus resultados, sus palabras, su comportamiento no verbal... y con todo ello completa su perfil cognitivo y competencial para seleccionar de nuevo a los que más se ajustan a los intereses de la compañía».
4. Se hace una evaluación presencial en el Discovery Center. Menal explica que «quienes llegan a esta fase pasan un día entero en nuestras oficinas, con los líderes de la compañía, en sesiones grupales e individuales donde se ponen a prueba sus habilidades profesionales con base en un caso auténtico de Unilever».

Entre las ventajas de este sistema, Menal destaca que «con el procedimiento digital hemos llegado a más personas –el número de candidatos ha aumentado más de un 300 %–, de más nacionalidades, de más universidades y de perfiles más variados, lo que resulta muy interesante para la diversidad que buscamos en Unilever» y también apunta que «nuestra aplicación es ciega, no vemos los datos personales del candidato ni dónde ha estudiado, porque sabemos que los resultados académicos y las experiencias pasadas no son necesariamente un buen predictor del rendimiento futuro, así que el sistema pone el foco en sus capacidades y competencias para progresar, y los juegos y la inteligencia artificial miden la empatía, la capacidad de tomar decisiones o el pensamiento analítico de forma más precisa y objetiva que una persona, además de garantizar mejor la igualdad de oportunidades y la equidad durante el proceso».

Fuente: Adaptado de Rius, M. (2017): «Así revoluciona la inteligencia artificial la selección de personal». Disponible en http://www.lavanguardia.com/vida/20170916/431305811534/revolucion-inteligencia-artificial-seleccion-personal.html [19/02/2018].

ACTIVIDAD DIDÁCTICA RECOMENDADA: Después de leer esta noticia, responda a la siguiente cuestión: ¿Qué ventajas e inconvenientes puede tener el uso de programas de inteligencia artificial para evaluar una entrevista personal?

Lectura 7. Crean una empresa de selección de personal que aplica la inteligencia artificial

La necesidad de buscar talento digital ha hecho que nazcan nuevas empresas dedicadas a esta actividad. En este sentido, Digital Talent Agency (DTA) es una nueva empresa que se ha especializado en realizar procesos de selección de personal para empresas digitales. Esta empresa puede encontrar todo tipo de perfiles digitales, tanto para puestos directivos como para puestos más técnicos. El CEO de Digital Talent Agency, Guillem Pérez, comenta que «hay que tener en cuenta que no solo las empresas tecnológicas requerirán perfiles digitales, por eso todos estamos obligados a cambiar nuestro marco de referencia», y que la cultura digital «debe extenderse a todos los departamentos de la empresa que tienen que alinearse bajo una cultura corporativa transformadora».

DTA dispone de una metodología denominada Digital Recruitment Experience, que tiene como base un *software* que funciona con inteligencia artificial. De esta forma, se pueden automatizar algunos aspectos del proceso de selección y dar prioridad al trato con el profesional, para que la experiencia sea más cercana para las dos partes. Con este modelo se pueden realizar entrevistas en directo o en diferido a través de vídeos, pruebas de idiomas o test de desarrollo informático a los candidatos.

Aunque la inteligencia artificial permite estandarizar los procesos de selección, el papel de los expertos en personal sigue siendo fundamental. Guillem Pérez comenta que «la tecnología es una herramienta muy necesaria y tenemos que saber aplicarla correctamente, pero el criterio de nuestros expertos siempre prevalece sobre lo que nos indique cualquier algoritmo».

Fuente: Extraído de ECOAULA.ES (2017): «Crean una empresa de selección de personal que aplica la Inteligencia Artificial», noticia publicada el 15/11/2017. Disponible en http://www.eleconomista.es/ecoaula/noticias/8746551/11/17/Crean-una-empresa-de-seleccion-de-personal-que-aplica-la-Inteligencia-Artificial.html [05/03/2018].

ACTIVIDAD DIDÁCTICA RECOMENDADA: Después de leer esta noticia, responda a la siguiente cuestión: ¿Qué oportunidades de negocio ofrece el uso de la inteligencia artificial en los procesos de selección de personal?

La orientación y socialización son conceptos similares, aunque algunos autores los definen de forma diferente (Gómez Mejía *et al.*, 2016). Según Dolan *et al.* (2014: 107), la orientación es la actividad de recursos humanos que se ocupa de introducir a los nuevos empleados en la organización, en los cometidos de su puesto y presentarles a otras personas con las que trabajarán. Mientras que la socialización sirve para ofrecer información sobre las normas y la cultura de la organización. Werther y Davis (2014: 167) definen la socialización como el proceso mediante el cual el empleado empieza a comprender y aceptar los valores, normas y objetivos de la organización. En ambos casos, son procesos que tratan de facilitar la incorporación de la persona al nuevo puesto de trabajo y de transmitir la cultura organizativa, por ello, utilizaremos ambos conceptos indistintamente. De esta forma, definiremos la **socialización** (u orientación) como la actividad de recursos humanos que se ocupa de introducir a los nuevos empleados en la organización, en los cometidos de su puesto, presentarles a otras personas con las que trabajarán y transmitirles las normas, los objetivos y la cultura de la organización.

La incorporación de un nuevo empleado suele ir asociada a cierto grado de ansiedad debido al desconocimiento del puesto y de la empresa. Esta sensación puede hacer difícil el proceso de adaptación al puesto, aumentar la rotación y crear desconfianza. En este sentido, los objetivos de la orientación o socialización son los siguientes (Dolan *et al.*, 2014):

- Reducir los costes de puesta en marcha. Disminuir el período de adaptación puede ayudar a que el empleado tarde menos en mejorar su eficiencia.
- Reducir el estrés y la ansiedad. Si el empleado cuenta con información sobre los que se espera de su trabajo, tendrá menos tensión y menos estrés.
- Reducir la rotación de personal. Si el nuevo empleado se siente aceptado y aprende rápido, tendrá menos alicientes para buscar trabajo en otro sitio, lo que reducirá los índices de rotación de personal.
- Ahorrar tiempo a los supervisores y compañeros de trabajo. Un buen proceso de socialización puede reducir el tiempo que tienen que dedicar otros trabajadores a ayudar al nuevo empleado para que se adapte y pueda desempeñar bien su trabajo.

La socialización puede ser formal, es decir, planificada por la empresa para ayudar al nuevo empleado a adaptarse al puesto y a la empresa (Chiavenato, 2011). Pero la socialización tiene también una parte informal (Gómez Mejía *et al.*, 2016), que se realiza al margen de los conductos oficiales y la ponen en marcha los compañeros de trabajo.

Debido a que la experiencia inicial en una empresa puede ser muy importante para el desempeño futuro del nuevo empleado, el primer contacto debe ser con personas de la organización adecuadamente preparadas. Por ello, la empresa emplea diferentes métodos de socialización, entre los que destacan: charlas divulgativas, visita a las instalaciones y entrega de manuales (Dessler, 2015).

Las empresas pueden tener un programa formal de orientación[6] para explicar a los recién incorporados ciertas características de la compañía como su historia, los productos y servicios; sus políticas y prácticas generales; la organización (divisiones, departamentos, y sus correspondientes ubicaciones); los beneficios que se ofrecen (seguro, jubilación, vacaciones); asuntos relacionados con la seguridad y otros reglamentos (Lectura 8).

6 Dolan *et al.* (2014: 108-109) presentan el proceso de orientación de Hewlett-Packard (HP).

Lectura 8. Beneficios de la orientación

Michel Page explica en este artículo cuáles son los beneficios de los programas de orientación en las empresas. En concreto, analiza tres cuestiones:

1.- Lo que obtiene un trabajador nuevo de la orientación. Le ayuda a desenvolverse en la empresa y la persona que le orienta le puede enseñar las técnicas y métodos que se utilizan. Si el empleado tiene un mentor, se puede comunicar de forma habitual con él y le puede presentar a sus contactos.

2.- Lo que obtiene un mentor al trabajar con nuevos talentos. En este caso, el mentor también puede aprender del nuevo empleado. Por ejemplo, si es un recién titulado, le puede enseñar al mentor nuevos trucos del oficio. Si ha trabajado anteriormente en otros departamentos, puede enseñarle al mentor el funcionamiento interno de esos departamentos.

3.- Lo que gana la empresa. Si la formación la realizan trabajadores de la empresa, se puede ahorrar tiempo y dinero. Esta labor de orientación ayuda a transmitir conocimientos dentro o entre departamentos, por lo que el conocimiento no se pierde cuando los nuevos talentos toman el relevo. La orientación también facilita el proceso de bienvenida y la transición en la empresa o en un nuevo departamento.

Fuente: Adaptado de Michel Page (2016): «Beneficios de la orientación». Disponible en https://www.michaelpage.es/advice/empresas/desarrollo-profesional/beneficios-de-la-orientaci%C3%B3n [19/02/2018].

ACTIVIDAD DIDÁCTICA RECOMENDADA: Después de leer esta noticia, responda a la siguiente cuestión: ¿Qué otras ventajas puede tener el proceso de orientación para el trabajador y para la empresa?

ANEXO I: LOS CONTRATOS DE TRABAJO

La contratación, acorde a la ley, supone la vinculación del trabajador con la empresa. La contratación es, por tanto, el punto final del proceso de selección de personal, de forma que el empresario contrata al trabajador más adecuado para el puesto. En este sentido, hay dos posibilidades: trabajador por cuenta propia[7] y el trabajador por cuenta ajena.

El Estatuto de los Trabajadores (ET) (Real Decreto Legislativo 2/2015, de 23 de octubre, por el que se aprueba el texto refundido de la Ley del Estatuto de los Trabajadores) es de aplicación a los «trabajadores que voluntariamente presten sus servicios retribuidos por cuenta ajena y dentro del ámbito de organización y dirección de otra persona, física o jurídica, denominada empleador o empresario, es decir, a los trabajadores por cuenta ajena. Y considera empresario a todas las personas, físicas o jurídicas, o comunidades de bienes que reciban la prestación de servicios de las personas por cuenta ajena, así como de las personas contratadas para ser cedidas a empresas usuarias por empresas de trabajo temporal legalmente constituidas» (art.1).

7 Es la actividad productiva de bienes o servicios no ligada a contrato de trabajo y realizada por el propio empresario que asume los riesgos.

Una vez determinada la persona más adecuada para el puesto hay que tomar decisiones sobre el tipo de contrato de trabajo. Un contrato de trabajo «es el acuerdo entre empresario y trabajador por el que este se obliga a prestar determinados servicios por cuenta del empresario y bajo su dirección a cambio de una retribución»[8]. En este sentido es relevante estudiar las características del contrato de trabajo[9], a través de las siguientes cuestiones:

- **Capacidad para contratar.** Tienen esta capacidad los mayores de 18 años, los menores de 18 legalmente emancipados, los mayores de 16 y menores de 18, con autorización de los padres o de la persona que los tenga a su cargo y si viven de forma independiente, con el consentimiento expreso o tácito de sus padres o tutores, y los extranjeros de acuerdo con la legislación específica sobre la materia.

- **Formalización del contrato.** Se puede realizar por escrito o de palabra. Se realizará por escrito cuando lo exija una disposición legal y, en todo caso, los de prácticas, formación, para la realización de una obra o servicio determinado, a tiempo parcial, fijo discontinuo y de relevo, a domicilio, trabajadores contratados en España al servicio de empresas españolas en el extranjero, y los contratos por tiempo determinado cuya duración sea superior a cuatro semanas.

- **Periodo de prueba.** Es optativo y se establece por escrito en el contrato. Los convenios colectivos establecen la duración máxima o bien, en su defecto, fijan que el periodo de prueba no podrá ser superior a seis meses para los técnicos titulados, o dos meses para el resto de los trabajadores. En las empresas que tengan menos de 25 trabajadores, el periodo de prueba no podrá ser superior a tres meses para los trabajadores que no sean técnicos titulados. Los derechos y obligaciones correspondientes al puesto de trabajo se aplican durante el periodo de prueba. En este tiempo, cualquiera de las partes pueden rescindir la relación laboral sin necesidad de alegar causas y sin preaviso, salvo que se hayan pactado otras condiciones. El periodo de prueba computa a efectos de antigüedad. Si ya se han desempeñado las mismas funciones en la empresa aunque haya sido con otro tipo de contrato, no se podrá realizar de nuevo el periodo de prueba

- **Duración del contrato.** Puede tener una duración indefinida (fijo) o determinada (temporal). Por defecto, se consideran indefinidos y a jornada completa. La duración mínima y máxima del contrato se establece en las normas que regulan cada tipo de contrato laboral.

8 Información procedente de http://www.sepe.es/contenidos/empresas/contratos_trabajo/caracteristicas_contrato/caracteristicas_contrato.html [06/02/2018].

9 Información procedente de http://www.sepe.es/contenidos/empresas/contratos_trabajo/caracteristicas_contrato/caracteristicas_contrato.html [06/02/2018].

Existen distintas modalidades de contrato, que varían según la normativa vigente. Para cada tipo de contrato, la normativa especifica la formalización y las características del contrato[10]. En la actualidad, en España, hay cuatro grandes grupos de contratos: indefinidos, temporales, de formación y aprendizaje y en prácticas[11].

ANEXO II: LOS CONVENIOS COLECTIVOS

La **negociación colectiva** es la forma habitual de regular las condiciones de trabajo en las empresas. Dentro de esta negociación se incluyen los convenios colectivos.

El **Convenio Colectivo** es el «resultado de la negociación desarrollada por los representantes de los trabajadores y de los empresarios, constituye la expresión del acuerdo libremente adoptado por ellos en virtud de su autonomía colectiva» (art. 82.1 del Real Decreto Legislativo 2/2015). «Mediante los convenios colectivos, y en su ámbito correspondiente, los trabajadores y empresarios regulan las condiciones de trabajo y de productividad. Igualmente podrán regular la paz laboral a través de las obligaciones que se pacten» (art. 82.2 del Real Decreto Legislativo 2/2015). «Los convenios colectivos regulados por esta ley obligan a todos los empresarios y trabajadores incluidos dentro de su ámbito de aplicación y durante todo el tiempo de su vigencia» (art. 82.3 del Real Decreto Legislativo 2/2015).

Como contenido básico, y dentro del respeto a las normas establecidas, los convenios colectivos pueden regular materias de índole «económica, laboral, sindical y, en general, cuantas otras afecten a las condiciones de empleo y al ámbito de relaciones de los trabajadores y sus organizaciones representativas con el empresario y las asociaciones empresariales» (art. 85.1 del Real Decreto Legislativo 2/2015).

El contenido mínimo de los convenios colectivos, cualquiera que sea su tipo, debe expresar (art.85.3 del Real Decreto Legislativo 2/2015):

a. «Determinación de las partes que los conciertan.

b. Ámbito personal, funcional, territorial y temporal.

c. Procedimiento para solventar de manera efectiva las discrepancias que puedan surgir para la no aplicación de las condiciones de trabajo (artículo 82.3).

d. Forma y condiciones de denuncia del convenio, así como el plazo mínimo para dicha denuncia antes de finalizar su vigencia.

10 Para obtener más información sobre cada tipo de contrato, consultar www.sepe.es

11 Para más información sobre cada tipo de contrato y sus diferentes subtipos, consultar http://www.sepe.es/contenidos/que_es_el_sepe/publicaciones/pdf/pdf_empleo/guia_contratos.pdf

e. Designación de una comisión paritaria de la representación de las partes negociadoras para entender aquellas cuestiones establecidas en la ley y de cuantas otras les sean atribuidas, así como el establecimiento de los procedimientos y plazos de actuación de esta comisión».

CUESTIONES PARA LA REFLEXIÓN

1. ¿Cómo se pueden analizar la eficacia y eficiencia de un proceso de selección?
2. Las videoentrevistas, ¿se pueden utilizar en todos los procesos de selección? Justifique su respuesta.
3. ¿Qué ventajas tienen las tendencias actuales en selección para las pequeñas y medianas empresas?
4. Busque un ejemplo de un proceso de socialización de una empresa y analice el efecto que puede tener sobre la tasa de rotación de la empresa.
5. ¿Qué cuestiones podríamos encontrar en un convenio colectivo relativas a la forma de contratación y la remuneración? Ponga algún ejemplo.

LECTURAS RECOMENDADAS

DANIELI, O. (TRAD. TERESA WOODS) (2016): «Inteligencia humana y algoritmos, la clave para contratar en el futuro», *Harvard Business Review* en español, 24/11/2016. Disponible en https://hbr.es/contrataciones/310/inteligencia-humana-y-algoritmos-la-clave-para-contratar-en-el-futuro [19/02/2018].

FERNÁNDEZ ALONSO, M.; VÁSQUEZ PADILLA, M.; DUJARRÍC BERMÚDEZ, G. M.; DÍAZ SIMÓN, N.; SOTO HERNÁNDEZ, H. (2015): «Perfil por competencias laborales y modelo de selección de personal para el cargo Técnico A en Gestión de Recursos Humanos», *Wímb lu*, vol. 10, n.° 2, pp. 19-37. Disponible en https://dialnet.unirioja.es/servlet/articulo?codigo=5156676 [19/02/2018].

VIDAL, C. L.; LÓPEZ, L. L.; ROJAS, J. A.; CASTRO, M. M. (2017): «Desarrollo de sistema web de reclutamiento y selección y de directivos por competencias mediante PHP codeIgniter 3.0», *Información Tecnológica*, vol. 28, n.° 2, pp. 203-212. https://dx.doi.org/10.4067/S0718-07642017000200021

ZAPATA SOLÁ, A.; ROSARIO HERNÁNDEZ, E. (2014): «Comparación de perfiles psicológicos en selección de personal bajo los efectos de simulación («faking») real y experimental», *Revista Iberoamericana de Psicología: Ciencia y Tecnología*, vol. 7, n.° 2, pp. 85-92. Disponible en file:///C:/Users/M/Downloads/Dialnet-ComparacionDePerfilesPsicologicosEnSeleccionDePers-5151652.pdf [19/02/2018].

SITIOS WEB RECOMENDADOS

www.rrhhmagazine.com
capitalhumano.wke.es
www.losrecursoshumanos.com
www.rrhhpress.com
www.rrhh-web.com
www.asempleo.com
www.equiposytalento.com
www.sepe.es/
http://www.empleo.gob.es/es/sec_trabajo/ccncc/index.htm

PARTE 3
PROCESOS DE FORMACIÓN Y DESARROLLO

El papel de la formación tiene mucho que ver con la evolución de la empresa. Entre sus finalidades, la principal es eliminar las deficiencias de rendimiento, ya sean presentes o potenciales, que hacen que los empleados sean menos eficientes de lo que deberían (Dolan *et al.*, 2014). Pero no solo esto, la formación y desarrollo son procesos que permiten a la empresa estar a la altura de la evolución social y tecnológica, al poder adaptar los conocimientos y capacidades de sus trabajadores a cualquiera de los cambios que se produzcan. Para el trabajador es un incentivo y una forma de motivación al sentirse más útil y capaz de aprender cosas nuevas.

Por otra parte, la formación y la gestión de carreras comprenden una gran cantidad de proyectos y procesos relacionados con otras actividades de recursos humanos (Figura 1).

Figura 1: Formación y Gestión de carreras y su relación con otras prácticas de RR. HH.

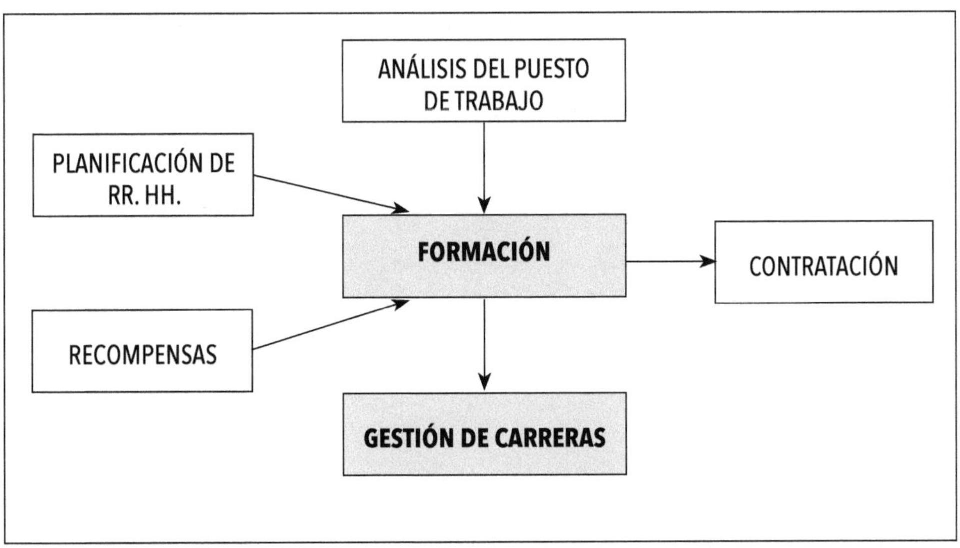

Fuente: Elaboración propia.

Respecto a la **planificación de los recursos humanos**, el entorno actual y los avances tecnológicos hacen que, en ocasiones, no sea fácil encontrar empleados con talento que se adecuen a las vacantes disponibles. A través de la planificación se pueden detectar estas carencias de formación y tomar medidas para subsanarlas. Por otra parte, en el **análisis del puesto de trabajo** se pueden descubrir necesidades concretas de conocimientos, actitudes y habilidades que pueden ser solventadas con planes o programas adecuados de formación.

En los **procesos de afectación** y, sobre todo, en el reclutamiento y la selección se van a buscar personas con unos conocimientos o formación determinados, sin que esto suponga que el nuevo trabajador posea todos los necesarios para el desempeño del nuevo puesto. Cuestión que debe resolverse a través de la formación específica para el puesto de trabajo. En línea con esta idea, la formación puede contribuir a reducir la rotación del personal, al hacer que los empleados adquieran las habilidades necesarias para moverse de un puesto a otro, mejorando y ampliando sus expectativas **de carrera profesional**.

Finalmente, es necesario que toda actividad de formación y desarrollo vaya acompañada de **recompensas**, de forma que, incluso para el caso de trabajadores poco motivados por la formación, esta se convierta en parte de sus objetivos profesionales.

La formación y el desarrollo son actividades consustanciales a la **gestión de la carrera profesional**. En este sentido, las empresas entienden la importancia de dar expectativas de mejora dentro de la organización, es decir, de lograr una buena carrera profesional para las diferentes personas que la conforman. Cualquier proceso de mejora o de cambio en el puesto y en las responsabilidades del trabajador lleva unida la necesidad de formación en algún/os aspecto/s. Además, la gestión de la carrera profesional es un importante motivador para los empleados y una forma de evitar la fuga del talento de la organización. Las personas necesitan retos nuevos, y tener alguna forma de medir la calidad y el resultado de su trabajo. Para ello, la planificación de la carrera profesional es un aspecto importante tanto individualmente como para la buena marcha de la organización.

FORMACIÓN DE LOS RECURSOS HUMANOS

6

INTRODUCCIÓN

En este capítulo se estudia la formación de los recursos humanos que consiste en un conjunto de actividades cuyo propósito es mejorar el rendimiento presente y futuro de los empleados, aumentando sus capacidades a través de la modificación y potenciación de sus conocimientos, habilidades y actitudes. A lo largo del capítulo se identificarán las necesidades de formación de los empleados para, en función de ello, diseñar e implantar los programas de formación. Por último, se analizarán las tendencias actuales en formación.

OBJETIVOS DEL CAPÍTULO

- Analizar las diferencias entre formación y desarrollo de los recursos humanos.
- Analizar los diferentes programas de formación.
- Identificar las necesidades de formación.
- Diseñar e implantar los programas de formación.
- Evaluar y controlar los programas de formación.
- Analizar cuáles son las tendencias actuales en formación.

1. LA FORMACIÓN Y EL DESARROLLO DE LOS RECURSOS HUMANOS

La formación del empleado consiste en un conjunto de actividades cuyo propósito es mejorar su rendimiento presente y futuro aumentando sus capacidades a través de la modificación y potenciación de sus conocimientos (¿sabe el empleado cómo hacer el trabajo?), habilidades (¿es capaz el empleado de hacer el trabajo?) y actitudes (¿quiere el empleado o está motivado para trabajar?). De forma que el rendimiento de un empleado está en función de sus conocimientos, habilidades y actitudes, aunque también puede verse afectado por factores de situación como, por ejemplo, la tecnología o la organización del trabajo (Dolan *et al.*, 2014).

Hay autores que utilizan el término capacitación para hacer referencia a la formación y la definen de la siguiente manera: para Chiavenato (2011: 322), es el proceso educativo a corto plazo, aplicado de manera sistemática y organizada, por medio del cual las personas adquieren conocimientos, desarrollan habilidades y competencias en función de objetivos definidos; y para Dessler (2015: 188), capacitar significa dar a los empleados nuevos o antiguos las habilidades que requieren para desempeñar su trabajo.

Otros autores diferencian entre la formación (o capacitación) y el desarrollo. Para Mondy (2010: 198), la capacitación brinda el aprendizaje de conocimientos y habilidades necesarios para desempeñar el trabajo actual; mientras que el desarrollo implica un aprendizaje que va más allá del trabajo actual y tiene un enfoque a largo plazo. Para Gómez-Mejía *et al.* (2016: 265), la formación se centra en ofrecer a los empleados habilidades concretas o en ayudarles a corregir deficiencias en su rendimiento; mientras que el desarrollo consiste en ofrecer a los trabajadores las habilidades que la organización necesitará en el futuro. Dessler (2015: 188) se refiere a la capacitación como el proceso para enseñar a los empleados nuevos, o a los antiguos, las habilidades básicas que se requieren para desempeñar su trabajo. Para Werther y Davis (2014: 182), la formación es desarrollar habilidades técnicas, operativas y administrativas de todos los niveles del personal.

Integrando las aportaciones de estos autores, podemos definir ambos conceptos de la siguiente forma. La **formación** es el proceso reactivo por el que se forma a los empleados en habilidades específicas para corregir deficiencias en el desarrollo de su trabajo actual; mientras que el **desarrollo** es un proceso proactivo que trata de preparar a los grupos y a la organización para el desarrollo de trabajos futuros, dotándolos de las habilidades, conocimientos y, en su caso, actitudes necesarias. Aunque son dos conceptos muy similares no son sinónimos, las diferencias fundamentales las podemos ver reflejadas en la Figura 1.

En un principio, la formación iba dirigida a los empleados mientras que el desarrollo se enfocaba hacia los niveles de dirección. Sin embargo, la tendencia actual de las organizaciones hacia estructuras planas y la eliminación de niveles intermedios ha reducido o difuminado las barreras existentes entre el personal de dirección y el resto de los trabajadores. Las nuevas filosofías de gestión que resaltan la importancia de aspectos como el enriquecimiento del puesto, la delegación de responsabilidades o *empowerment*, la orientación hacia el trabajo en equipo, han hecho que algunas capacidades y habilidades antes consideradas como propias de las personas con tareas directivas sean también necesarias en otros niveles de la organización (Valle Cabrera, 2003).

Figura 1: La formación *versus* el desarrollo.

	FORMACIÓN	**DESARROLLO**
Enfoque	Trabajo actual	Trabajo actual y futuro
Alcance	Individual	Grupo / organización
Nivel	Trabajadores en general	Ejecutivo (mandos medios y superiores)
Marco de tiempo	Inmediato	Largo plazo
Actuación	Reactiva	Proactiva
Meta	Corregir déficit de habilidades	Preparar para el futuro

Fuente: Adaptado de Dolan *et al.* (2014), Gómez-Mejía *et al.* (2016) y Werther y Davis (2014).

A pesar de las diferencias conceptuales comentadas para los términos formación y desarrollo, en ambos casos, el objetivo final es la mejora de la capacidad del empleado, de forma que los programas que se utilizan para mejorar los conocimientos, habilidades y actitudes de la plantilla tanto para el trabajo actual como para el futuro son, en esencia, los mismos, por lo que se analizarán de forma conjunta.

Las empresas están dando mucha importancia a la formación, ya sea en el momento de la incorporación, como parte del proceso de socialización, o para conseguir mejoras en el funcionamiento actual de la organización con un personal formado para desempeñar bien su trabajo o prepararlo para asumir nuevos puestos en el futuro. Para que la formación sea eficaz debe tener objetivos claros y realistas que determinarán su contenido y tiene que estar vinculada con los objetivos de la empresa (Gómez-Mejía *et al.*, 2016).

Los principales objetivos de la formación se recogen en la Figura 2.

Figura 2: Objetivos de la formación.

OBJETIVOS DE LA FORMACIÓN
Eliminar deficiencias
Mejora del desempeño individual
Agilizar los procesos incorporando nuevas tecnologías
Actualización de habilidades y capacidades, especialmente a nivel de directivos
Aumentar el compromiso y la motivación de los empleados. Satisfacción del empleado para lograr la satisfacción del cliente
Reducir el absentismo, la rotación y lograr una mayor tasa de retención
Favorecer la reorganización del trabajo y el ajuste interno ante cambios organizativos
Orientar a los nuevos empleados

Fuente: Elaboración propia a partir de Chiavenato (2011); Dolan *et al.* (2014); Mondy (2010) y Werther y Davis (2014).

Los beneficios de la formación pueden ser directos e indirectos. Los beneficios directos son: 1) permite mejorar el capital humano a disposición de la empresa; 2) permite reforzar otras políticas de RR. HH., ya que la formación puede reducir la necesidad de reclutamiento externo o complementar las evaluaciones del rendimiento; y 3) incide de forma positiva en variables de recursos humanos como el compromiso y los niveles de rotación o absentismo.

Pero la inversión en formación tiene también beneficios indirectos que, aunque menos evidentes, no dejan de ser relevantes. Estos beneficios indirectos son: 1) crea cierta competencia entre empleados, ya que en ocasiones la formación es una recompensa al trabajo bien hecho y estimula el buen desempeño del trabajo; 2) puede tener efecto en terceras personas, ya que los empleados enseñan lo que han aprendido en el curso de formación a sus compañeros, por lo que el coste de formación de un solo empleado puede facilitar el cambio de comportamiento de más personas; y 3) el contenido específico del tipo de formación señala el comportamiento y las actitudes que la organización valora. Por ejemplo, si una empresa invierte mucho en cursos de gestión de la calidad, los empleados serán conscientes de que la calidad es un valor al que la empresa da mucha importancia (Cabrera, 2006).

Así, dado que la formación puede ser muy cara, las empresas invertirán en formación cuando los beneficios derivados de ella sean mayores que su coste. Por ello, involucrar a los empleados en la programación de la formación permitirá redefinir este proceso como un recurso estratégico para la compañía (Lectura 1).

Lectura 1. El plan formativo Alcanza de AEGON

El plan formativo Alcanza, de Aegon Seguros, es un proyecto que nació con el objetivo de potenciar el talento de los trabajadores a través de su implicación directa en el desarrollo de la estrategia de esta compañía aseguradora, utilizando para ello el intercambio de ideas dentro del espacio laboral, algo esencial al momento de definir un nuevo modelo de aprendizaje. Fue así como los mismos empleados establecieron las áreas en las que necesitaban capacitación, lo que dio pie al desarrollo de formaciones vinculadas totalmente con el concepto de negocio. Este plan constituye un paso más allá en la forma en que las empresas establecen las dinámicas de trabajo con sus empleados, especialmente en lo que tiene que ver con su formación y desarrollo, ya que permite que sea el empleado quien asuma el protagonismo de su desarrollo formativo.

El plan se estructura en cuatro fases: 1) Meta. Para conocer las necesidades de cada área se llevan a cabo talleres participativos con miembros de cada departamento; 2) *Challenge*. Se justifican las necesidades frente a un miembro del Comité de Dirección y representantes del cliente externo e interno, quienes aprueban o rechazan las demandas; 3) Subasta. El departamento de Recursos Humanos da a conocer las opciones de formación y lo equipos votan en tiempo real las que más se acomodan a su método de aprendizaje; y 4) Dar a conocer los itinerarios formativos. A través de la aplicación Tu Ruta, una herramienta interactiva y participativa, a la que se ingresa a través del portal del empleado los trabajadores pueden navegar con su avatar y conocer las acciones planificadas para cada uno.

Lo importante de esta iniciativa es que constituye un avance en la relación que existe entre trabajadores y empresas. En este sentido, Alfonso de San Cristóbal, director de Recursos Humanos de Aegon España, asegura que «lo realmente innovador del modelo es romper con el esquema clásico de 'catálogo de formación', redefiniendo la formación como un concepto más amplio de acompañamiento y un recurso claramente estratégico para la compañía».

Fuente: Extraído de PRNOTICIAS.COM (2014): «Plan Alcanza: cambiando la manera de potenciar el talento de los empleados», noticia publicada el 06/03/2014. Disponible en: https://prnoticias.com/hemeroteca/454-sala-de-prensa-clubagencias/t2o-media-1/20128710-plan-alcanza-aegon-seguros [01/03/2018].

ACTIVIDAD DIDÁCTICA RECOMENDADA: Después de leer la lectura, responda a la siguiente cuestión: ¿Qué ventajas aporta a la empresa Aegon Seguros y a sus empleados el plan formativo Alcanza?

2. LOS PROGRAMAS DE FORMACIÓN

Cuando la empresa ha tomado la decisión de iniciar programas formativos, el siguiente paso es analizar las fases necesarias para hacer operativa la formación. Se suelen identificar cuatro fases fundamentales en todo programa de formación: 1) la identificación de las necesidades de formación; 2) el diseño de los programas de formación; 3) su implantación; y 4) la evaluación de la formación ofrecida (Figura 3).

Figura 3: Fases del programa de formación.

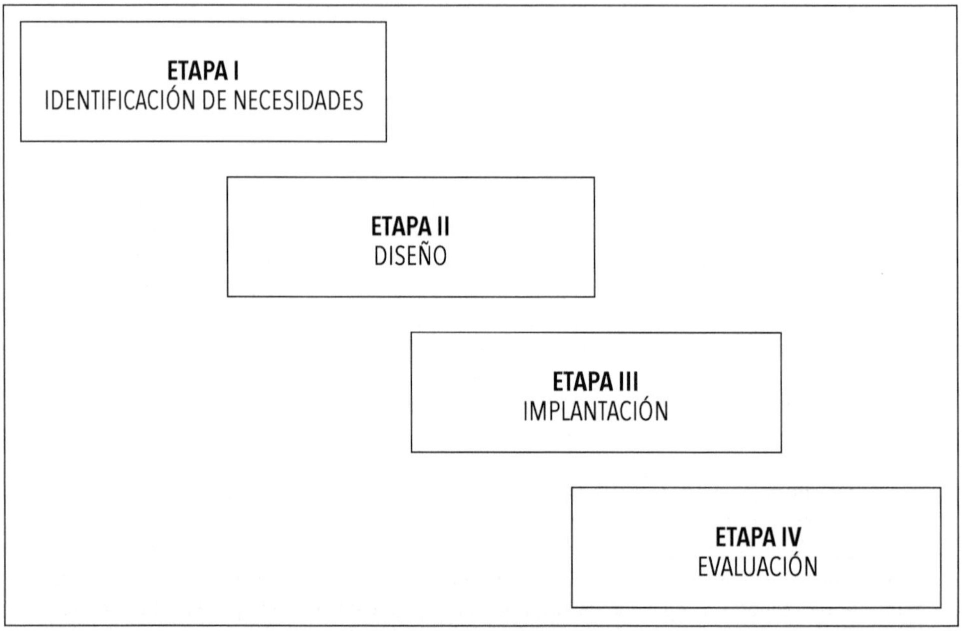

Fuente: Elaboración propia.

ETAPA I. IDENTIFICACIÓN DE LAS NECESIDADES DE FORMACIÓN

Antes de diseñar e implantar un programa formativo, las empresas deben identificar cuáles son sus necesidades de formación. Para ello, se necesita que la organización detecte necesidades no solo actuales, sino también aquellas que su personal pueda tener en el futuro. Lo que se pretende con este análisis es: 1) identificar las habilidades específicas para el desempeño del trabajo necesarias para mejorar o aumentar la productividad laboral; 2) analizar al público objetivo al que dirigir los esfuerzos de formación; y 3) usar estos análisis para desarrollar objetivos mesurables de los conocimientos y habilidades que permitan su posterior control o evaluación (Dolan *et al.*, 2014).

Para llevar a cabo estas cuestiones es importante conocer las necesidades de formación en los diferentes niveles de la empresa: organización, tareas y personas.

1. Análisis a nivel de organización. Este análisis se va a centrar en los factores genéricos de la organización como son su cultura, su misión, el clima organizativo, los objetivos a corto y largo plazo y su estructura (Gómez-Mejía *et al.*, 2016). El análisis de las necesidades de la organización incluye la estrategia de la empresa y cómo esta influye en la demanda de RR. HH., así

como las habilidades requeridas y programas para dotar a la organización de dichas necesidades (Dolan *et al.*, 2014). La idea fundamental es detectar las necesidades de formación para toda la organización en su conjunto y analizar los recursos a disposición de la empresa para emprender actuaciones de este tipo. Es importante tener en cuenta que la alta dirección es, o debería ser, el impulsor de estas actuaciones, de forma que si los que toman las decisiones estratégicas de la empresa no consideran importante la formación, no se podrá poner en marcha ningún proceso por muy bien planteado que esté.

2. Análisis de las tareas. Se trata de examinar cuáles son las funciones o tareas de cada uno de los puestos de trabajo de la empresa, lo que permitirá identificar qué puestos necesitan formación y de qué tipo. Para poder llevarlo a cabo es fundamental que se haya realizado un buen análisis de puestos de trabajo y del perfil del puesto, que será el punto de partida para identificar las necesidades de formación. A través de este análisis se obtendrá información sobre la frecuencia de la tarea, su importancia a nivel de la organización (qué valor añadido tiene) o la dificultad para su aprendizaje (Dolan *et al.*, 2014).

3. Análisis del individuo. Se analiza cómo realizan su trabajo cada empleado de la organización, para averiguar qué aspectos necesitan mejorar. Dicho de otra forma, la empresa debe identificar quién necesita formación y de qué tipo (Gómez-Mejía *et al.*, 2016). Siguiendo a Dolan *et al.* (2014: 117), el análisis individual se puede realizar de dos formas: 1) descubrir deficiencias en el rendimiento del empleado, a través, por ejemplo, de la comparación del rendimiento real con los niveles mínimos aceptables; y 2) determinar las necesidades de formación y desarrollo de puestos de trabajo futuros. Una de las técnicas más utilizadas actualmente para detectar las necesidades de formación de las personas es la autoevaluación. A través de ella, el empleado puede descubrir sus puntos fuertes y débiles e identificar cuáles son sus necesidades de formación para su puesto actual o para optar a nuevos puestos en el futuro (Dolan *et al.*, 2014).

Una vez detectadas las necesidades de formación y establecidos los objetivos que lograr con los programas de formación, los siguientes pasos son diseñarlos (Etapa II), ponerlos en práctica (Etapa III) y evaluarlos (Etapa IV).

ETAPA II. DISEÑO DE LOS PROGRAMAS DE FORMACIÓN

Es imprescindible realizar un buen diseño del plan formativo que se va a aplicar para que sea lo más eficiente posible de acuerdo con los objetivos que se quieren lograr con la formación. Se deben tener en cuenta varias cuestiones como el tipo de formación y quién la recibirá. Esta decisión, que viene determinada por las necesidades de formación, es la relativa a cuántos empleados se formarán simultáneamente y a quiénes. Por otro lado, es necesario delimitar quién va a impartir la formación: 1) formadores internos como supervisores inmediatos, compañeros o personal de recursos humanos; 2) formadores externos como asesores, empresas especializadas o personal docente de universidad. La elección del formador se basa en qué habilidades se quieren desarrollar y dónde se va a llevar a cabo el programa formativo. En este sentido, se analizará también el grado de aprendizaje que se desea alcanzar.

Por ello, en esta etapa se va a dar respuesta a las preguntas: ¿Qué tipo de formación impartir?, ¿qué grado de aprendizaje alcanzar?, ¿para quién? y ¿quién la impartirá?

a. TIPOS DE FORMACIÓN. Podemos encontrar diferentes clasificaciones de los tipos de formación. Una de ellas es la que proponen De Saá y Ortega (2002) (Figura 4).

Figura 4: Tipos de formación.

CRITERIO DE CLASIFICACIÓN	TIPOS DE FORMACIÓN
Según el sujeto	Mejorar los conocimientos, habilidades y actitudes concretas de: • Una persona • Un grupo en particular • Todos los empleados
Según el objeto	La formación pretende: • Acoger al empleado y darle a conocer su función dentro de la organización • Actualizar sus competencias • Adquirir nuevas para afrontar los cambios
Según el contenido	El contenido del programa de formación debe ser coherente con el grado de aprendizaje. • Primer nivel: aprender conocimientos básicos del área y el lenguaje, los conceptos y las relaciones (saber) • Segundo nivel: desarrollar habilidades para trabajar en un área concreta (poder) • Tercer nivel: adquirir experiencia suficiente para completar y mejorar las habilidades ya desarrolladas (querer)
Según la periodicidad	Pueden ser: • Programas ocasionales, en los que se intenta subsanar una necesidad concreta • Programas permanentes, donde se resuelven necesidades de forma continuada dando una retroalimentación respecto al aprendizaje

Fuente: Adaptado de De Saá y Ortega (2002: 149-150).

Según Gómez-Mejía *et al.* (2016), los principales tipos de formación son:

- Formación en habilidades. Es la más común y es un proceso sencillo. Tras identificar la necesidad de formación, se establecen los objetivos a alcanzar y cómo lograrlo.
- Reciclaje. Se trata de formar para lograr que los empleados estén al día de los nuevos requisitos del puesto de trabajo.
- Formación multifuncional o transversal. Implica formar a los empleados para que aprendan a realizar múltiples funciones en áreas distintas a las de su puesto actual. Este tipo de formación beneficia a la empresa y al empleado, ya que un trabajador multifuncional es más valioso, puede estar más motivado, aporta flexibilidad a la organización y reduce la necesidad de supervisión. Además, el empleado se beneficia de la versatilidad del trabajo en lugar del trabajo muy especializado y rutinario y es más capaz de diseñar su propia carrera profesional.
- Formación para el trabajo en equipo. Puede dividirse en dos áreas en función de las funciones básicas de un equipo: contenido de tareas (relacionado con los objetivos del equipo, por ejemplo, la resolución de un problema o un control de costes) y procesos de grupo (modo en que los miembros del equipo funcionan como tal; por ejemplo, cómo se comportan los miembros entre sí, cómo resuelven los conflictos y hasta qué punto participan).
- Formación en creatividad. La técnica más utilizada para fomentarla es la «tormenta de ideas», donde los participantes tienen la oportunidad de generar ideas abiertamente, sin temor a ser juzgados.
- Formación en diversidad. Con el objetivo de garantizar que todos los miembros de grupos diversos entiendan el valor de la diversidad y su importancia en el trabajo en equipo.
- Formación para situaciones de crisis. Suele centrarse en la prevención e incluir seminarios sobre gestión del estrés, resolución de conflictos y creación de equipos.
- Formación en ética. Se considera clave para mantener y mejorar el nivel ético de la empresa.
- Formación para la atención al cliente. Se forma a los empleados con el fin de dotarles de las habilidades necesarias para satisfacer y superar las necesidades de los clientes.

b. PÚBLICO OBJETIVO DE LA FORMACIÓN. ¿Quién recibirá formación? La empresa teniendo en cuenta las necesidades detectadas de formación, tendrá que ir tomando decisiones sobre a qué personas (según nivel, puesto de trabajo o aspectos individuales) de la empresa formar y para cuántos de ellos ofertará acciones de formación (Dolan *et al.*, 2014).

c. FORMADORES. ¿Quién impartirá la formación? Los programas pueden ser impartidos por una o varias personas, que pueden formar parte de la organización o no (Figura 5). La elección del formador depende de variables como el lugar en el que se va a realizar la formación o las habilidades que se quieren enseñar (Dolan *et al.*, 2014).

Figura 5: Relación de formadores según su procedencia.

FORMADORES INTERNOS	FORMADORES EXTERNOS
• Supervisores inmediatos • Compañeros de trabajo • Personal de recursos humanos • Especialistas en otras áreas de la empresa	• Asesores externos • Asociaciones comerciales o federaciones de empresarios • Cuerpo docentes de las universidades • Empresas especializadas en formación

Fuente: Elaboración propia a partir de Dolan *et al.* (2014).

d. GRADO DE APRENDIZAJE. Los programas de formación deben tener un contenido coherente con las habilidades que van a enseñarse y el grado de aprendizaje que se quiere lograr. Así, habrá que diferenciar entre un aprendizaje de nivel inferior para mejorar destrezas básicas, o aprendizaje medio para el desarrollo de habilidades interpersonales con el objetivo de potenciar la capacidad de liderazgo, la comunicación y la negociación o, finalmente, un grado de aprendizaje elevado que pretende el desarrollo de habilidades conceptuales e integradoras normalmente para la visión general que requiere la alta dirección (Dolan *et al.*, 2014).

ETAPA III. IMPLANTACIÓN DE LOS PROGRAMAS DE FORMACIÓN

Para poner en marcha los programas formativos hay que seleccionar el medio más adecuado para transmitir la información y tener en cuenta el lugar en el que se va a llevar a cabo la formación. Estas decisiones están determinadas por el tipo de aprendizaje, el coste y el tiempo. Por ejemplo, las destrezas básicas suelen enseñarse en el lugar de trabajo, mientras que las habilidades conceptuales e integradoras pueden aprenderse fuera del lugar de trabajo (Dolan *et al.*, 2014).

En esta etapa habrá que dar respuesta a dos cuestiones: ¿Dónde se realizará la formación? y ¿qué método utilizar?

a. LUGAR DE FORMACIÓN. La formación se puede impartir en el lugar de trabajo o fuera de este (Dolan *et al.*, 2014):
   - **En el puesto de trabajo.** Se basa en el aprendizaje por el uso o la práctica. Se utiliza para enseñar destrezas básicas del trabajo. La persona puede estar bajo la dirección de otro trabajador con experiencia o de un supervisor (Gómez-Mejía *et al.*, 2016). Esto facilita la transferencia de aprendizaje y la retroalimentación es inmediata, aunque también hay que tener en cuenta que el proceso de aprendizaje puede interferir en

el rendimiento del trabajador o tener efectos sobre otros trabajadores o afectar al uso de los equipos.
- **Fuera del puesto de trabajo**, ya sea **dentro o fuera de la empresa**. En este caso, se busca la adquisición de habilidades conceptuales e integradoras, a través de cursos, simulaciones, casos de estudio, formación en aulas, etc. No interfiere en el desarrollo normal de trabajo, pero no siempre se ajusta a las necesidades de formación de la empresa (Gómez-Mejía *et al.*, 2016).

b. MÉTODOS Y MEDIOS DE FORMACIÓN. Existen multitud de programas, métodos y medios de formación a disposición de las empresas, que son aplicables tanto a la formación en el puesto de trabajo como a las sesiones que se pueden impartir fuera del puesto de trabajo. Siguiendo a Dolan *et al.* (2014) estudiaremos, de forma resumida, algunos de estos métodos, así como sus ventajas e inconvenientes (Figura 6).

Métodos en el lugar de trabajo y en el puesto

- Enseñanza directa. Se forma a los empleados para desempeñar su puesto de trabajo durante las horas laborales.
- Aprendiz. En oficios especializados como fontaneros, electrónicos o carpinteros, la formación la imparte el instructor que orienta al aprendiz.
- Prácticas / ayudantía. A menudo surgen de un acuerdo entre la empresa y una institución formativa o universidad. En este caso, las empresas contratan a estas personas para que vayan aprendiendo el puesto a cambio de una remuneración normalmente inferior a la de mercado. Las ayudantías suelen hacer referencia a personal relacionado con el derecho.
- Rotación de puestos. Se busca que los empleados adquieran experiencia en varios puestos, de forma que se va moviendo al personal para que desempeñen diferentes puestos de trabajo.
- Preparación / tutoría. Consiste en la preparación y consejo diario por parte de un supervisor o tutor respecto a cómo hacer el trabajo y adaptarse a la organización.

Métodos en el lugar del trabajo, fuera del puesto

- Instrucción programada. El material de aprendizaje se organiza en bloques que habrá que ir superando para iniciar los posteriores. Los predominantes son los de programación lineal y ramificada. Permite al empleado establecer su propio ritmo de aprendizaje y obtener retroalimentación inmediata e impersonal y es un método muy útil si se quiere formar a un gran número de empleados.
- Formación interactiva por vídeo o por ordenador. Los programas interactivos a través de vídeos consisten en presentaciones visuales y narraciones ante las cuales la persona debe tomar decisiones o responder a determinadas cuestiones. Permite un aprendizaje individualizado.

Métodos fuera del lugar de trabajo

- Cursos reglados. Uno o más formadores transmiten información y conocimientos a un grupo más o menos amplio de personas en un tiempo limitado y de una forma estructurada y sistemática.
- Conferencias / grupos de debate. Son similares a las clases, pero con mayor participación de los asistentes y, por lo tanto, más dinámicos y prácticos.
- Estudios de casos. Descripción narrada de una situación real o ficticia preparada con fines didácticos. Suele ser un complemento a las clases o parte de ellas.
- Simulación. Hacer que los empleados se enfrenten a situaciones parecidas a las del trabajo real.
- Representación de papeles (*role playing*). Se asignan diferentes papeles o identidades a los participantes para que actúen dentro de ellas. Se suelen utilizar para cambiar actitudes o practicar habilidades de relación humana (liderazgo, atención al cliente) y se centran en cuestiones emocionales más que en hechos como en el caso de la simulación.

Figura 6: Métodos de formación: ventajas e inconvenientes (I).

		VENTAJAS	INCONVENIENTES
Métodos en el lugar de trabajo y en el puesto	Enseñanza directa	• Transferencia directa de conocimientos • No se necesitan otras instalaciones	• Interferencia con el rendimiento • Efectos negativos sobre grupos o trabajadores
	Aprendiz	• Formación amplia • No suele interferir en el rendimiento real del trabajo	• Requiere tiempo y es caro • Puede no estar relacionado con el puesto
	Prácticas / ayudantía	• Transferencia de aprendizaje	• No se trata realmente de un puesto de trabajo
	Rotación de puestos	• Exposición de muchos trabajos • Toma de decisiones en situaciones diversas	• No se asume una responsabilidad real • Desmotivación por ser una situación transitoria
	Preparación / tutoría	• Facilita la mejora continua • Retroalimentación constante	• Muy dependiente del estilo del preparador • Poco sistemático
Métodos en el lugar del trabajo, fuera del puesto	Instrucción programada	Aprendizaje individualizado y más rápido	Requiere mucho tiempo y es caro
	Vídeo interactivo / enseñanza por ordenador	• Almacenamiento de grandes cantidades de información • Aprendizaje a ritmo individual	• Alto coste de preparación

Fuente: Adaptado de Dolan *et al.* (2014: 127-128).

Figura 6: Métodos de formación: ventajas e inconvenientes (II).

		VENTAJAS	INCONVENIENTES
Métodos fuera del lugar de trabajo	Clases / cursos reglados	Baratos y accesibles para grandes grupos de personas	• No siempre está relacionado con el puesto • Puede ser muy teórico • La retroalimentación es limitada
	Conferencias / grupos de debate	Baratos y estimulantes	• No siempre está bien organizado el material • No siempre se tratan todos los aspectos necesarios
	Estudios de casos	• Estimula el debate y la práctica • Permite la retroalimentación	Experiencia limitada
	Simulación	• Ayuda a la transferencia de conocimiento • Crea situaciones verosímiles	No siempre puede duplicarse el trabajo o representarse
	Representación de papeles (*role playing*)	Favorece las habilidades interpersonales	No siempre tiene sentido

Fuente: Adaptado de Dolan *et al.* (2014: 129-130).

Tras concluir el diseño del plan formativo comienza la etapa de su implantación a través de la estrategia considerada. En este punto, resulta imprescindible realizar un seguimiento para garantizar el correcto desarrollo de todas las acciones y actividades formativas y para evaluar el aprovechamiento de la formación, y por tanto, sus beneficios reales.

ETAPA IV. EVALUACIÓN DE LOS PROGRAMAS DE FORMACIÓN

Una vez que se ha llevado a cabo el programa de formación es necesario analizar si ha sido útil y eficiente, para lo cual habrá que determinar qué datos y criterios son los pertinentes para que la evaluación sea válida.

La evaluación del plan formativo nos permite determinar si el programa de formación ha satisfecho los objetivos establecidos inicialmente. Para ello, se comparan los beneficios de la formación y su impacto en el logro de los objetivos a corto, medio y largo plazo con sus costes reales, para poder medir el retorno de la inversión, es decir, la rentabilidad del plan de formación. Asimismo, con la evaluación se consigue una optimización del proceso de aprendizaje.

Para evaluar un programa de formación, la empresa cuenta con diversos métodos de recogida de información como, por ejemplo, estudiar cambios en la productividad, realizar pruebas objetivas escritas o entrevistas, analizar los resultados de la evaluación del rendimiento, etc. No hay una forma estandarizada para llevar a cabo la evaluación de la formación, si bien se suele resaltar la necesidad de analizar, al menos, los siguientes aspectos (Dessler, 2015; Dolan *et al.* 2007; Mondy, 2010):

1. **Reacción.** Opinión de los participantes. Se evalúan las reacciones de las personas que han sido formadas ante el contenido de la formación, la metodología utilizada, el formador y otros aspectos relevantes. Se mide a través de cuestionarios, encuestas y entrevistas en grupo. Es una forma rápida y económica de obtener retroalimentación. Ahora bien, no siempre las reacciones positivas se traducen en mejoras del trabajo.

2. **Aprendizaje.** Se mide el aprendizaje real de cada participante, es decir, en qué medida se logran los objetivos, comparando la evaluación inicial y final. Es decir, si el empleado ha adquirido e interiorizado los conocimientos y habilidades planificados, aunque no siempre el hecho de aprender significa que mejore el desarrollo real del trabajo si, por ejemplo, le falta motivación. Para medirlo se pueden utilizar exámenes, test, debates y estudios de casos.

3. **Conducta.** Se analizan los cambios de comportamiento en el trabajo que son consecuencia de la formación. Se verifica en qué medida, tras la formación recibida, se aplican los nuevos conocimientos, habilidades, destrezas y actitudes al puesto de trabajo. Algunos métodos para valorar la conducta son la observación directa en el puesto de trabajo, o la entrevista al responsable sobre si ha habido cambios en la conducta de los subordinados después del plan formativo.

4. **Rendimiento.** Permite medir de forma objetiva la utilidad de los programas de formación, comparando los beneficios con los costes en los que se incurre. Se analiza si se han obtenido resultados tangibles, por ejemplo, mejoras de productividad, ahorros de tiempo del trabajador, prevención de accidentes, mejora de la calidad, etc. Se mide el efecto de la formación en el departamento o grupo al que pertenece el empleado y cómo afecta al desempeño de las distintas funciones, aunque hay que tener en cuenta que los resultados no se pueden asociar completamente a la formación, sino que puede haber otros factores externos que incidan en estos.

5. **Impacto.** Permite analizar los efectos de la formación en la empresa, en cuanto a productividad, beneficios y desarrollo de la organización. Para medirlo se puede establecer un análisis de coste-beneficio analizando así el impacto, o comparar el coste-beneficio de dicho plan con otros que se hubieran implantado.

A pesar de la importancia de la evaluación del programa de formación dentro de una empresa, son muy pocas las que evalúan su impacto y rentabilidad debido a las dificultades que conlleva como son el aislamiento de los efectos de la formación entre el resto de procesos y variables que se dan en la organización, dificultad de acceso a determinada información, además de que los recursos necesarios para la evaluación elevan el coste del proceso, e incluso, en ocasiones, puede existir una falta de apoyo directivo que priorice la cantidad antes que la calidad de la formación.

Es importante establecer que el peso de la gestión del plan formativo recae sobre el departamento de recursos humanos, pero su planificación e implantación dependen del compromiso de todos los empleados, que a largo plazo serán los que se beneficiarán de él. La cultura de la organización debe promover la implicación de todos para que la formación contribuya verdaderamente a la consecución de los objetivos de la empresa y a la capacitación de las personas.

3. TENDENCIAS ACTUALES EN FORMACIÓN

El gran avance de las Tecnologías de la Información y la Comunicación (TIC), así como la necesidad de formar no solo en conocimientos, sino en el desarrollo de habilidades y capacidades, como el trabajo en equipo o el liderazgo, han llevado a las empresas a incorporar diferentes modelos de formación. Estos nuevos métodos que se analizan son el *e-learning*, que hace uso de las nuevas tecnologías y el método 70-20-10, que diferencia entre diversos modelos de aprendizaje. Ambos métodos comparten protagonismo, en la actualidad empresarial, con las universidades corporativas diseñadas para mejorar el desempeño tanto individual como de la propia empresa, así como con técnicas que pretenden convertir cada acción formativa en una experiencia vivencial como el *outdoor training*, o la gamificación. Otras tendencias formativas como el *coaching* o el *mentoring,* que facilitan además el desarrollo profesional del empleado serán, por ello, analizadas en el capítulo 7.

Los nuevos métodos de formación son sistemas flexibles que proporcionan a las personas los conocimientos y las habilidades necesarias para resolver problemas concretos. El aprendizaje generado es progresivo y eficaz, que es lo que también se conoce como **aprendizaje 3.0** basado en el aprendizaje continuo donde el conocimiento puede ser compartido gracias a la interacción con los compañeros (Magno y Aspinall, 2017) y donde deja de ser un sujeto pasivo para convertirse en el principal protagonista de la formación fomentando su pensamiento crítico y capacidad de aprender por sí mismo, y obligándole a tomar decisiones en un entorno colaborativo y de aprendizaje compartido (*crowdlearning*) (Fuente, 2017a). Siguiendo este patrón, se genera un marco ideal para cultivar la innovación y fomentar el crecimiento y desarrollo de los empleados (Lectura 2).

A. FORMACIÓN *ON-LINE* o *E-LEARNING*. La aparición de las nuevas tecnologías supuso un cambio en los procesos de formación permitiendo la capacitación a distancia de los empleados. Así, el *e-learning* es una modalidad formativa, a través de herramientas adaptadas para internet, que pretende aportar flexibilidad y personalización en los procesos de aprendizaje para la integración de conocimientos y habilidades en el puesto de trabajo (Ganduxé, 2018). Se trata, por tanto, de un sistema de enseñanza y aprendizaje basado en la utilización de las TIC que permite seguir las clases sin la restricción asociada al espacio ni tampoco al tiempo (Rodenes, Salvador y Moncaleano, 2013). El *e-learning* puede ser sincrónico (cuando se lleva a cabo en tiempo real como por ejemplo a través de chat, videoconferencias o pizarra digital) o asincrónico, que se llevan a cabo independiente del tiempo, por ejemplo, a través de blogs, wikis, o foros de discusión. Sin embargo, la flexibilidad de la tecnología de internet permite que sean grabadas y puestas a disposición de aquellos que no pueden estar en el momento y, por lo tanto, se crea cierta ambigüedad entre lo que se considera síncrono y asíncrono (Ghirardini, 2014).

Lectura 2. Aprendizaje 3.0

Magno y Aspinall comentan en su artículo que «a diferencia de los atletas que entrenan exclusivamente antes de tener una prueba en una competición, o de un trabajador industrial quien frecuentemente entrena para repetir acciones conocidas durante la ejecución, el trabajador creativo aprende más sobre lo que necesita hacer en su trabajo, al mismo tiempo que realiza su trabajo». Para aprovechar esta oportunidad de aprender de forma integrada durante el trabajo, los trabajadores creativos y sus empresas necesitan alinear las expectativas relacionadas con el espacio y el tiempo necesario para aprender. Con esto, los trabajadores serán capaces de invertir energía en el aprendizaje necesario para el trabajo futuro. «No estamos hablando de tomar dos horas de su día, u ocho horas a la semana, para permitir que los trabajadores lean libros o realicen investigaciones en internet; sino darle poder a los empleados con el propósito de que ellos mezclen el aprendizaje con el trabajo por su propia cuenta».

Algunos ejemplos del aprendizaje en el mundo real pueden ser: apoyar a los empleados en sus experimentos y permitirles el fallo, ya que no siempre se puede lograr el éxito; apoyarlos continuamente en el aprendizaje dándoles acceso a sus plataformas y herramientas de preferencia; ayudarlos a organizar técnicas que se enfoquen en eventos de la vida real y ayudarlos a identificar y visualizar cuánto están aprendiendo.

El aprendizaje verdadero hoy en día está incorporado en el trabajo. La necesidad de aprender llega mediante la relación con el contexto que cambia constantemente, y que se resuelve mientras se reitera y se aprende en un contexto real. La nueva ecuación del trabajo es: trabajo = aprendizaje + desempeño. Magno y Aspinall comentan que «los trabajadores creativos y sus empresas deben tener una nueva visión del lugar de trabajo, ya que las mejores oportunidades de aprendizaje pueden ser encontradas allí. Por esto es por lo que el aprendizaje en el mundo real es el principio #1 del aprendizaje 3.0».

Fuente: Adaptado de Magno A. y Aspinall, R. (2017): «Aprendizaje 3.0. Principio #1 del aprendizaje en el mundo real». Disponible en: https://www.docebo.com/es/blog/aprendizaje-3-0-en-el-mundo-real/ [10/03/2018].

ACTIVIDAD DIDÁCTICA RECOMENDADA: Después de leer la lectura, responda a la siguiente cuestión: ¿Cuáles cree que son las ventajas del aprendizaje 3.0 para las empresas? Justifique su respuesta.

A través de la formación *on-line*, los empleados adquieren constantemente nuevas aptitudes y competencias, entendiendo cada vez más el funcionamiento de la empresa y, por tanto, haciendo más efectivo su trabajo. Además, es una herramienta efectiva a la hora de evaluar y medir de forma personalizada el progreso profesional de cada trabajador. La empresa, por su parte, al apostar por una formación más activa, dinámica y colectiva logra capacitar mejor a sus empleados y mantenerles incentivados, lo que hace que sean más eficientes y se desarrollen relaciones laborales más satisfactorias (Juan, 2017). El sistema *e-learning* contribuye a mejorar la interactividad y la colaboración entre los que aprenden, o entre estos y los que enseñan. También permite la personalización de los programas de aprendizaje a las características particulares de cada estudiante, así como la autoevaluación (Rodenes *et al.*, 2013).

Como ventajas de este método destacan desaparición de las barreras espacio-temporales, que aporta una mayor flexibilidad horaria a los empleados, así como la difusión de un aprendizaje informal y compartido que es accesible para todos y recuperable en cualquier momento. Al proporcionar un *feedback* inmediato en el que aprende, este puede corregir su comportamiento de manera inmediata y se puede lograr un ahorro de costes, la actualización instantánea de contenidos, la comunicación constante y la autonomía del aprendizaje (Ganduxé, 2018; Juan, 2017).

El *e-learning* tiene distintas modalidades con sus propias características y objetivos formativos. El acceso a internet a través de los dispositivos móviles ha facilitado que se desarrolle el *mobile learning* o el *video learning* para mejorar la experiencia global de aprendizaje y tratar de que la formación sea un proceso más ameno y motivador. El *mobile learning* es el aprendizaje a través de dispositivos móviles (teléfonos inteligentes o tabletas) conectados a una red inalámbrica. Las características de este tipo de formación son: 1) tienen que ser «cápsulas formativas», es decir, unidades cortas segmentadas en bloques de tres minutos como máximo; 2) sus elementos tienen que tener poco peso para facilitar la rapidez de carga; y 3) este microaprendizaje debe estar dotado de elementos multimedia como imágenes, vídeos o material gamificado (Sánchez, 2017) (Lectura 3).

Por último, las nuevas tendencias en *e-learning* son (Fuente, 2017b):

1) El uso de *big data* para identificar patrones de comportamientos en cuanto a estilo de aprendizaje, lo que permite una mayor adaptabilidad y personalización hacia lo que más motiva al empleado de forma que se puedan crear itinerarios de aprendizaje.

2) *Instant learning* o microaprendizaje a través del cual se pretende encontrar soluciones instantáneas a las carencias profesionales.

3) *Flipped room* o clase invertida, donde el problema es el eje del aprendizaje y se facilitan los recursos necesarios para que el empleado sea capaz de resolverlo con la ayuda de un mentor.

4) *Learning analytics*, que ofrecen datos, pistas sobre lo que sucede en el aula virtual y que podría pasar inadvertido si no fuera por este tipo de herramientas que analiza un gran volumen de información. De esta forma, se logra aprender a partir de la observación, las rutas de los alumnos en el contenido, si siguen los pasos establecidos y dónde se atascan.

Lectura 3. *Mobile learning*

El éxito del *mobile learning* se debe a la evolución constante de la tecnología móvil, con un 66 % de la población mundial con teléfono móvil y siendo España el país que lidera el ranking mundial de penetración con un 88 % de usuarios únicos. Como tendencia clave se prevé que en el año 2021 el número de dispositivos móviles aumente un 23 % hasta alcanzar la cifra de 16.000 millones en el mundo (Informe ditrendia: Mobile en España y en el Mundo 2017). Además, según comenta Sánchez en su artículo, las redes sociales han propiciado una comunicación cada vez más espontánea y multimedia que fomenta el desarrollo de las competencias digitales, muy valoradas en el mercado laboral.

Entre las ventajas del *mobile learning*, Sánchez destaca:

1) Fomenta el desarrollo de las competencias digitales reforzando las habilidades relacionadas con el manejo las Tecnologías de la Información y la Comunicación (TIC) que son decisivas en el mercado laboral, ya que independientemente del sector, son destrezas que las empresas valoran cada vez más durante los procesos de selección.

2) Significa apostar por el trabajo colaborativo entre los miembros de una misma comunidad, ya que se trata de una herramienta de gran utilidad a la hora de consultar dudas, debatir ideas o realizar proyectos colaborativos a distancia. También es una fuente de motivación para los alumnos por su naturaleza interactiva y basada en el lenguaje visual. Sobre todo para una nueva generación que se comunica a través de los vídeos y las imágenes.

3) Aporta dinamismo que permite adaptar las técnicas de estudio más tradicionales a la era digital como mapas conceptuales o cronologías interactivas, presentaciones en *streaming* o apuntes digitales. Al igual que facilita la aparición de otras herramientas como las infografías interactivas, los vídeos explicativos, los blogs o las redes sociales educativas. Todo ello, promueve un aprendizaje experiencial donde el alumno explora diversas posibilidades, experimenta situaciones que hacen que se cuestione el porqué de las cosas, gana autonomía y con todo ello construye su propio conocimiento.

Fuente: Adaptado de Sánchez, D. (2017): «¿Sabes qué es el Aprendizaje Móvil o Mobile Learning?», noticia publicada el 10/08/2017. Disponible en: http://www.vertice.org/blog/sabes-aprendizaje-movil-mobile-learning/ [10/03/2018].

ACTIVIDAD DIDÁCTICA RECOMENDADA: Después de leer esta noticia, responda a la siguiente cuestión: ¿Qué utilidad puede tener el *mobile learning* para la formación y en otros procesos de recursos humanos?

5) La formación a través de las redes sociales como Facebook, que posibilita generar grupos de colaboración, foros de discusión y proyectos conjuntos formador-alumno. Hace uso de un entorno o sitio web (como *google sites*) en donde colgar material adicional o las sesiones impartidas.

6) La formación en la nube. Se puede crear un entorno en el que cada alumno realiza una parte del programa o de la formación y se potencia así el aprendizaje colaborativo[1].

B. MÉTODO 70-20-10. Es un proceso de desarrollo basado en investigaciones realizadas por McCall, Lombardo y Eichinger para el Center for Creative Leadership de la Universidad de Princenton. Su planteamiento sostiene que solo una combinación armónica de diferentes modelos formativos puede hacer que la formación sea útil, y que, en efecto, produzca el desarrollo de los empleados (Arets, Jennings y Heijnen, 2015).

El modelo 70-20-10 es una fórmula aplicada en el ámbito de la formación corporativa que establece que las personas aprenden y se desarrollan, básicamente, a través de tres fuentes y en proporciones distintas: el 70 % mediante la experiencia que se adquiere día a día en el ámbito laboral, a través de experiencias laborales concretas y resolución de problemas; el 20 % a través de la interacción social y las relaciones con compañeros de trabajo u otros profesionales, es decir a través de la interacción y el *feedback* con líderes, *coaches* y mentores; y el 10 % participando en cursos de formación convencional y otras actividades educativas (Arets *et al.*, 2015; Guila, 2018) (Figura 7).

Figura 7. El modelo de formación 70-20-10.

70	20	10
APRENDIZAJE EXPERIENCIAL	INTERACCIÓN SOCIAL	APRENDIZAJE FORMAL
• Presentaciones • Observación de otras personas • Rotación de puestos de trabajo • Actividades diarias • Nuevos proyectos y tareas • Resolución de problemas	• *Coaching* y *mentoring* • *Feedback* • Grupos de debate • Trabajo en equipo • Reuniones de trabajo • Asociaciones profesionales	• Cursos internos • Cursos externos • Talleres • Seminarios • Conferencias • Lecturas

Fuente: Guila (2018).

Según Guila (2018), el modelo sirve para recordar que las personas empleadas aprenden constantemente, ya sea observando, cometiendo errores, mediante la toma de decisiones, con la ayuda de otros o mediante formación convencional. El aprendizaje basado en experiencias y en el *learning by doing* tienen un peso muy importante en su bagaje de habilidades y resultan extremadamente útiles para adquirir nuevos conocimientos que permitan mejorar su desarrollo profesional.

1 Redacción de Capital Humano (2013): «Formación en la nube, más interactiva y flexible», *Capital Humano*, n.º 275, pp.94-99.

Según este modelo, la responsabilidad de aprender es individual. Cada empleado es responsable de gestionar su aprendizaje a través de la práctica, la observación y el contacto con los demás. La empresa, por su parte, al aplicar el modelo 70-20-10 actúa como facilitador del aprendizaje, incentivando el contacto entre compañeros y facilitando los recursos necesarios (Arets *et al.*, 2015) (Lectura 4).

Lectura 4. El modelo de aprendizaje 70-20-10

Según se recoge en el artículo de Learning Legendario: El modelo de aprendizaje [70-20-10] es un tema de creciente interés debido a que: 1) las organizaciones trabajan en mercados que cambian y evolucionan a gran velocidad por lo que requieren que sus empleados adquieran constantemente habilidades que permitan a la empresa sobrevivir y tener éxito en el entorno dinámico; 2) la aparición de nuevas tecnologías y herramientas para el aprendizaje *on-line* (*e-learning*) facilitan que el aprendizaje sea mucho más accesible y replantea la forma en la que los empleados aprenden; 3) por la promoción intensiva para lograr hacer negocio que realizan la empresas de formación especializadas y que ayudan a otras a implantar este modelo; y por último, 4) «[70-20-10]» es una fórmula sencilla y fácil de recordar.

Siguiendo el modelo [70-20-10], el aprendizaje más efectivo se produce cuando la persona dedica el 10 % de su tiempo a cursos de formación presenciales u *on-line* (educación), el 20 % a aprender de otras personas como compañeros, miembros de un equipo, mentores u otros profesionales (exposición) y el 70 % del tiempo trabajando (experiencia).

70 % Experiencia. Tienes que ofrecer a los participantes en el programa de formación actividades y proyectos en los que puedan adquirir y desarrollar las habilidades que se están buscando. Las actividades deben aportar valor real al proyecto o a la empresa. No se trata de buscar tareas adicionales para que la persona que está aprendiendo pueda practicar.

20 % Exposición. Ofrece la oportunidad de trabajar juntos a los empleados que están aprendiendo con aquellos que tienen más experiencia. La exposición debe hacerse de forma que no suponga una carga de trabajo adicional considerable a la persona que enseña. Una de las ventajas de la exposición es que cuando una persona se ve en la situación de enseñar a otra, le hace plantearse cómo realiza las tareas para poder explicarlo. Este cuestionamiento suele llevar a la detección de puntos de mejora.

10 % Educación. A veces nada es mejor que un curso de formación intensivo. Por ejemplo, si hablamos de utilizar una determinada aplicación *software* o un producto, es necesario dedicar tiempo para aprender a manejarlo con soltura.

Según Learning Legendario: «Las organizaciones deben crear la cultura de aprendizaje continuo entre sus empleados. Si esa cultura no existe, puede que una persona decida no atender a un curso para evitar que sus compañeros asuman su carga de trabajo y puedan disgustarse. En una organización donde la cultura del aprendizaje está extendida, todo el mundo entiende que esa formación es una inversión necesaria que beneficiará a todos (al empleado, al equipo y a la empresa)».

Fuente: Adaptado de LEARNING LEGENDARIO (2017): «El modelo de aprendizaje 70:20:10. ¿Por qué todo el mundo habla de él?», noticia publicada el 14/02/2017. Disponible en: https://learninglegendario.com/modelo-de-aprendizaje-702010/ [01/03/2018].

ACTIVIDAD DIDÁCTICA RECOMENDADA: Después de leer la lectura, razone de forma justificada por qué las empresas deben apostar por el modelo de formación [70-20-10].

Por último, según el estudio realizado por Spexx en 2017 a profesionales de formación y desarrollo para conocer el uso del modelo de aprendizaje 70-20-10, casi un tercio (31 %) dijo que el modelo «se ha adoptado como parte de nuestra cultura de capacitación corporativa», mientras que el 17 % dijo que planeaba aplicarlo en un plazo de tres años, un aumento considerable con respecto al 7 % del año anterior.[2]

C. LAS UNIVERSIDADES CORPORATIVAS. Las universidades corporativas adaptan sus ofertas a las metas de la organización, se enfocan en el desarrollo de habilidades que apoyen las necesidades del negocio, evalúan el aprendizaje y el desempeño, utilizan tecnologías que faciliten el aprendizaje y suelen estar asociadas a una institución académica (Dessler, 2015).

Son las encargadas de reforzar la formación hacia el exterior (clientes, usuarios y proveedores), además de a los propios empleados. Estas tienen que entenderse como unas estructuras internas diseñadas para mejorar el desempeño tanto individual como colectivo, asegurando que el aprendizaje y el conocimiento estén directamente conectados con la estrategia, los procesos y los procedimientos de una organización (Jarvis, 2006; Ramos, 2014).

Las universidades corporativas gestionan el conocimiento interno de las empresas y proporcionan a los empleados formación específica de su área de trabajo. De esta forma, los empleados pueden ver cubiertos todos sus requerimientos formativos en la universidad de la empresa, lo que permite incrementar la productividad, la competitividad y la creatividad tanto de forma individual como organizativa. Además, las empresas que crean una universidad corporativa pueden vincular los planes formativos a las necesidades del negocio y aprovechar para inculcar sus valores, cultura o historia. En definitiva, el concepto de universidad corporativa es una apuesta por el capital humano, sus competencias, valores y compromiso como fuente de ventaja competitiva de las empresas (Ramos, 2014). En España, la empresa pionera en crear una universidad corporativa fue Gas Natural Fenosa, que la creó en el año 2000, tras realizar un estudio de mejores prácticas mundiales en formación empresarial (Lectura 5).

D. *OUTDOOR TRAINING*. En un intento de formar a la persona en sus habilidades más que en sus conocimientos surgen nuevas tendencias de formación como el *outdoor training* que, en esencia, es un proceso de formación fuera del lugar de trabajo que pretende despertar y activar actitudes de mayor eficacia y ayudar a identificar, por uno mismo, competencias que le lleven a alcanzar el éxito: de qué se es capaz, cuáles son los puntos fuertes y débiles, qué se debe mejorar y cómo se puede hacer. Es eficaz porque plantea un enfoque integrado de formación que considera a la persona en todas sus dimensiones física, emocional, mental y espiritual (Assens, 2002; García-Salazar, 2006).

2 Información obtenida de: http://www.periodicodeltalento.com/2017/12/12/modelo-de-aprendizaje-702010-mas-eficaz-si-anadimos-tecnologia/

Lectura 5: La universidad corporativa

Según se recoge en el artículo publicado por Munera, fueron los reyes del Big Mac los primeros que vieron la necesidad de crear una universidad corporativa donde formar a sus empleados y transmitirles los valores de la compañía. Así nació en el año 1961 la universidad corporativa McDonald's. Después vendrían otras muchas, Disney, Boeing, Motorola, General Electric..., pero todas con un objetivo común: mejorar los resultados a través de la formación. En España, el fenómeno de las universidades corporativas es más reciente. No fue hasta el año 2000 cuando Gas Natural puso en marcha su propio campus. Después, otras compañías, casi todas del Ibex, se sumaron a esta iniciativa y en la actualidad hay unas 50. Pero ¿en qué se diferencian de las universidades tradicionales? Aunque tienen también planes de estudio e incluso, en algunos casos, su propio campus, «la misión de la universidad corporativa no es cubrir el 100 % de la formación de los trabajadores, sino preocuparse porque esa formación dé respuesta a las nuevas necesidades de la organización y, sobre todo, consiga alinear los objetivos de formación con los objetivos de negocio», sostiene Toni Ramos, coordinador del libro *Universidades corporativas: 10 casos de éxito.*

Las universidades corporativas nacen, precisamente, para llenar el vacío que dejan los centros universitarios tradicionales. Los alumnos que salen de la universidad no siempre cumplen las expectativas de las empresas en cuanto al perfil o las competencias que buscan, «y, por eso, deciden crear su propia universidad, que no es más que una organización dentro de la propia empresa que se encarga de la formación de todos los trabajadores», explica Ramos. Su modo de funcionamiento es sencillo. Estos centros tienen consultores que tienen contacto con las distintas unidades de negocio. De este modo, conocen las necesidades de cada departamento y pueden prever cuáles van a ser sus necesidades. A partir de ese momento diseñan programas *ad hoc* o colaboran con escuelas de negocios para que sus empleados reciban una información específica. «Lo que se espera de las universidades corporativas», señala Ramos, «es que con sus programas de formación logren mejorar los resultados de cada unidad de negocio». Por ejemplo, aumenten las ventas, mejore la atención al cliente, consigan posicionarse mejor en un determinado mercado, etc.

Empresas como Repsol, BBVA, Gas Natural, el Banco Santander, Endesa, Ferrovial o Acciona han puesto en marcha universidades punteras conscientes de que apuestan por la formación o se quedan atrás. «Es importante dotar a los trabajadores de las competencias que se requieren en cada momento. No solo estarán más satisfechos y motivados, sino que esto también será bueno para su empleabilidad. Cuanto mejor formado estés, más fácil lo tendrás en el mercado laboral», señala Ramos. Ninguna compañía puede conformarse ya con atraer talento, tiene que conseguir retenerlo, enamorándolo y ofreciéndole la posibilidad de desarrollarse profesionalmente. Si no lo hace, el trabajador se marchará en busca de nuevos desafíos.

Fuente: Adaptado de Munera, I. (2017): «Cuando la Universidad se encuentra en la oficina», noticia publicada en EL MUNDO 11/05/2017. Disponible en: http://www.elmundo.es/economia/macroeconomia/2017/05/11/58ebc104ca47415b488b4631.html [14/03/2018].

ACTIVIDAD DIDÁCTICA RECOMENDADA: Después de leer la lectura, justifique las razones por las cuales una empresa crea su universidad corporativa.

Es una metodología que, mediante actividades al aire libre, permite trabajar el desarrollo y entrenamiento de habilidades y actitudes adecuadas para gestionar el comportamiento, facilitar la toma de decisiones, potenciar la confianza, saber delegar y favorecer el liderazgo. Se implica, intelectual y emocionalmente, a los miembros de un equipo a aceptar nuevos retos, a fortalecer sus relaciones entre ellos y mejorar la productividad. El participante interioriza lo aprendido más fácilmente, puesto que aprende actuando y en un entorno motivador, fuera de su espacio habitual de trabajo (García-Salazar, 2006; Reinoso Fernández-Caparrós, 2008).

Estos programas actúan sobre los sentimientos o emociones de los participantes, animan a las personas a explorar actitudes diferentes, reafirman su potencial ayudándole a superar límites autoimpuestos y ayudan a mejorar el conocimiento de uno mismo por lo que el impacto de lo aprendido es mayor que en otros métodos formativos (García-Salazar, 2006) (Lectura 6).

Una sesión de *outdoor training* está estructurada en tres pasos: en primer lugar, el formador deberá transmitir de forma clara y concisa a los expertos en actividades de aventura los conceptos sobre los que quiere trabajar y ayudar en el diseño de las pruebas; en segundo lugar, debe acompañar al grupo como observador, recopilando la información necesaria; y, por último, dirigirá el trabajo del grupo en la sala para extraer las conclusiones más importantes de la experiencia y buscar aplicación al mundo laboral de lo aprendido (Reinoso Fernández-Caparrós, 2008).

Las razones que justifican la realización de un programa *outdoor training* son las siguientes (Cuadrado i Salido, 2007; Reinoso Fernández-Caparrós, 2008):

- Lo que se aprende durante una experiencia de este tipo se recuerda siempre.
- Fuera del contexto habitual, se manifiesta y se desarrolla la auténtica valía.
- En contacto con la naturaleza, se potencia el ingenio y la creatividad.
- A través de las emociones se aprende más y mejor.
- Lo que se aprende bajo una intensa emoción, no se olvida.
- Para innovar, hay que romper con el entorno presente.
- Algunas competencias básicas apenas pueden desarrollarse en un aula.
- Los equipos no se construyen y se desarrollan en torno a ideas racionales, sino alrededor de una emoción compartida.
- En un entorno cambiante, el futuro es desconocido. Formar para el futuro es formar para lo desconocido.
- La naturaleza es intrínsecamente motivadora para la mayoría de las personas.

Por otro lado, hay que tener claro para qué sirve y para qué no; así como para quién sirve y para quién no sirve. De forma que, el público objetivo de este tipo de formación son: directivos, equipos de ventas, personal de *call center*, equipos / turnos de fábrica, personas de diferentes sucursales o regiones de una misma empresa, departamentos de atención al cliente y personal médico u hospitalario.

Por último, no debemos confundir *outdoor training* con actividades que suponen aventuras o actividades exclusivamente lúdicas como viajes de incentivos. Aunque tiene un gran componente lúdico, es una acción formativa que permite el desarrollo personal (Reinoso Fernández-Caparrós, 2008). Ahora bien, si falla la parte de análisis en la que el grupo reflexiona y analiza lo aprendido y cómo aplicarlo a su trabajo se estará haciendo *outdoor*, pero no *training* (García-Salazar, 2006).

Lectura 6. *Outdoor training*

Según el artículo publicado por Travesía Pirenaica, cada vez son más las compañías que consideran el *outdoor training* un método eficaz, sencillo y hasta divertido para crear equipos de alto nivel, con habilidades y competencias específicas, con el objetivo de mejorar sus procesos. Se trata del «entrenamiento al aire libre» de un grupo en torno a 15 personas, miembros de una misma empresa, que a través de actividades físicas en medio de la naturaleza deberá aplicar habilidades para resolver situaciones que incidirían en un mejor rendimiento laboral. Las actividades son divertidas y ayudan a relajar al grupo y potenciar el sentimiento de equipo, al mismo tiempo que los monitores evalúan la capacidad de liderazgo, la relación entre personas, el trabajo en equipo, la toma de decisiones, la comunicación, y otras habilidades que, por lo general, no son fáciles de ser aprendidas dentro de cuatro paredes y para lo que se hace necesario interactuar con los compañeros.

Travesía Pirenaica comenta que «entre las actividades que se utilizan en el *outdoor training* se encuentran el rápel, la orientación, la espeleología, la construcción de balsas, la construcción de puentes y muchas otras relacionadas con la supervivencia, que ponen a prueba, además de la condición física, las aptitudes de cada participante para ir adaptándose a cada una de las situaciones que se presentan y el medio en el que se desenvuelve».

Así, continúan un programa de *outdoor training* debe estar orientado a una finalidad y tener unas fases bien definidas:

1) Se establecen las necesidades de formación y se analiza al equipo. Es el personal de recursos humanos quien conoce la cultura de la empresa y particularidades de cada empleado.

2) En función de estas necesidades, se diseña el programa *outdoor training*, se eligen a los facilitadores y las actividades que realizar.

3) La presentación es un paso de vital importancia, pues se da a conocer al grupo resultados del diagnóstico, para que sepa su percepción de sí mismo y con el entorno. También se da a conocer el programa.

4) Se realizan las actividades y ejercicios diseñados y se ponen en juego las capacidades de cada participante en función de los retos que resolver. Cada reto está condicionado a los resultados esperados. Las actividades serán analizadas para conseguir un *feedback* de estas, y reflexionar sobre ello.

5) A partir de aquí hay que crear un plan de cambio en función de las reflexiones y conclusiones, que deberán ser aplicadas en la organización. Es de esta manera como el trabajador multiplicará los conocimientos adquiridos durante el programa de *outdoor training*.

6) Por último, es importante hacer un seguimiento transcurridas varias semanas a través de reuniones con los participantes para conocer la evolución de lo aprendido en las actividades *outdoor training*.

Fuente: Adaptado de Travesia Pirenaica (2017): «Outdoor training: por qué las empresas están incorporando actividades al aire libre como aprendizaje», noticia publicada el 25/10/2017. Disponible en: http://travesiapirenaica.com/outdoor-training/ [5/03/2018].

ACTIVIDAD DIDÁCTICA RECOMENDADA: Después de leer la lectura, responda a la siguiente cuestión: ¿Qué diferencia el *outdoor training* de otras metodologías de formación? Explíquelo con un ejemplo.

E. GAMIFICACIÓN. Cada vez más empresas incluyen la gamificación en la formación de los empleados, ya que, a través del juego, se logra optimizar procesos, potenciar el trabajo en equipo y sacar el máximo potencial de los empleados, mejorando sus habilidades a la hora de enfrentarse a un problema.

La gamificación consiste en la utilización de estrategias de juego en entornos ajenos a este o entornos no lúdicos y en un contexto controlado como técnica de aprendizaje que permite adquirir nuevos conocimientos (Montes, 2016; Werbach y Hunter, 2013). Para Pobo (2017), es la aplicación de mecánicas de juego, fuera de su contexto habitual, con el fin de potenciar la motivación, la concentración, el esfuerzo, la fidelización y otros valores positivos comunes a todos los juegos. Se trata, por tanto, de una técnica de aprendizaje para interiorizar conocimientos y habilidades a través de un juego controlado (Lectura 7).

Puede utilizarse de muchas formas y en muchos ámbitos (Montes, 2016; Pobo, 2017):

- En la formación de los nuevos empleados.
- Para ayudar a los directivos a adquirir habilidades de gestión y liderazgo.
- Para fortalecer competencias específicas de la plantilla, como el uso de las TIC.
- Para aumentar la motivación y productividad de cada trabajador.
- Para aumentar el compromiso del empleado con la organización.
- Para fomentar el trabajo en equipo.
- Para fomentar la creatividad.
- Para hacer más fluida la comunicación interna de la empresa favoreciendo el *feedback* entre empleados y empresa.

Las empresas necesitan conocer cómo responderá el trabajador ante un tipo de situaciones determinadas (un conflicto, una decisión o una responsabilidad importante) y, para ello, es necesario ver cómo se enfrenta a ellas. No solo es necesario ser un buen empleado, sino saber adaptarse a diferentes entornos, ser un buen líder, gestionar el tiempo, trabajar en equipo, resolver conflictos y situaciones a las que se va a enfrentar cada día (Werbach y Hunter, 2013). Al mismo tiempo, se logra descubrir a aquellos empleados que no se conforman y proponen mejoras, así como a los que les gusta averiguar cosas nuevas (Montes, 2016; Pobo, 2017).

La gamificación es un método de enseñanza que permite obtener excelentes resultados. Algunos de los principales beneficios de la gamificación en recursos humanos son los siguientes (Montes, 2016):

- Se genera un impacto positivo en el personal. Una dinámica de gamificación no es simplemente un «curso de formación teórica», que muchas veces acaba convirtiéndose en un mero trámite para el empleado y no le resulta muy motivador. Se expone como un juego, un ejercicio que pone a prueba su habilidad. Además, se pueden incluir incentivos que le lleven a esforzarse y potenciar sus capacidades para lograr un mejor rendimiento.

- Son un laboratorio para planificar cambios. Se trata de experimentar antes de asumir una reforma de un proceso observando los posibles resultados sin asumir riesgos excesivos, así como detectando posibles obstáculos que se puedan producir en el proceso de cambio.
- Ayudan a la formación continua del empleado para mantener actualizado el capital humano y poder hacer frente a los nuevos retos de la empresa.

Lectura 7. La gamificación para la formación en España

Según el artículo publicado por RRHH Digital, «la gamificación o la utilización de los juegos en los procesos de formación es una tendencia en auge en las empresas. Metodologías como las simulaciones, los videojuegos, los *role plays* o los juegos de mesa se han consolidado en las empresas Top Employers, en España. De hecho, el uso de la gamificación en formación ha aumentado un 18 % (del 63 % de compañías certificadas que la tenían implantada en 2015 al 81 % de este año)».

Como explica Salvador Ibáñez, *country manager* de Top Employers Institute en España, «la gamificación aumenta el atractivo de los procesos de aprendizaje, la diversión, la motivación, la capacidad de retener conceptos y la adquisición de habilidades. Lo que hicimos como niños, aprender jugando, también es posible cuando somos adultos, experimentando, corrigiendo y repitiendo lo adquirido hasta interiorizarlo. Es un enfoque muy efectivo que ayuda a mejorar la aplicabilidad de la formación recibida en el puesto de trabajo».

KPMG y Novartis son ejemplos de compañías que han puesto en marcha innovadoras iniciativas de gamificación. En KPMG, utilizan la gamificación para distintos ámbitos, que van desde el conocimiento de la firma y los servicios que prestan a sus clientes hasta el desarrollo de capacidades comerciales, la gestión del tiempo, la protección de la información o la prevención de riesgos laborales. El *feedback* positivo de los participantes confirma el valor añadido que supone contar con una formación diferente en la que a través de situaciones con un contexto lúdico se les proporcionan conocimientos teóricos y prácticos de aplicación en su día a día. En la compañía farmacéutica Novartis también se apuesta por la gamificación y recientemente han lanzado la aplicación Rétame, un juego similar al Trivial con el que los colaboradores de Novartis compiten entre sí respondiendo preguntas sobre salud y bienestar. Enmarcado en la Semana *Be Healthy*, este juego tiene como objetivo concienciar y extender la importancia de llevar una forma de vida saludable.

Fuente: Adaptado de RRHH Digital (2016): «La utilización de la gamificación para la formación aumenta un 18 % en España», noticia publicada el 31/10/2016. Disponible en: http://www.rrhhdigital.com/secciones/tecnologia-e-innovacion/120597/La-utilizacion-de-la-gamificacion-para-la-formacion-aumenta-un-18-en-Espana [12/03/2018].

ACTIVIDAD DIDÁCTICA RECOMENDADA: Después de leer la noticia, responda a la siguiente cuestión: ¿Cuáles cree que son las ventajas de la gamificación para la formación en el mundo empresarial? Explíquelo con un ejemplo de empresas que apuestan por la gamificación.

Aplicar un programa de gamificación permite influir en el rendimiento futuro de los empleados para lo que hay que diseñar un programa imparcial y objetivo, basado en la estrategia de la empresa para sacar todo el potencial de su plantilla. Como ejemplo de empresas que han aplicado la gamificación a la formación de sus empleados destacan: Google, Deloitte y Accenture. En España, Indra ha desarrollado una aplicación para móviles, basada en gamificación, que permite proponer novedosas iniciativas a sus empleados a través de juegos que fomentan su participación, vinculación, compromiso y motivación (Lectura 8).

Lectura 8. La *app* de Indra basada en la gamificación

Indra ha desarrollado una aplicación para móviles basada en gamificación, geolocalización y realidad aumentada, que permite a las empresas proponer novedosas iniciativas a sus profesionales o clientes a través de juegos que fomentan su participación, vinculación, compromiso y motivación.

La App TGo Games es una plataforma tecnológica, fruto del I+D+i, que puede adaptarse para cada caso de uso, configurando diferentes misiones o retos, tanto individuales como colectivos, en los que los usuarios tienen que conseguir diferentes objetivos de manera lúdica y creativa. Como recompensa, la herramienta da acceso a diferentes reconocimientos, premios o promociones, abriendo todo un mundo de posibilidades en la relación de las empresas con sus profesionales y clientes. «La solución, explican desde Indra, aprovecha las ventajas de la experiencia de juego y la realidad aumentada para desarrollar las diferentes pruebas en localizaciones concretas, definidas previamente en el entorno en el que se realiza la acción o evento, creando mayores vínculos emocionales y motivacionales con los participantes».

Con este nuevo desarrollo, Indra pone en el mercado una solución que combina dos tendencias de éxito y con ambiciosas previsiones de crecimiento en los próximos años: la gamificación, que supuso en 2016 una inversión de 200 billones de dólares, y la realidad aumentada, que en 2017 movió en torno a 2.500 millones de dólares.

Fuente: Adaptado de www.equiposytalento.com (2018): «Indra fomenta el compromiso y la motivación a través de una *app*», noticia publicada el 12/01/2018. Disponible en: http://www.equiposytalento.com/noticias/2018/01/12/indra-fomenta-el-compromiso-y-la-motivacion-a-traves-de-una-app/ [12/03/2018].

ACTIVIDAD DIDÁCTICA RECOMENDADA: Después de leer esta noticia, responda a la siguiente cuestión: ¿Cuáles cree que son las ventajas que aporta la App Tgo Games a Indra? Razónelo.

CUESTIONES PARA LA REFLEXIÓN

1. ¿Qué diferencias hay entre formación y desarrollo?
2. Explique qué es un programa de formación y qué etapas tiene.
3. ¿Qué métodos o medios de formación considera más adecuados para un puesto de dirección? Justifique su respuesta.
4. ¿Qué ventajas y desventajas tiene el *e-learning*?
5. ¿Para que tipo de empleado es más adecuado realizar un *outdoor training*?
6. ¿Qué utilidad tiene la gamificación en los procesos formativos de los empleados?

LECTURAS RECOMENDADAS

BERTOJO, M. (2017): «Los planes de carrera ajustados y la universidad corporativa, pilares de la nueva cultura común de Indra», *Capital Humano*, n.º 324, pp. 54-60.

GUGEL, J. L. (2018): «¿Es suficiente hablar solo de gamificación?», *Capital Humano*, n.º 329, sección Gestión del Talento, marzo 2018, Editorial Wolters Kluwer España.

MUÑINOS, I. (2018): «Repensando el *eLearning*», equiposytalento.com, 05/04/2018. Disponible en: http://www.equiposytalento.com/contenido/download/141/70-74%20REPORT%20LEARING.pdf [23/04/2018].

TORRES, N. (2017): «Las cinco tendencias en formación para 2017», Observatorio de RR. HH. Disponible en: http://www.observatoriorh.com/formacion/cinco-tendencias-formacion-2017.html [01/03/2018].

SITIOS WEB RECOMENDADOS

www.escuelacoaching.com
www.asescoaching.org
www.amces.org/
www.rrhhmagazine.com
capitalhumano.wke.es
www.equiposytalento.com
www.observatoriorh.com
www.funtraining.es
70:20:10 Institute

LA GESTIÓN DE LA CARRERA PROFESIONAL

7

INTRODUCCIÓN

Una carrera profesional es la trayectoria que una persona sigue a lo largo de su vida laboral, es decir, los puestos que ha ido ocupando a lo largo del tiempo. Las empresas deben gestionar la carrera de sus empleados para evitar la fuga de personal clave y para atraer el talento a la organización. Por ello, en este capítulo analizaremos cuestiones como qué es la carrera profesional, cómo se gestiona en las empresas, así como la doble perspectiva desde la que se pueden estudiar: individual y organizacional. Además, se analizan diferentes métodos para el desarrollo de los empleados como la rotación de puestos, el *coaching* y el *mentoring* y se analizan tendencias actuales en este campo como la empleabilidad, el *employer branding* o el *networking*.

OBJETIVOS DEL CAPÍTULO

- Definir el concepto de carrera profesional y su importancia para las organizaciones.
- Analizar las fases del proceso de gestión de la carrera profesional.
- Comprender la diferencia entre la perspectiva individual y organizativa de la gestión de carreras.
- Conocer los programas de desarrollo de empleados como el *coaching* y el *mentoring*.
- Conocer las tendencias actuales en la gestión de la carrera profesional.

1 CONCEPTO DE CARRERA PROFESIONAL

El mundo actual en el que hay cambios rápidos y constantes en la economía, la sociedad y en el contexto laboral han puesto en marcha nuevos modelos de gestión de la carrera profesional en las organizaciones. Cuando había mucha estabilidad laboral, ya que la vida laboral de un individuo solía trascurrir en una sola empresa, el desarrollo profesional dependía, en gran medida, del buen desempeño en su trabajo. En la actualidad, la vida laboral se desarrolla en varias empresas y muchos puestos de trabajo cambian o incluso desaparecen dando lugar a nuevas modalidades de empleo. Los trabajadores tienen que ser flexibles y reciclarse constantemente (Lectura 1), para lo cual se requieren capacidades y habilidades que les permitan desempeñar diferentes puestos de trabajo (Mañas Rodríguez, Díaz Fúñez y Pecino Medina, 2008). Por ello, es importante que dentro de las políticas de recursos humanos de las empresas se preste atención a la gestión de la carrera profesional y se realicen programas de desarrollo profesional que permitan tener trabajadores mejor preparados, capacitados y motivados.

La carrera profesional ha sido definida de formas diferentes en la literatura. Dessler (2015: 266) la define como los puestos de trabajo que una persona ha ocupado durante muchos años. Según Dolan *et al.* (2014: 132), es la sucesión de actividades laborales y puestos de trabajo desempeñados por una persona a lo largo de su vida, así como las actitudes y reacciones asociadas que experimenta. Para Werther y Davis (2014: 202), la carrera profesional está compuesta por todas las tareas y puestos que desempeña el individuo durante su vida laboral. En la actualidad, el concepto de carrera profesional se refiere también a la diversidad de opciones profesionales, de elecciones y de experiencias individuales. Algunos autores consideran que la carrera profesional se basa en cuatro supuestos (Dolan *et al.*, 2014):

- El éxito o el fracaso de la carrera profesional depende de cada individuo.
- Es un proceso subjetivo para el que no hay un patrón único para su desarrollo y evaluación.
- Son importantes tanto los aspectos subjetivos como los objetivos.
- Hay que tener en cuenta aspectos como el desempeño en el puesto, la motivación, la iniciativa, la inteligencia emocional, etc.

Teniendo en cuenta las definiciones anteriores, consideramos que la **carrera profesional** está compuesta por la sucesión de actividades laborales y puestos de trabajo desempeñados por una persona a lo largo de su vida, así como por las diferentes decisiones que ha tomado y las experiencias profesionales que ha tenido en el desempeño de esas tareas y puestos de trabajo.

La importancia que adquiere hoy en día la carrera profesional ha permitido un mayor desarrollo y estudio de todos los aspectos relacionados con su gestión. En este sentido, los autores han utilizado diferentes términos para hablar de la gestión de la carrera profesional como planificación, desarrollo, administración o gestión de la carrera profesional. Para Dessler (2015: 266), la planificación de la carrera es el proceso deliberado mediante el cual una persona adquiere conciencia de sus habilidades, intereses, conocimientos, motivaciones, y otras características personales, y a través del cual establece planes de acción para alcanzar metas específicas. El desarrollo de la carrera supone la realización de diversas actividades que contribuyen a establecer y tener éxito en la carrera profesional. Mientras que la administración de carrera es el proceso que permite que los empleados entiendan y desarrollen mejor sus habilidades e intereses de carrera, así como para que utilicen esas habilidades de forma más eficaz.

Lectura 1. Reciclar a trabajadores gracias a los conocimientos digitales

Alfredo Zurdo, director de gestión del cambio y formación de la consultora Entelgy, explica que «las empresas se enfrentan ahora al reto de «convertir» a los empleados de toda la vida en habilitadores de este cambio, en usuarios y propulsores de tecnologías varias y, por supuesto, no es un proceso sencillo» y que «el principal problema no es favorecer la adaptación de los empleados a las nuevas herramientas o aplicaciones, ya que este no deja de ser un proceso rutinario que se puede lograr mediante cualquier tipo de clases o tutorías. Hablamos de crear un nuevo escenario, más colaborativo, más dinámico y más ágil en el que los procesos se automaticen y la eficiencia se incremente. Ese es el verdadero reto: tornar a las personas más dinámicas, con mayor capacidad para tolerar los cambios y con una mejor respuesta ante la disrupción digital». Zurdo comenta que «para reciclar a los perfiles más tradicionales es necesario crear equipos multiperfil, en los que convivan los nuevos profesionales digitales y los profesionales analógicos, que tienen que adecuarse a la transformación digital».

Julia Salvachua, responsable de formación de Tecnocom, explica que «toda esta labor de reciclaje debe ir enfocada a evolucionar de estructuras mentales más cartesianas y monoentornos a estructuras más abstractas y multientornos. Se tratará de favorecer un cambio de perspectiva de los trabajadores, apostando por un enfoque más versátil, flexible y orientado al servicio».

Alfredo Zurdo también reflexiona sobre los perfiles que estarán al frente de la transformación digital del mercado laboral y comenta que serán los que «mejor sean capaces de comprender el fenómeno digital e incorporarlo en la orientación estratégica de los proyectos que precisen las organizaciones. Estos líderes deben poseer capacidad para dirigir y coordinar equipos de trabajo distribuidos en red y en entornos meramente digitales».

Fuente: Adaptado de Iglesias Fraga, A. (2017): «Cómo reciclar a trabajadores gracias a los conocimientos digitales», 25/02/2017. Disponible en http://www.ticbeat.com/educacion/como-reciclar-a-trabajadores-gracias-a-los-conocimientos-digitales/ [27/03/2018].

ACTIVIDAD DIDÁCTICA RECOMENDADA: Después de leer esta lectura, responda a la siguiente cuestión: ¿Qué competencias laborales son necesarias para adaptarse a la transformación digital de los recursos humanos? Justifique su respuesta

Para Werther y Davis (2014: 202), la planificación de la carrera profesional es el proceso mediante el cual se seleccionan los objetivos profesionales (trabajos, funciones, puestos y responsabilidades que se busca desempeñar); y se determina a futuro el historial profesional (conjunto de trabajos funciones, puestos y responsabilidades efectuados durante la vida laboral); y el desarrollo profesional es la mejora profesional que se lleva a cabo para lograr los objetivos deseados. Gómez-Mejía *et al.* (2016: 294) definen el desarrollo de la carrera profesional como el esfuerzo formalizado y continuado que se centra en desarrollar trabajadores más capacitados.

Por su parte, Dolan *et al.* (2014: 133) definen la planificación de la carrera como el proceso que sigue la persona a lo largo de su vida para establecer sus objetivos profesionales y su forma de actuar de manera que le conduzca hacia ellos; y la planificación desde la óptica de la organización como las actuaciones que lleva a cabo la organización para ofrecer a los empleados la oportunidad de seguir una trayectoria profesional y gestionarla adecuadamente.

De esta forma, consideramos que la **gestión de la carrera profesional** incluye la planificación, la administración y el desarrollo de la carrera profesional. Por lo tanto, se puede definir como los procesos que permiten al empleado que 1) que entienda y conozca cuáles son sus habilidades, intereses, conocimientos y motivaciones; 2) que desarrolle de la mejor manera posible sus habilidades e intereses de carrera y los utilice de forma más eficaz; y 3) que conozca las actividades que debe llevar a cabo durante su vida profesional para lograr el éxito.

2. LA GESTIÓN DE LA CARRERA PROFESIONAL

La concepción actual de la gestión de la carrera profesional implica asumir e integrar la perspectiva individual y la organizativa. Dolan *et al.* (2014) explican que hay que separar la parte individual, en la que la persona es la que gestiona su propia carrera profesional, de la organizativa, que otorga a la empresa la gestión de la carrera profesional de los empleados.

La gestión de la carrera profesional se puede entender como un proceso con cuatro etapas: premisas, fase de valoración, fase de dirección y fase de desarrollo (Figura 1).

Figura 1: La gestión de la carrera profesional.

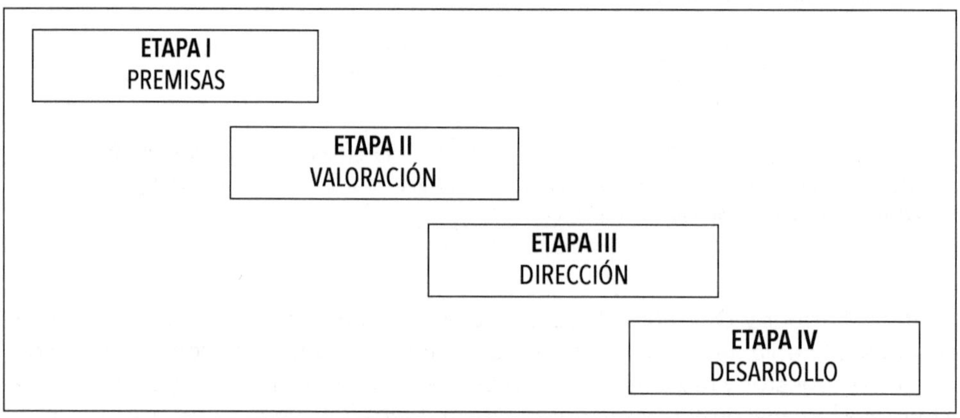

Fuente: elaboración propia.

ETAPA I: PREMISAS

En esta fase, la organización se plantea si va a llevar a cabo un proceso de gestión de la carrera profesional y, en caso afirmativo, analiza la inversión necesaria para realizarlo.

Una vez tomada la decisión, antes de iniciar la etapa de valoración, la organización se tiene que plantear otras cuestiones como quién será el responsable y cómo se pueden alinear las necesidades profesionales de la organización y del individuo para que la gestión de la carrera profesional tenga éxito.

El responsable de la gestión de la carrera profesional puede ser diferente en función del tipo de organización. En las organizaciones más tradicionales, el desarrollo profesional se hacía para cada individuo; mientras que las organizaciones más modernas dan al empleado un papel activo en la planificación de su desarrollo profesional. En ambos casos, el empleado necesita una orientación para conocer los pasos que tiene que seguir para desarrollar su carrera profesional tanto dentro como fuera de la organización (Gómez-Mejía *et al.*, 2016).

ETAPA II: FASE DE VALORACIÓN

El objetivo de esta fase es la identificación de las fortalezas y debilidades del empleado. Para ello, se realizan una serie de actividades que permiten realizar la valoración propia del empleado (autovaloración) y la de la organización (Gómez-Mejía *et al.*, 2016).

La **autoevaluación.** El empleado puede examinar sus habilidades, valores e intereses actuales y futuros. Para realizar la autoevaluación existen diversos instrumentos. Entre ellos destacan los libros, guías o folletos que dan información al empleado sobre la carrera profesional, así como los seminarios o cursos de planificación profesional que pueden ser impartidos por el departamento de RR. HH. o por otra empresa o institución (Dolan *et al.*, 2014; Gómez-Mejía *et al.*, 2016). Otras herramientas son los inventarios de capacidades propias, que ayudan al empleado a identificar sus habilidades y su potencial profesional (Werther y Davis, 2014), la hoja de balance de fortalezas y debilidades y la lista de preferencias y aversiones (Mondy, 2010).

Para la **valoración organizativa** se realizan diversas actividades como la descripción / revisión de los puestos de trabajo, el diseño de los perfiles de los puestos de trabajo (capacidades, habilidades y competencias necesarias para el buen desempeño del puesto) y la comparación entre los perfiles. Una vez que ha sido definida la estructura de los puestos, los perfiles y su evolución, se establecen las direcciones que pueden tomar las carreras profesionales de los miembros de la organización, es decir, se definen las rutas de carrera o mapas de carreras[1]. Para ello, las organizaciones pueden

1 Para más información sobre las rutas de carrera, consultar Mondy (2010: 228-232).

utilizar herramientas como los centros de evaluación y los test psicológicos. Pero, además, pueden utilizar la información obtenida en las evaluaciones del desempeño, las previsiones de promoción y la planificación de la sucesión (Lectura 2)[2] (Gómez-Mejía *et al.*, 2016).

Lectura 2. Consejos para crear un plan de sucesión

Los profesionales *baby boomers*, personas nacidas entre los años 1946 y 1965, están retirándose de sus puestos de trabajo y, en muchas empresas, ocupan puestos de alta dirección. Esto ha hecho que muchas empresas tengan que poner en marcha planes de sucesión para buscar un recambio generacional a través de profesionales de la generación X y los *millennials*.

Alexander Mirke explica los seis elementos clave para elaborar un plan de sucesión que satisfaga las necesidades de la empresa y logre motivar a las personas de la organización:

1. Definir perfiles de cargo. Para conocer los requisitos mínimos que las personas deben tener para ocupar cualquier cargo en la organización y se crea un mapa de ruta.

2. Identificar cargos críticos. Se identifican los cargos que son esenciales para cumplir con la misión y lograr los objetivos estratégicos de la organización. Se puede utilizar una matriz de cargos críticos que asigna puntos para jerarquizar las diferentes posiciones funcionales. A partir de esta matriz se pueden identificar los cargos para los cuales se debe empezar a construir un pool de talento.

3. Buscar alianzas estratégicas. Buscar el respaldo y compromiso de los gerentes y directivos para que las personas se comprometan con los resultados y estén motivadas.

4. Usar herramientas cuantitativas. Evaluar a las personas con criterios objetivos. Por ejemplo, utilizar cuadros con estadísticas y resultados para hacer seguimiento, implementar planes de desarrollo y tomar decisiones. Una herramienta útil es el 9-Box, que es «un mapa cartesiano en el cual se cruzan el desempeño (metas) *versus* el potencial (competencias) identificado de los candidatos. Una vez cuantificado es posible ubicarlo en una de las 9 casillas, permitiendo obtener una base verídica para predecir el desempeño en el cargo al que aspiran».

5. Tener un plan de retención. Estos planes tienen que tener en cuenta las aspiraciones y necesidades de las personas, además de la remuneración económica.

6. No esperar hasta el último minuto. Hay que planearlo con tiempo porque hay que poner en marcha un esquema estructurado de selección de las personas con alto potencial y un plan de desarrollo.

Fuente: Adaptado de Mirke, A. (2017): «6 consejos para crear un plan de sucesión en su compañía», 14/02/2017. Disponible en http://blog.acsendo.com/6-consejos-para-crear-un-plan-de-sucesion-en-su-compania/ [21/02/2018].

ACTIVIDAD DIDÁCTICA RECOMENDADA: Después de leer esta lectura, responda a la siguiente cuestión: ¿Qué es un plan de sucesión? Ponga algún ejemplo.

2 Para más información sobre los planes de sucesión, consultar Mañas Rodríguez *et al.* (2008: 186-187).

ETAPA III: FASE DE DIRECCIÓN

En esta fase se define el tipo de carrera profesional, así como los pasos que hay que dar para lograr alcanzar los objetivos profesionales (Gómez-Mejía *et al.*, 2016). Para cada empleado se elegirá la trayectoria profesional que se adapte mejor a sus deseos y a su preparación. En este caso, el modelo de competencias puede tener una buena aplicación y se puede integrar con otras actividades como la contratación, la evaluación del desempeño y la formación (Gómez-Mejía *et al.*, 2016; Mañas Rodríguez *et al.*, 2008).

En esta etapa, las organizaciones pueden contar con diferentes recursos como la asesoría profesional individual y los servicios de información. La **asesoría profesional** consiste en la realización de sesiones individuales para cada empleado en las que se analizan sus intereses y objetivos profesionales (Werther y Davis, 2014). La asesoría profesional puede ser realizada por el departamento de RR. HH., por directivos o por asesores profesionales externos. En estas sesiones, además de analizar las responsabilidades actuales del cargo, los intereses y los objetivos profesionales del empleado, se puede proporcionar información especializada sobre otros puestos de trabajo de la organización (Gómez-Mejía *et al.*, 2016).

Por otra parte, los **servicios de información** ofrecen indicaciones sobre las posibilidades de desarrollo profesional. Entre estos servicios se encuentran el sistema de anuncios de puestos, que se pueden realizar a través de los tablones, boletines o la intranet; los inventarios de habilidades (que son registros de las capacidades, cualidades y conocimientos de los empleados); las trayectorias profesionales (esquema con los pasos a seguir y el tiempo necesario para realizar cada uno de ellos) y los centros de recursos, que ofrecen materiales como libros y vídeos (Gómez-Mejía *et al.*, 2016).

ETAPA IV: FASE DE DESARROLLO

En esta fase, el objetivo es crear y mejorar las habilidades de los empleados para que puedan aprovechar las oportunidades laborales presentes y futuras. Para ello, las organizaciones ofrecen programas de desarrollo como la rotación de puestos de trabajo, los programas de *mentoring,* y el *coaching* (Gómez-Mejía *et al.*, 2016; Mañas Rodríguez *et al.*, 2008).

La **rotación de puestos de trabajo** implica el desempeño por parte del trabajador de varios puestos de trabajo, lo que permite adquirir y mejorar sus habilidades y competencias (Lectura 3). Tener mayor experiencia laboral da más posibilidades y flexibilidad para elegir la trayectoria profesional y hace que el trabajador esté más motivado (Gómez-Mejía *et al.*, 2016). Una de las fórmulas de rotación de puestos es lo que se conoce como *secondment*, que son asignaciones temporales a proyectos novedosos o internacionales que permiten el desarrollo profesional y la aproximación a otra cultura (Hamilton y Wilkie, 2001).

Lectura 3. La rotación por puestos

Ana María de la Espriella explica que «la rotación de cargos es una técnica de gestión que asigna a los aprendices a varios equipos y departamentos en un cierto período o hasta algunos años». Además, comenta que son las empresas innovadoras y de éxito las que suelen utilizar la rotación de cargos que ayuda a la continuidad del negocio y es útil para controlar y detectar errores.

Entre los beneficios que tiene la implantación de un programa de rotación de cargos están:

1. Ayudar a los gerentes a explorar nuevos talentos.
2. Explorar intereses personales.
3. Identificar conocimientos, habilidades y aptitudes.
4. Motivación y nuevos retos.
5. Disminución de la tasa de deserción.
6. Alinear competencias con requerimientos.

Fuente: Adaptado de De la Espriella, A.M. (2016): «Los 6 beneficios de la rotación por cargos», 07/04/2016. Disponible en http://blog.acsendo.com/los-6-beneficios-la-rotacion-puestos/ [27/03/2018].

ACTIVIDAD DIDÁCTICA RECOMENDADA: Después de leer esta lectura, explique cada uno de los beneficios de la rotación por cargos y, en especial, su efecto sobre la planificación de la carrera profesional.

El ***coaching*** es una herramienta que ayuda a potenciar el desarrollo de las personas mediante un proceso de reflexión para identificar, incorporar o desarrollar nuevas habilidades y competencias, y también favorece el desarrollo de acciones para lograr un mejor desempeño actual y futuro (Márquez y Díaz, 2005).

La finalidad del *coaching* es que el empleado descubra sus puntos fuertes y áreas que debe mejorar, y pueda organizar un plan de acción para corregir sus debilidades y potenciar su talento (Lectura 4). Para que sea efectivo es necesario que el empleado tenga una actitud positiva y quiera participar en el programa. Esta técnica pone en relación al *coachee* (empleado que participa en el programa) con el *coach* (un profesional especializado). El profesional trata de ayudar al empleado a buscar soluciones, a desarrollar habilidades que ya tenía pero que no está utilizando.

Una de las herramientas de *coaching* más utilizada es el modelo GROW creada por Withmore durante los años 80. El modelo GROW es un acrónimo de (G) *oal* (meta), (R) *eality* (realidad), (O) *ptions* (opciones) y (W) *ill* (plan de acción), que son las cuatro fases del modelo y busca desarrollar el potencial interno a través de una serie de conversaciones que permiten tomar conciencia de las aspiraciones del individuo, de su situación actual, de sus posibilidades y de las acciones que puede llevar a cabo para lograr sus objetivos personales y profesionales.

Lectura 4. El *coaching*

En esta noticia se presenta la empresa zaragozana Ytalento que aplica el *coaching* a directivos y ejecutivos, así como a políticos, para ayudarles a conseguir sus objetivos. El proceso que desarrollan también utiliza técnicas de *mentoring*, liderazgo, inteligencia emocional o neurolingüística.

Ana Sanz, emprendedora y fundadora de Ytalento, con sede en el CIEM de Zaragoza, comenta que la idea para crear esta empresa nació hace aproximadamente cuatro años y medio porque quería ayudar a las pymes, autónomos y emprendedores que ponen en marcha su negocio de una manera más visible. La forma de trabajo de la empresa es muy práctica y se utilizan herramientas y dinámicas para que «la persona mire hacia adentro y para dirigir los pasos a metas, temporalizarlas, planificarlas...». El programa que desarrollan se centra en «ordenar todo» y abordar temas y preocupaciones de los directivos o responsables de empresas y negocios como la preparación de reuniones.

Fuente: Adaptado de RRHH Digital (2017): «Impulso a la carrera de directivos y políticos a través del *coaching*», *RRHHDIGITAL.COM*, 12/08/2017. Disponible en http://www.rrhhdigital.com/secciones/coaching/125838/Impulso-a-la-carrera-de-directivos-y-politicos-a-traves-del-coaching [23/02/2018].

ACTIVIDAD DIDÁCTICA RECOMENDADA: Después de leer esta noticia, responda a la siguiente cuestión: ¿Cómo puede el *coaching* impulsar la carrera de los directivos?

En el caso de la figura del directivo, surge el *shadow coaching* donde el experto acompaña al directivo en su jornada de trabajo y analiza el tiempo que dedica a cada actividad, su concentración, su motivación, su capacidad de liderazgo, etc. Se ayuda al directivo a reflexionar sobre las tareas de su jornada laboral y sobre otros aspectos como sus metas, prioridades o inquietudes. Los tres aspectos que diferencian al *shadow coaching* del *coaching* tradicional son (Carril-Obiols, 2012):

1. La objetividad que tiene el *coach*, ya que está presente antes, después y durante el trabajo real del directivo pudiendo observar realmente su forma de actuar.

2. La inmediatez de los cambios que puede hacer el directivo, ya que el experto puede comunicarle directamente lo que está observando.

3. El desarrollo global de capacidades y habilidades como la gestión del tiempo, comunicación, liderazgo, gestión de emociones, trabajo en equipo, etc.

El ***mentoring*** es otra forma de desarrollo de los empleados por el que se establece una relación entre un trabajador con experiencia (mentor) y otro sin ella (*mentee*-mentorizado). Estas relaciones se pueden establecer en todos los niveles y áreas de la organización, y el mentor lo que hace es asesorar, ofrecer un apoyo y compartir contactos (Gómez-Mejía et al., 2016). El *mentoring* ofrece beneficios tanto para el mentor como para el mentorizado, pero también para la empresa, ya que facilita que otras personas adquieran el modelo, la cultura, los valores y el estilo de liderazgo, y también a que los empleados asuman la responsabilidad de su desarrollo profesional (Giménez Plano, 2012). Este proceso ayuda a mejorar la satisfacción laboral, el compromiso y aumenta la comunicación y la gestión del talento (Lectura 5).

Lectura 5. El *mentoring* en la empresa

Jesús Gómez comenta que «*coaching* y *mentoring* son dos disciplinas de desarrollo profesional que cada vez tienen una mayor presencia en el ámbito de la empresa» y que el *mentoring* es «un medio a través del que las organizaciones pueden dar voz a aquellos profesionales veteranos que pueden convertirse en un referente de apoyo para quienes se acaban de incorporar al equipo». El Departamento de Recursos Humanos tiene la función de identificar a los mentores y vincularlos con su *mentee*. Un ejemplo puede ser un profesional a punto de jubilarse que dedique los últimos meses a formar al trabajador que va a ocupar su puesto.

Para entender el valor del *mentoring*, hay dos películas: *El club de los poetas muertos* y *Los chicos del coro*, que «muestran valores fundamentales del *mentoring*: la confianza incondicional que debe sentir el mentor en la capacidad del *mentee* de superarse a sí mismo".

Para integrar el mentoring en la empresa, Gómez señala que hay que analizar los objetivos concretos que se quieren lograr, el punto de partida actual, las fortalezas y debilidades de la empresa para hacer frente a dicho plan de acción y la forma de transformar las dificultades en oportunidades de crecimiento. Además, entre otros beneficios, el *mentoring* puede mejorar la motivación del trabajador y, por lo tanto, prevenir el síndrome del trabajador quemado, el estrés y la ansiedad.

Fuente: Adaptado de Gómez, J. (2016): «Aumentan los programas de *mentoring* en las empresas», noticia publicada el 15/04/2016 en https://www.cerem.es/blog/aumentan-los-programas-de-mentoring-en-las-empresas [5/03/2018].

ACTIVIDAD DIDÁCTICA RECOMENDADA: Después de leer esta lectura, responda a la siguiente cuestión: ¿Qué beneficios puede tener el *mentoring* en la empresa

Una modalidad del *mentoring* es el *mentoring* inverso o *reverse mentoring*, que es el proceso por el cual los empleados de más edad aprenden de los empleados más jóvenes (Mondy, 2010). A través del *mentoring* inverso son los más jóvenes los que introducen al personal sénior en su generación (Lectura 6), facilitan la adaptación a la cultura digital y puede servir para conocer las aspiraciones de los *millennials* y conseguir su implicación (Ibáñez, 2017).

Otras modalidades de *mentoring* son el *e-mentoring* y el *mentoring* en grupo. En el primero se eliminan barreras geográficas y las reuniones pueden ser en cualquier lugar y a cualquier hora, dado los avances en la tecnología a través de portátiles, telefonía móvil y videoconferencias. El *mentoring* en grupo, por su parte, permite que un mentor oriente a un grupo de *mentees* diferentes que pueden compartir información, consejos y apoyo para el logro de una mayor competencia individual, de forma que el desarrollo del empleado se ve favorecido no solo por el papel del mentor, sino también por los compañeros que participan que puede aportar una mayor perspectiva en niveles diferentes de conocimientos y experiencias que pueden ser compartidas con el grupo (Meister y Willyerd, 2010).

Lectura 6. Zurich asegura su futuro gracias al *mentoring* inverso

Según comenta en su artículo Patricia Coll Rubio, «el *mentoring* inverso es una técnica que consiste en la formación por parte de empleados más jóvenes a otros más veteranos». El Grupo Zurich introdujo esta metodología en España en mayo de 2015 y en la primera edición participó el Comité de Dirección formado por 10 personas. Cada miembro del Comité tuvo asignado a un mentor *millennial* con el que se relacionó durante seis meses.

Carlos Esteban, director de Recursos Humanos y Responsabilidad Corporativa de Zurich en España, comenta que «escogimos a los mentores entre un equipo de jóvenes con alto potencial de todas las áreas de la empresa. Sus perfiles fueron bastante heterogéneos, ya que contamos con licenciados en Derecho, ADE, Económicas, Ingeniería Espacial, etc. Todos tenían entre 25 y 29 años. Iniciamos el proceso con una sesión de *speed dating* en la que cada potencial mentor explicaba durante 5 minutos a su posible *mentee* en qué temas era especialmente bueno y en qué creía que le podía aportar aspectos positivos durante el proceso. Al final de la sesión de *speed dating*, cada *mentee* priorizó los tres mentores con los que le gustaría llevara a cabo el proceso. Con posterioridad, desde Recursos Humanos revisamos todas las peticiones y como algunos mentores recibieron varias peticiones tuvimos que priorizar las respectivas asignaciones. Este proceso se consideró muy novedoso y fue muy bien recibido por nuestra plantilla por su frescura. Una vez finalizado el proceso de reverse *mentoring* (*mentoring* inverso), analizamos los resultados y como fueron muy positivos pusimos en marcha una segunda edición e incluso replicamos la iniciativa en distintas áreas que también desean cubrir los objetivos que nosotros nos planteamos en un inicio».

Fuente: Adaptado Coll Rubio, P. (2018): «Zurich asegura su futuro gracias al mentoring inverso», Capital Humano nº 329, 92-94. Disponible en https://factorhuma.org/attachments/article/13495/c507-zurich-asegura-su-futuro-gracias-al-mentoring-inverso.pdf [16/04/2018].

ACTIVIDAD DIDÁCTICA RECOMENDADA: Después de leer esta noticia, responda a la siguiente cuestión: ¿Qué ventajas tiene el *mentoring* inverso para la empresa y para los trabajadores?

Aunque en ocasiones se confunden el *coaching* y el *mentoring*, son prácticas con objetivos y formas de actuación muy diferentes. En la Figura 2 se presentan las principales diferencias.

Figura 2: Diferencias entre *coaching* y *mentoring*.

COACHING	*MENTORING*
Su origen está en el ámbito deportivo	Su origen es de carácter mitológico
No es necesario que el *coach* tenga una experiencia en el área que se pretende desarrollar ni conocer en profundidad el trabajo del *coachee* para ayudarle a maximizar su potencial	El mentor tiene experiencia directa en el campo de actuación en el que se quiere iniciar el mentorizado
El *coach* no tiene que formar parte de la empresa	El mentor tiene que formar parte de la organización
La retroalimentación se produce de manera inmediata	El mentorizado va adquiriendo información paulatinamente
El *coach* es un facilitador que ayuda a pensar a encontrar respuestas y descubrir el potencial que llevará al *coachee* a mejorar su desempeño	El mentor proporciona consejos, comparte sus conocimientos, contactos y experiencias
Se centra en desarrollar habilidades para solucionar problemas concretos y específicos en el trabajo	Se centra en el desarrollo profesional y es una buena forma de difundir los valores y la cultura de la empresa
Programa estructurado con una duración determinada en varias sesiones	Programa menos estructurado que puede durar un largo período de tiempo

Fuente: Elaboración propia.

3. TENDENCIAS ACTUALES EN LA GESTIÓN DE LA CARRERA PROFESIONAL

Al igual que ha ocurrido en otras prácticas de recursos humanos, la gestión de la carrera profesional ha evolucionado y cambiado en las últimas décadas. Los empleados son menos fieles a su empresa y buscan el desarrollo de planes individuales para aumentar su probabilidad de obtener un puesto mejor en esa o en otras empresas. En este contexto, se está potenciando la empleabilidad, el *networking*, la creación de una marca personal (*personal branding*) y el uso de internet y de las redes sociales para el desarrollo de la carrera profesional.

Uno de los conceptos actuales en el mercado laboral es el de la **empleabilidad**. La carrera profesional individual no se suele desarrollar en una única empresa y esto hace que sea necesario estar preparado y actualizado para acceder a nuevos puestos de trabajo (Lectura 7). La empleabilidad se puede analizar teniendo en cuenta las competencias personales y profesionales que tiene una persona y que le permiten ser flexible y estar preparado para desempeñar con éxito diferentes puestos de trabajo.

Lectura 7. Plan de empleabilidad de la Fundación Telefónica

La Encuesta de Población Activa señala que el 34 % de los jóvenes españoles (16 a 29 años) está en paro; mientras que, en Europa, según el estudio OIT World Employment and Social Outlook 2016, la tasa es del 20,6 %. La Fundación Telefónica ha puesto en marcha actuaciones para fomentar «la nueva empleabilidad», que según explican se refiere a las nuevas profesiones del futuro que requieren conocimientos digitales y espíritu emprendedor. El programa que han desarrollado tiene dos ejes: la empleabilidad para la sociedad digital (Empleo Digital y Lanzaderas de Empleo) para formar a los jóvenes en competencias digitales; y el emprendimiento social, para formar a los jóvenes a través de la puesta en marcha de proyectos de emprendimiento. El año pasado, 240.000 jóvenes en Europa y en Latinoamérica recibieron esta formación.

Empleo Digital trata de relacionar a los jóvenes con las empresas tecnológicas. Se realiza una formación *on-line* y presencial en las nuevas profesiones digitales para jóvenes de entre 18 y 35 años. Se compone de itinerarios gratuitos de *apps*, *big data*, videojuegos, ciberseguridad, Java, Liferay, *Ruby on rails* y PHP. Según se indica en este artículo «en solo un año 102.000 jóvenes se han inscrito a los cursos *on-line* y 509 a los cursos presenciales, con un resultado del 76 % de tasa de inserción laboral».

El proyecto Lanzaderas de Empleo se desarrolla en colaboración con la Fundación Santa María la Real desde 2014 y desde entonces han participado más de 4.000 personas desempleadas en unas 200 lanzaderas y han logrado la inserción laboral de casi el 61 % de los participantes. Actualmente, el proyecto se realiza en más de 100 ciudades de todas las comunidades autónomas españolas. Las dos Fundaciones tienen previsto poner en marcha 454 lanzaderas hasta 2019 que tendrán efecto sobre unos 9.000 jóvenes españoles.

Fuente: Extraído de Fundación Telefónica (2017): «Fundación Telefónica presenta su plan de empleabilidad en el Comité Económico y Social Europeo», 07/02/2017. Disponible en https://www.fundaciontelefonica.com/2017/02/07/plan-empleo-jovenes-comite-economico-europeo/ [23/02/2018].

ACTIVIDAD DIDÁCTICA RECOMENDADA: Después de leer esta noticia, responda a la siguiente cuestión: ¿Qué es la empleabilidad y cómo afecta a los jóvenes?

Una forma de potenciar la empleabilidad es haciendo ***networking***, que es una nueva habilidad de dirección que consiste en establecer unas redes de contacto profesionales que permitan al empleado conocerse mejor a sí mismo y al negocio, escuchando y aprendiendo de otros. A través del *networking* se logra establecer una red profesional de contactos que posibilita el intercambio de información y el establecimiento de relaciones con personas que compartan intereses profesionales comunes y que puedan facilitar el logro de los objetivos de la empresa (De la Calle Durán, 2018).

Para el desarrollo de los empleados, el *networking* permite desarrollar la habilidad de conectar con otras personas para lograr determinados objetivos profesionales y personales. Entre las herramientas que se pueden utilizar destacan: las redes sociales, los eventos de visibilidad y exposición, y el *mentoring* (De la Calle Durán, 2018). Por ejemplo, a través de la participación en determinados eventos, el empleado logra exponerse y hacerse visible para otros. De esta interacción puede aprender a relacionarse y mejorar la habilidad de conectar con los demás (Lectura 8). Existen también las oportunidades de *networking on-line* a través de las webs de determinados colectivos de grandes corporaciones, webs de asociaciones especializadas, webs específicas para *networking* o webs para fórums especializados en alguna temática (De la Calle Durán, 2018).

Lectura 8. *Networking*

Ester Yerro explica que «el *networking* es una práctica común en el mundo empresarial y emprendedor. Es una palabra que ya se utiliza de forma cotidiana en el ámbito profesional y que hace referencia a eventos, tanto de tipo formal como informal, en los que puedes construir una red de contactos que te ayuden a generar oportunidades tanto de negocio como laborales». Encuentros como jornadas, conferencias o ferias suelen tener espacios para facilitar el *networking* entre los asistentes, por ejemplo, el café a media mañana o al final de la jornada, son buenos momentos para contactar con personas con intereses comunes. Pero para que estos contactos tengan efecto hay que tener una estrategia tanto para preparar el encuentro como para mantener el contacto después.

Yerro comenta algunos de los aspectos que pueden servir para que los contactos puedan generar oportunidades laborales:

- Orientar tus perfiles en redes sociales de una forma profesional.
- Crear un *elevator pitch*. Elaborar un discurso que describa la idea de tu negocio o producto o tu trayectoria y objetivos profesionales de forma breve.
- Llevar tarjetas de visita para entregarlas en las reuniones.
- Tras un evento de *networking*, organizar los contactos y hacer un seguimiento de las interacciones que se producen. Se puede crear un archivo con el nombre, formas de contacto, perfiles en redes sociales y un comentario sobre la conversación que mantuvisteis para reanudar esa charla en otro momento y para recordarlo cuando haya pasado un tiempo. Seguir a los contactos en las redes sociales y establecer un ritmo de comunicación.

La autora concluye su artículo con el siguiente consejo: «Construir y mantener activa una red de relaciones profesionales es fundamental para enriquecer tu currículum y experiencia laboral. Te ayudará a avanzar profesionalmente y te abrirá la puerta a nuevas oportunidades laborales».

Fuente: Adaptado de Yerro, E. (2018): «¿Qué es el *networking* y para qué sirve?», 02/03/2018. Disponible en: blog.infoempleo.com/a/que-es-el-networking-y-para-que-sirve/ [14/03/2018].

ACTIVIDAD DIDÁCTICA RECOMENDADA: Después de leer esta lectura, responda a la siguiente cuestión: ¿De que forma se puede hacer *networking*? Analice las ventajas de cada una de ellas.

Otra de las tendencias actuales es la **marca personal** (***personal branding***), que es «una combinación de atributos, transmitidos a través de un nombre o de un símbolo, que ejerce influencia en el pensamiento de un público determinado y crea valor para su propietario» (Pérez, 2008). Hoy en día, las personas tienen que tener en cuenta que su marca personal les puede diferenciar y hacer que tengan mejores oportunidades laborales (Lectura 9). La marca personal permite tener un mayor conocimiento de uno mismo y diferenciarse de otros profesionales, también ayuda a ser más visible y a tener mejor posición negociadora e incluso a entrar en otras áreas profesionales (Climent Rodríguez y Navarro Abad, 2010).

Lectura 9. Marca personal para emprendedores

En este artículo se explica que «la marca personal no es nada más que el reflejo de valores, habilidades y gustos, y eso mismo se debe trasmitir en la imagen de la empresa». Printero, la primera imprenta *on-line* en México, presenta cinco herramientas para desarrollar una marca personal para emprendedores:

- *Storytelling*. Contar historias, especialmente emprendedoras, relatando quién eres y qué hace tu empresa.
- Materiales impresos. Por ejemplo, tarjetas de presentación y las hojas membretadas con los datos de contacto ayudan a generar la primera impresión visual de la marca personal. En este material se tienen que reflejar valores, ideales y personalidad que sean coherentes con los que se comunican en el *storytelling*.
- Presencia profesional. Hacer un análisis personal y un análisis situacional para saber cómo vestir, el tipo de peinado, de corbata, de zapatos, e incluso el lenguaje a utilizar y adaptarlo al tipo de reunión o encuentro.
- Redes sociales. Facebook, Twitter y Linkedin son herramientas que ayudan a potenciar la imagen personal. Hay que tener actualizados los perfiles y es recomendable tener un estilo uniforme de publicaciones, compartir contenido interesante para nuestro negocio y mostrar una imagen de confianza.
- *Networking*. Buscar la forma de establecer más contactos a través del intercambio de experiencias, conocimiento y opiniones en fiestas, reuniones, eventos y charlas.

Fuente: Extraído de RRHH Digital (2017): «5 herramientas para construir el branding personal de emprendedores», 16/08/2017. Disponible en http://www.rrhhdigital.com/secciones/actualidad/125860/5-herramientas-para-construir-el-branding-personal-de-emprendedores [21/02/2018].

ACTIVIDAD DIDÁCTICA RECOMENDADA: Después de leer esta lectura, responda a la siguiente cuestión: ¿Para qué sirve la marca personal y qué relación tiene con el *networking*?

Para crear una marca personal hay que seguir varios pasos: identificar los valores, fijar las metas, establecer el público objetivo, estudiar el mercado, el sector y la competencia, dibujar la estrategia de marketing personal y posicionarse en el mercado (Ferré, 2003). Las nuevas tecnologías ofrecen la posibilidad de decir y demostrar quién eres y qué eres capaz de hacer. Por eso, en la actualidad, internet es uno de los medios más utilizados para la creación de la marca personal.

Tanto internet como las redes sociales ofrecen herramientas que facilitan la gestión individual y organizativa de la carrera profesional. En especial, las redes sociales profesionales como LinkedIn, Xing o Viadeo ayudan a ganar visibilidad y destacar a nivel profesional (Lectura 10). Estas redes permiten conocer las novedades de cada profesión o sector, intercambiar opiniones, debatir sobre temas profesionales, establecer contactos, solicitar ofertas de empleo o seguir a las empresas que te interesan.

Lectura 10. Redes sociales profesionales

Las redes sociales profesionales pueden servir para facilitar el desarrollo de la carrera profesional y ayudar a poner en contacto a los profesionales. La más utilizada en España es LinkedIn con 8 millones de usuarios y más de 400 en todo el mundo. Hay otras más habituales en otras zonas geográficas como Viadeo, red social profesional francesa que tiene 36 millones de usuarios en Europa. Xing, que se utiliza en los países nórdicos, Alemania y Austria y beBee, de creación española, que en un año ha logrado 9 millones de usuarios.

Entre las ventajas que tiene el uso de redes sociales profesionales están: crear una marca personal, manejar de modo profesional la reputación *on-line* y contactar con otros profesionales. El *networking* tiene como principio la idea de dar y recibir y de establecer relaciones basadas en afinidades profesionales. Las redes sociales profesionales son un escaparate para presentar las capacidades, formación y experiencia profesional.

Cuando se está en una o varias redes sociales profesionales hay que establecer una estrategia. Según comenta Morales «cada red social y cada momento de tu vida profesional requieren que pongas en práctica una manera de actuar diferente. Es importante que definas la intensidad y periodicidad de tus acciones, además de qué tipo de publicaciones o actitudes tomar. Aunque en un momento determinado decidas tener un perfil bajo o de baja intensidad recuerda que es básico mantener tus perfiles en redes sociales activos, no debes descuidar este aspecto. Tu usuario en redes sociales puede generar una imagen positiva de ti, pero si no lo mantienes activo se puede volver en tu contra. Algo que originariamente podría tener consecuencias extremadamente positivas se puede convertir en un aspecto negativo de tu reputación *on-line*. Las principales acciones que realizar en tu estrategia en redes sociales profesionales se basan en dar a conocer tus puntos fuertes, las materias en las que tienes más habilidades y tus capacidades profesionales más relevantes».

Fuente: Adaptado de Morales, A. (2017): «Redes Sociales profesionales: Claves para tu estrategia de Networking», *Marketeroshoy*, 10/02/2017. Disponible en https://marketerosdehoy.com/redes-sociales/redes-sociales-profesionales-estrategia-networking/ [23/02/2018].

ACTIVIDAD DIDÁCTICA RECOMENDADA: Después de leer este artículo, responda a la siguiente cuestión: ¿Cuáles son las claves para crear una buena marca personal a través de las redes sociales profesionales?

CUESTIONES PARA LA REFLEXIÓN

1. ¿Qué es una carrera profesional?
2. ¿Qué es la gestión de la carrera profesional?
3. Busque información sobre una empresa y plantee un plan de sucesión para la alta dirección de esta. ¿Qué aspectos hay que considerar?, ¿cuál es el horizonte temporal más adecuado?

4. ¿Cómo puede el *coaching* y el *mentoring* ayudar a desarrollar la carrera profesional de un empleado? Razone su respuesta.
5. ¿Qué es el *networking*? ¿Cómo favorece el desarrollo profesional de los empleados?
6. ¿Cómo podemos gestionar nuestra carrera profesional a través de las redes sociales profesionales? Justifíquelo con ejemplos.

LECTURAS RECOMENDADAS

BEZOS, C. (2017): «*Millennials* las reglas del juego para atraer y gestionar el talento de los nuevos líderes», *Harvard Deusto Business Review*, n.° 270, pp. 20-28.

CARANZO MURIEL, J. A. (2017): «Bosch apuesta por la empleabilidad de los jóvenes españoles», *Capital Humano*, n.° 317, pp. 32-39.

DE LA OSA, J. C.; LÓPEZ JURADO, J. J.; ESTEBAN BERNARDO, J. A. (2017): Aportaciones del *coaching* profesional. ¿Se puede dar el bienestar en las organizaciones?, *Capital Humano*, n.° 326, pp. 66-69.

HERRERA CUESTA, D. (2017): «Empleabilidad *versus* sobrecualificación. Desajuste entre formación y empleo en las trayectorias laborales de los jóvenes titulados en España», *Sociología del Trabajo*, n.° 89, pp. 29-52.

INGLÉS Y GARCÍA DE LA CALERA, M. T. (2017): «*Mentoring* a directivas: cómo apalancarse en el *coaching* para tratar aspectos habituales que surgen en los procesos», *Capital Humano*, n.° 316, pp. 62-64.

SITIOS WEB RECOMENDADOS

www.arearh.com
www.rhmagazine.com
www.rrhhpress.com
www.capitalhumano.es
www.observatoriorh.com

PARTE 4
PROCESOS DE EVALUACIÓN Y COMPENSACIÓN

Los procesos de evaluación y compensación son la **evaluación del rendimiento** y la **retribución** en la empresa. Como ocurre en los otros procesos de recursos humanos tanto la evaluación del rendimiento como la retribución determinan y están determinadas por las otras actividades de recursos humanos (Figura 1). El **análisis del puesto de trabajo** supone un punto de partida y de referencia a la hora de plantear los criterios de evaluación y analizar si la persona es adecuada para el puesto que está desempeñando. También es necesario para establecer la cuantía del salario. La **planificación de recursos humanos** va a determinar qué es lo que la empresa espera de sus trabajadores, es decir, su potencial, aspecto necesario a la hora de evaluar y hacer planes de mejora del rendimiento y para establecer o modificar los sistemas de retribución. Por su parte, la **planificación de carreras** previa a la evaluación fija la evolución esperada en el trabajador y, por tanto, aquellos aspectos en los que hay que evaluarle. Además, la valoración del rendimiento nos puede ayudar a detectar aquellas personas que podrían ser incluidas en la planificación de carreras. La información de la evaluación del rendimiento es fundamental para tomar algunas decisiones relativas a la selección de los trabajadores, al contribuir a que solamente se seleccionen los candidatos que rindan adecuadamente. También el sistema de retribución de la empresa va a determinar el proceso de **reclutamiento y selección**. Las empresas que ofrecen salarios superiores a los del mercado tienen más posibilidades de atraer talento y de mantenerlo. Por otra parte, el rendimiento del empleado y el sistema de retribución de la empresa son aspectos a tener en cuenta a la hora de hacer planes de **formación**, que mejoren su capacitación y motivación en el puesto.

Además de estas cuestiones, la relación más directa es la que hay, o debería haber, entre la **evaluación del rendimiento** y los **sistemas de retribución**. Estos dos aspectos pueden servir a la empresa como primera señal para analizar si los diferentes procesos de recursos humanos se han llevado a cabo adecuadamente. Cualquier sistema de retribución no es bueno para todas las empresas. No se puede remunerar igual a una plantilla de una empresa con tres trabajadores que a una de 100 trabajadores, no solo por el tamaño de la empresa, sino porque hay que tener en cuenta las necesidades de cada trabajador y las de la organización.

Figura 1: Los procesos de evaluación y compensación y su relación con otras prácticas de RR. HH.

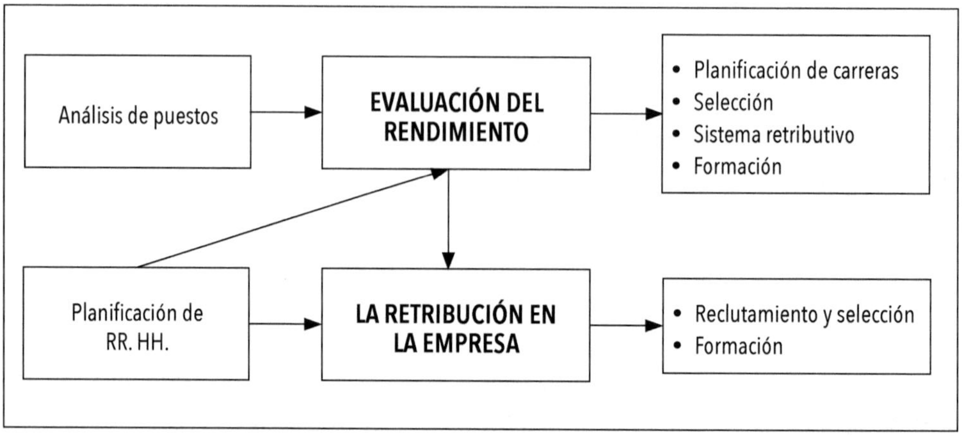

Fuente: Elaboración propia.

EVALUACIÓN Y GESTIÓN DEL RENDIMIENTO

8

INTRODUCCIÓN

En este capítulo se analizan todas las cuestiones relativas a la evaluación y mejora del desempeño o rendimiento, que es uno de los procesos de evaluación y compensación de la gestión de los recursos humanos. La evaluación del rendimiento sirve para identificar, revisar, evaluar, medir y gestionar el rendimiento de los recursos humanos en las organizaciones. En este capítulo se va a analizar no solo en qué consiste la evaluación, sino también para qué llevarla a cabo y cómo. Así, el proceso de evaluación del rendimiento no solo supone analizar los diferentes métodos existentes, sino gestionar y mejorar el rendimiento de los empleados tratando de evitar los problemas que surjan de la evaluación. Por último, se analizan las tendencias actuales en la evaluación del rendimiento.

OBJETIVOS

- Definir la evaluación y mejora del rendimiento.
- Delimitar el proceso de evaluación del rendimiento.
- Conocer los métodos de medición y evaluación del rendimiento.
- Conocer y analizar los problemas en la evaluación del rendimiento.
- Entender las formas de mejorar el rendimiento del trabajador.
- Conocer las nuevas tendencias en la evaluación del rendimiento.

1. LA EVALUACIÓN DEL RENDIMIENTO

Los empleados de una empresa ofrecen su trabajo (esfuerzo y dedicación) a cambio de una serie de compensaciones, fundamentalmente de un salario. Ahora bien, el sistema retributivo de la empresa se establece en función del desempeño de los empleados en sus puestos de trabajo. Para poder valorar en qué medida un trabajador ha cumplido con sus obligaciones será necesario llevar a cabo el proceso denominado evaluación del rendimiento o del desempeño, a través del cual se estime la contribución del empleado a la organización.

Son diversas las definiciones relativas a este concepto, entre ellas podemos diferenciar aquellas que centran el concepto en la idea de evaluar (Dessler, 2015; Mondy, 2010; Werther y Davis, 2014) de las que añaden la identificación, medición y gestión de los aspectos relativos al desempeño del trabajador (Chiavenato, 2011; Dolan *et al.*, 2014; Gómez-Mejía *et al.*, 2016). Para Gómez-Mejía *et al.* (2016), debe ser una actividad orientada a futuro que ofrezca una información útil para que los empleados mejoren su rendimiento. Para Dessler (2015: 226), es el procedimiento que incluye: establecer estándares laborales, evaluar el desempeño real de cada empleado en relación a dichos estándares, e informar a los empleados con el fin de motivarlos para superar deficiencias o mejorar su nivel. Para Dolan *et al.*, (2014: 145), es un procedimiento sistemático para medir, evaluar e influir sobre los comportamientos y resultados en el trabajo. Y, para Werther y Davis (2014: 216), constituye el proceso por el cual se estima el rendimiento global del empleado, su contribución total a la organización y se justifica, en último término, su permanencia en la empresa.

Teniendo en cuenta las definiciones anteriores, la **evaluación del rendimiento** se puede definir como un proceso formal y sistemático para identificar, evaluar, medir y gestionar el rendimiento de los recursos humanos en las organizaciones, con la finalidad de ver si el trabajador es productivo y si podrá mejorar su rendimiento en el futuro.

Antes de iniciar el proceso de evaluación hay que tener claros cuáles son los objetivos que se desean lograr tanto para la organización como para los que participan en el proceso, esto es, los evaluados y los evaluadores (Figura 1).

Los fines de la evaluación del rendimiento no son solo evaluar lo que no se hace bien, sino buscar la manera de mejorarlo. Es decir, la información obtenida de la evaluación se emplea como base para tomar decisiones tales como aumentos o reducciones salariales, ascensos o descensos de categorías, traslados, despidos o rescisiones de contrato. Pero esta información se utiliza también para detectar necesidades de formación, motivar a los empleados a mejorar o descubrir deficiencias de rendimiento y poder retroalimentar a los empleados (Lectura 1) (Dolan *et al.*, 2014).

Figura 1: Objetivos de la evaluación del rendimiento.

<table>
<tr><th>OBJETIVOS ORGANIZATIVOS</th><th>OBJETIVOS INDIVIDUALES</th></tr>
<tr><td rowspan="2">• Mantener y aumentar la productividad
• Actuar como contrato entre la organización y el empleado, de forma que sirva de elemento de control
• Aportar una base para las decisiones sobre ascensos, sistemas salariales, etc.
• Motivar a las personas para que mejoren sus resultados
• Analizar y mejorar la adecuación de la persona al puesto
• Detectar errores en el diseño de puestos
• Detectar necesidades de capacitación y desarrollo
• Establecer las posibilidades de sucesión y planificación de las carreras profesionales</td><td>De los evaluados
• Dar a los empleados información regularmente de su desempeño
• Aconsejarle sobre la mejora del desempeño
• Mejorar las relaciones de comunicación supervisor-subordinado
• Conocer los criterios bajo los cuales se va a evaluar su trabajo</td></tr>
<tr><td>De los evaluadores
• Proporcionar al supervisor los medios para identificar las fortalezas y debilidades del desempeño de un empleado
• Ayudar al supervisor a la hora de recomendar un programa específico de mejora del desempeño</td></tr>
</table>

Fuente: Elaboración propia.

Lectura 1. Importancia de la evaluación del desempeño

En esta noticia, se comenta que para la gestión de recursos humanos constituye un reto lograr un equilibrio entre los objetivos de la empresa y sus colaboradores, para lo que juega un papel fundamental la evaluación del desempeño de los empleados, ya que aporta información básica sobre los cambios que son necesarios implantar para lograr una empresa más eficiente y productiva y trabajadores más motivados. A través de este procedimiento se miden y evalúan las habilidades y los resultados de un colaborador, para conocer su productividad y fijar medidas de mejora de su rendimiento futuro. Entre los objetivos de la evaluación del desempeño destacan: medir el potencial de cada trabajador, buscar las posibilidades de crecimiento personal teniendo en cuenta los objetivos de la empresa y del empleado, proporcionar una descripción detallada de la labor que lleva a cabo el colaborador en su puesto y de la consecución de resultados y potenciar a los recursos humanos como un elemento básico de toda organización.

Para que una evaluación de rendimiento sea efectiva debe considerar los siguientes aspectos básicos: debe tener en cuenta no solo el desempeño en el cargo que ocupa el colaborador, sino también la consecución de metas y resultados debe basarse en aspectos objetivos respecto a la persona que ocupa el cargo y debe ser algo aceptado por ambas partes (evaluador y evaluado) para que tenga un beneficio para la empresa y para el empleado. La evaluación del desempeño así implantada logrará mejorar la productividad del colaborador en la empresa y su satisfacción laboral.

Fuente: Adaptado de *Research at Great Place to Work Spain* (2016): «La importancia de la evaluación del desempeño para las empresas», noticia publicada el 06/10/2016. Disponible en: http://www.greatplacetowork.com.py/publicaciones-y-eventos/blogs-y-noticias/884--la-importancia-de-la-evaluacion-del-desempeno-para-las-empresas [05/04/2018].

ACTIVIDAD DIDÁCTICA RECOMENDADA: Después de leer esta noticia, responda a las siguientes cuestiones: ¿Qué ventajas tiene la evaluación del desempeño para la empresa? ¿Y para el empleado?

2. EL PROCESO DE EVALUACIÓN DEL RENDIMIENTO

La evaluación del rendimiento es un proceso en el que hay que identificar las áreas en las que es importante medir el rendimiento, llevar a cabo dicha medición y finalmente, en base a los resultados obtenidos, considerar qué se puede hacer para mantener o mejorar el rendimiento en cada caso. Dicho de otra forma, es un proceso con tres etapas (Figura 2):

ETAPA I. Delimitación de la evaluación

ETAPA II. Evaluación del rendimiento

ETAPA III. Gestión y mejora del rendimiento

Figura 2: Las etapas del proceso de evaluación del rendimiento.

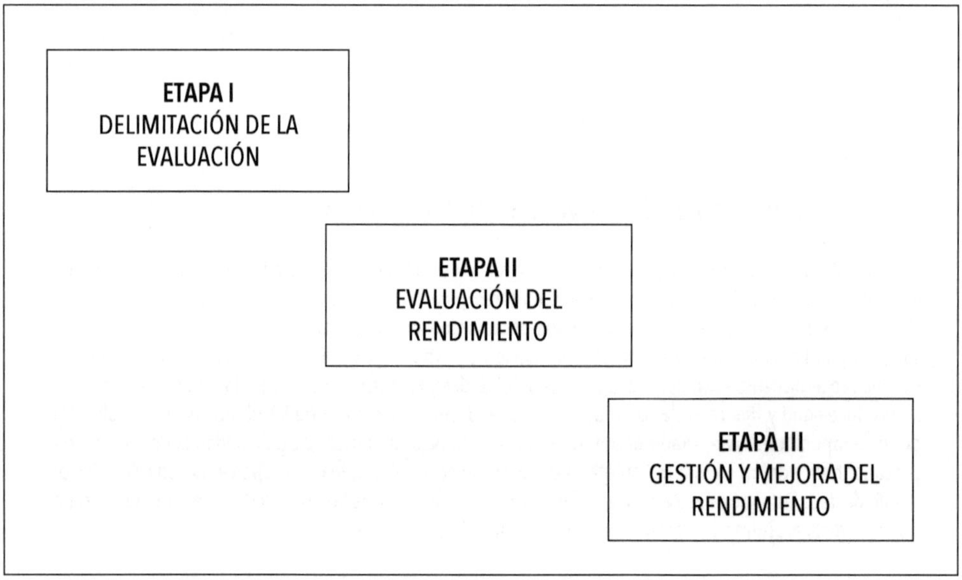

Fuente: Elaboración propia.

ETAPA I. DELIMITACIÓN DE LA EVALUACIÓN

Para delimitar la evaluación, además de establecer los objetivos, es importante considerar tres cuestiones: qué evaluar, cuándo se va a realizar la evaluación y quién será el encargado de llevarla a cabo (Dolan *et al.*, 2014).

A. Qué evaluar. Una de las cuestiones que delimitar es a qué trabajadores y en qué niveles de la organización se va a llevar a cabo la evaluación. Además, es importante establecer qué es lo que se va a medir, es decir, cuáles serán las dimensiones que van a determinar un desempeño eficaz (Gómez- Mejía *et al.*, 2016). Por otro lado, el sistema de evaluación debe ser fiable (la evaluación debe ser la misma con independencia de quién y cuándo se realiza) y válido (los criterios de evaluación tienen que estar relacionados con el puesto y ser de fácil identificación) (Dolan *et al.*, 2014).

B. Cuándo. Para que una evaluación sea útil es fundamental recoger, en el momento adecuado, la información relevante de la actividad que la persona está desarrollando en su trabajo. Si la evaluación se hace en un momento inadecuado, la evaluación puede estar determinada por factores ajenos al trabajador y se pueden tomar medidas que no serán válidas ni adecuadas, generando desmotivación en el evaluado (Dolan *et al.*, 2014).

Algunas empresas consideran que la evaluación informal del día a día es suficiente y quizás en empresas con pocos trabajadores, en las que hay un contacto muy directo y constante de estos con los superiores, pueda funcionar, pero en empresas más grandes, es necesario establecer sistemas de evaluación formalizados y periódicos. Una práctica habitual es llevar a cabo evaluaciones anuales o semestrales (Mondy, 2010).

C. Quién evaluará. Respecto a las personas que llevarán a cabo la evaluación, lo más habitual es que sea el departamento de recursos humanos el responsable de diseñar e implantar los programas de evaluación del rendimiento, cuestión que requiere conocer las alternativas disponibles en cuanto a la procedencia de donde se obtiene la información. Siguiendo a Dolan *et al.* (2014), Mondy (2010) y Dessler (2015), se analizan las diferentes formas de llevar a cabo la evaluación según sean los evaluadores:

- **SUPERIORES**. La evaluación es realizada por el jefe inmediato. Es el que mejor conoce el puesto, al trabajador y su rendimiento. Esta evaluación puede ser percibida como una amenaza para el trabajador y generar actitudes defensivas o puede ocurrir que el superior no tenga las habilidades necesarias para hacer un proceso de evaluación.

- **SUBORDINADOS**. La evaluación es realizada por el subordinado. De esta forma, los superiores pueden ser conscientes de su efecto sobre sus empleados y de las necesidades del grupo. Para garantizar el éxito es importante garantizar el anonimato de los subordinados ya que podrían exagerar la evaluación, sobre todo, si se ven amenazados o recompensados.

- **COMPAÑEROS DE TRABAJO**. La evaluación es realizada por los compañeros que conocen el puesto y la forma de trabajar de unos y otros. Puede ser una fuente de motivación, compromiso y productividad saber que los compañeros van a evaluar el trabajo de uno. Sin embargo, es posible que por diversos motivos, como envidias, competencia, amistad etc., los compañeros no realicen una evaluación fiable.

- **PARES ENTRE IGUALES.** La evaluación es realizada por los miembros de un grupo de trabajo que conocen el desempeño de los demás. Esto permite obtener muchas opiniones y no dependerá de un solo evaluador. La principal dificultad radica en diferenciar las contribuciones individuales de las de grupo. Algunos miembros del grupo pueden sentirse incómodos al evaluar a sus compañeros y puede generar conflictos.

- **EVALUACIÓN DE GRUPO o COMITÉS DE EVALUACIÓN**. Dos o más superiores evalúan el desempeño de un grupo de trabajo. Es una evaluación más completa y objetiva que si solo la realiza un evaluador, pero conlleva más tiempo y puede ser difícil reunir a varios directivos para evaluar diferentes grupos.

- **AUTOEVALUACIÓN**. El empleado realizar una evaluación de su propio rendimiento. Esta evaluación tiene un efecto positivo sobre el compromiso del individuo con los objetivos que se quieren lograr y reduce la ambigüedad sobre el papel que se tiene que desempeñar. Sin embargo, está sujeta a sesgos ya que uno mismo tiende a evaluarse de forma más o menos indulgente, o no es consciente de estar haciendo bien o mal determinadas actividades (Lectura 2).

- **CLIENTES**. El cliente evalúa el desempeño del trabajador. Esta evaluación permite conocer los aspectos satisfactorios y corregir comportamientos no adecuados. Solo es aplicable a puestos de trabajo en los que hay contacto directo con clientes.

- **SEGUIMIENTO INFORMÁTICO**. Se recogen datos a través de sistemas informáticos. Es más rápida y objetiva y es útil siempre que los indicadores de rendimiento sean objetivos y cuantificables, pero puede considerarse una invasión del derecho a la intimidad o un control excesivo del trabajo del empleado.

- **EVALUACIÓN 360°**. Es la evaluación a través de todos los métodos anteriores. Permite obtener una visión más completa y realista, puede reducir los sesgos de los métodos subjetivos y aporta retroalimentación o *feedback* al evaluado. Sin embargo, hay que tener en cuenta que no todos los evaluadores pueden tener la misma importancia por lo que habría que establecer ponderaciones. Este método es el más completo, pero también el más complejo (Lectura 3).

ETAPA II. EVALUACIÓN DEL RENDIMIENTO

Una vez delimitada la evaluación, los encargados de llevarla a cabo tendrán que: a) Establecer los criterios de evaluación; b) Decidir los métodos de medición del desempeño; y c) Considerar los posibles problemas que puedan surgir para, en la medida de lo posible tratar de evitarlos.

Lectura 2. La autoevaluación

La evaluación de aquellos empleados que no se encuentran vinculados directamente con el proceso productivo puede ser realizada mediante un proceso de autoevaluación, que permite comprobar aspectos importantes de cada uno de ellos, como por ejemplo su nivel de autocrítica, la propia descripción de sus fortalezas y debilidades y su nivel de compromiso con la organización. Es una forma de conocer el buen rendimiento de un empleado conforme a sus capacidades y habilidades reales.

Según Ketterer, la autoevaluación tiene ventajas y desventajas, que pueden resumirse de la siguiente manera:

Ventajas

- El propio trabajador es quien refleja el rendimiento que le caracteriza en el rol que desempeña.
- Es factible que el propio empleado sugiera maneras de mejorar su desempeño.

Desventajas

- La definición de los parámetros que deben evaluarse mediante este método pueden resultar inapropiados.
- Es probable que el trabajador no tenga capacidad de autocrítica suficiente.
- Es probable que exista una tendencia a reflejar valores medios o extremos, lo cual hace que la evaluación resulte mediocre.

Uno de los aspectos que puede considerarse positivo para la compañía a la hora de practicar la autoevaluación es conocer el concepto que cada empleado tiene sobre sí mismo, «autoconcepto», también conocido como autoestima, que permite reconocer los pensamientos y sentimientos que tiene una determinada persona respecto de las sensaciones y experiencias que vive diariamente, y permite reconocer a aquellos que rechazan o aceptan la realidad que viven. En el caso de la autoevaluación, el «autoconcepto» es una especie de regulador del patrón de conducta del empleado de forma que se debilita o refuerza en la medida en que responde a las exigencias que se le presentan dentro del medio en el que se desenvuelve, hasta que se consigue un nivel óptimo donde la concepción de uno mismo resulta precisa y realista de acuerdo con las experiencias vividas.

Fuente: Adaptado de Ketterer, G. (2010): «Autoevaluación, una forma de medir el desempeño de la organización y del personal», artículo publicado en conyunturaeconomica.com, 17/11/2010. Disponible en: http://coyunturaeconomica.com/recursos-humanos/autoevaluacion-empresarial [05/04/2018].

ACTIVIDAD DIDÁCTICA RECOMENDADA: Después de leer este artículo, responda a la siguiente cuestión: ¿Cómo influye el autoconcepto que tiene uno de sí mismo en la autoevaluación del desempeño? Justifique su respuesta.

a) CRITERIOS DE EVALUACIÓN

Los criterios de evaluación son las dimensiones del rendimiento que se van a utilizar para evaluar a los empleados. La relevancia de esta decisión radica en que los comportamientos observados y evaluados serán los que las personas tenderán a desarrollar en mayor medida (Sastre Castillo y Aguilar Pastor, 2003: 322). Por ello, hay que definir normas claras de evaluación del desempeño y comunicárselas al empleado.

Lectura 3. Ventajas e inconvenientes de la evaluación 360°

La evaluación 360° consiste en una evaluación de los comportamientos, habilidades y competencias de un empleado realizado por personas de su entorno. Frente a la evaluación tradicional realizada únicamente por un superior, este método propone que las personas de diferentes ámbitos sean las encargadas de valorar al profesional: jefes, compañeros, miembros de un mismo equipo o incluso clientes. Al final del proceso, el empleado recibe un informe con el *feedback* facilitado por los diferentes evaluadores, cuyas identidades son anónimas. Si se utiliza de la manera correcta, proporciona una valiosa herramienta de autoconocimiento profesional, que puede usarse como base para la mejora y el desarrollo de la carrera y que facilita la creación de un entorno de trabajo positivo.

Las ventajas de la evaluación 360° son:

- Proporciona una visión mucho más amplia de las capacidades del empleado.
- Combina múltiples respuestas, tanto cualitativas como cuantitativas, lo que facilita obtener información de calidad del trabajo realizado.
- Reduce la posibilidad de sesgos personales, ya que los resultados del informe dependen de varias personas.
- Incentiva el desarrollo profesional, ya que el empleado evaluado conoce la percepción que los demás tienen de su trabajo y de esta manera se hará responsable de trabajar para mejorar.
- Identifica los puntos de mejora, que posteriormente pueden corregirse a través de programas de formación en la empresa.
- Refuerza la sensación de equipo y optimiza la comunicación entre diferentes áreas de la empresa.
- Implica de manera activa a los empleados: dado que ellos son una parte imprescindible del proceso en calidad de evaluadores, se sienten escuchados y, por tanto, tienen más probabilidades de asumir el proyecto de la empresa como algo propio.

En cuanto a sus inconvenientes, se requiere una cierta capacitación del personal, por lo que se trata de un proceso más largo y costoso que los sistemas tradicionales. También existe una posibilidad de que, si las evaluaciones no son sinceras, se pueda fomentar cierta intimidación o resentimiento. El balance global es que este método tiene mucho que aportar a las empresas, pero siempre habrá que valorar si es el más adecuado para la situación particular y la cultura de una compañía en concreto.

Fuente: Extraído de cepymenews.es (2017): «Cómo evalúan tu trabajo: el *feedback* 360 grados», noticia publicada el 17/08/2017. Disponible en: https://cepymenews.es/como-evaluan-tu-trabajo-el-feedback-360-grados/ [05/04/2018].

ACTIVIDAD DIDÁCTICA RECOMENDADA: Después de leer esta noticia, responda a la siguiente cuestión: ¿Considera que la evaluación 360° es el mejor método para la evaluación de todos los empleados de una empresa? Justifique su respuesta.

Hay dos criterios tradicionales de evaluación: 1) la medición de los resultados obtenidos en el trabajo (criterios objetivos, por ejemplo, cifra de ventas, nuevos clientes, etc.); y 2) la valoración de comportamientos, actitudes, capacidades e incluso del potencial de los empleados (criterios subjetivos). Habrá que determinar en cada caso cuál de los criterios es más adecuado, e incluso considerar su combinación. Hay puestos de trabajo en los que es relativamente fácil establecer criterios objetivos, como es el caso de los comerciales, mientras que en otros no es posible medir el resultado del trabajo a través de un indicador único y objetivo, como es el caso de trabajos que incluyen mucha variedad de tareas (Sastre Castillo y Aguilar Pastor, 2003).

Otra cuestión importante en relación con los criterios de evaluación son las características que deberían cumplir para ser adecuados. Siguiendo a Sastre Castillo y Aguilar Pastor (2003), destacamos las siguientes:

- La validez. Que mida correctamente el desempeño o la aportación del empleado al éxito de la empresa.
- La fiabilidad. Que sea consistente tanto a lo largo del tiempo como para varios evaluadores diferentes.
- La sensibilidad o capacidad de discriminación. Que diferencie entre distintos niveles de trabajadores por los resultados, la actitud en el trabajo y en la empresa, o por las habilidades y conocimientos.
- La practicidad. Que sean medibles y si es posible, cuantitativos.

b) MÉTODOS DE MEDICIÓN DEL RENDIMIENTO

Una vez establecidos los criterios, la siguiente cuestión es la elección de los métodos de medición del desempeño. Se pueden encontrar gran cantidad de métodos disponibles para la evaluación del rendimiento que se han clasificado de diversas formas en la literatura. Nuestra pretensión es considerar algunos de ellos y plantear un esquema integrador de los métodos que facilite su entendimiento.

Una primera clasificación diferencia los métodos de medición del rendimiento en objetivos y subjetivos:

- Los *métodos objetivos* son aquellos que miden el rendimiento en función de lo que la persona obtiene de su trabajo (Bonache y Cabrera, 2006). A estos métodos también se les puede llamar de resultados, en los cuales se evalúan los logros de los empleados, es decir, los resultados que obtienen de su trabajo (Bohlander *et al.*, 2003).
- Los *métodos subjetivos* (Figura 3) evalúan en qué medida el empleado posee ciertas características (evaluación por rasgos) o muestra ciertos comportamientos en su puesto de trabajo (evaluación por comportamientos) (Bonache y Cabrera, 2006). Estos métodos subjetivos pueden ser de dos tipos siguiendo las clasificaciones de Bohlander *et al.* (2003) y Gómez-Mejía *et al.* (2016): 1) métodos de características que miden el grado en el que un empleado posee ciertas características como fiabilidad, creatividad, iniciativa y liderazgo; y 2) métodos de comportamientos, que hacen descripciones de los comportamientos de los trabajadores en una escala, de manera que se puedan describir específicamente las acciones que deberían demostrarse en el puesto.

Figura 3: Ejemplo de evaluación del rendimiento subjetiva.

Empleado:		**Departamento:**		**Fecha:**	
	Importancia	Muy por debajo de lo esperado	Necesita mejorar	Cumple expectativas	Excede expectativas
1. Calidad del trabajo: precisión, calidad del rendimiento, observación de las políticas, procedimientos, métodos, etc.		1	2	3	4
2. Cantidad de trabajo: cuantía del trabajo realizado, tiempo requerido, regularidad de la producción		1	2	3	4
3. Actitud y relaciones con otros: cortesía, cooperación y recepción de los invitados, supervisores y otros empleados		1	2	3	4
4. Aspecto personal: ropa, arreglo personal, higiene, hábitos personales, conformidad con la política		1	2	3	4
5. Cantidad de supervisión requerida		1	2	3	4
6. Formalidad: asistencia, lealtad, honestidad		1	2	3	4
7. Hábitos laborales: seguridad, higiene, limpieza, gestión del uso de las herramientas, equipos y materiales conforme a las normas y procedimientos		1	2	3	4
8. Conocimiento de su trabajo: entendimiento de las obligaciones y utilización de ese conocimiento en el trabajo		1	2	3	4

Empleado:		**Departamento:**		**Fecha:**	
SOLO PARA SUPERVISORES					
9. Puntualidad: completa los trabajos a tiempo, cumple los plazos		1	2	3	4
10. Desarrollo del personal: selección, formación y evaluación de subordinados, mantenimiento de normas del rendimiento, delegación de funciones		1	2	3	4
11. Control del presupuesto: previsión eficaz de gastos, efectividad en control de nóminas y gastos de explotación		1	2	3	4
12. Organización y planificación: efectividad anticipando necesidades, previsión de resultados, análisis y organización de procesos de trabajo, efectividad		1	2	3	4
13. Dirección y orientación: ofrece suficiente asistencia a los subordinados para que estos realicen las tareas asignadas. Se comunica con efectividad con subordinados, supervisores, liderazgo y motivación		1	2	3	4
¿Ha sido un buen desempeño? Sí .... No .... Por favor, señale el motivo fundamental de su decisión: .... SUPERVISOR .... GERENTE .... DIRECTOR .... RR. HH. .... Fecha:					

Fuente: Elaboración propia.

Sastre Castillo y Aguilar Pastor (2003) clasifican los métodos de evaluación del rendimiento en tres categorías:

- *Métodos comparativos*, que valoran de forma global al trabajador a través de su comparación con otros.
- *Métodos de categorización*, que se basan en criterios absolutos y permiten evaluar al trabajador a través de factores que pueden ser más o menos aplicables a él.
- *Métodos narrativos*, que analizan la actuación o comportamiento de los empleados en el puesto de trabajo para detectar sus fortalezas, debilidades, éxitos y fracasos. Suelen ser complementarios a los anteriores y permiten obtener una evaluación cualitativa.

La clasificación planteada por Werther y Davis (2014) diferencia entre:

- *Métodos de evaluación con base en el pasado*, que son aquellos que valoran la forma de realizar el trabajo a partir de los resultados logrados antes de la evaluación. Se basan en aspectos medibles del pasado, que aunque ya no se pueden cambiar, cuando los empleados reciben *feedback* de su desempeño pueden modificar su conducta y dirigir sus esfuerzos hacia la meta adecuada.
- *Métodos de evaluación con base en el desempeño futuro*, que se centran en el desempeño futuro mediante la evaluación del potencial del empleado o el establecimiento de objetivos de desempeño.

Teniendo en cuenta estas clasificaciones, la Figura 4 resume algunos de los métodos existentes, diferenciando aquellos que fijan su base en el pasado de los que consideran el futuro.

Figura 4: Métodos de medición del rendimiento.

OBJETIVOS	PASADO		Medidas de productividad Historial de logros
	FUTURO		Dirección por objetivos
SUBJETIVOS Características	PASADO	Comparativos	Jerarquización: • Clasificación directa • Clasificación alternada • Comparación por pares • Distribución forzosa
		Categorización	Escalas gráficas de calificación
	FUTURO		Evaluaciones psicológicas
SUBJETIVOS Comportamientos	PASADO	Categorización	Listas de verificación Escalas de medición de comportamientos (BARS)
		Narrativos	Formas narrativas Incidentes críticos
	FUTURO		Autoevaluación
MIXTOS	FUTURO		Centros de evaluación

Fuente: Elaboración propia.

1. Métodos objetivos o de resultados

1.1. Métodos con base en el desempeño pasado

- Medidas de productividad, son aquellas que miden resultados, normalmente, de empleados que no pertenecen a la dirección, y pueden ser muy diversas, por ejemplo, evaluar en función del volumen de ventas, de las unidades producidas, de la cantidad de errores detectados, de la tasa de crecimiento de la empresa. Permite obtener una valoración precisa, aunque requiere tiempo, dinero y cooperación para su elaboración (Bohlander *et al.*, 2003).
- Historial de logros, es adecuado para aquellos trabajos en los que cada día es diferente y es difícil redactar patrones de medida. El trabajador describe en un impreso de registro sus logros, que son verificados por su supervisor y sometidos a la valoración de un grupo de expertos para ver su relevancia. Es interesante para predecir el éxito de determinados trabajadores, aunque requiere tiempo y puede ser costoso (Dolan *et al.*, 2007).

1.2. Métodos con base en el desempeño futuro

- Dirección o administración por objetivos. Es un método muy utilizado para la valoración de los niveles directivos e implica el establecimiento de forma consensuada con el directivo de sus objetivos, que deben ser mesurables y específicos (por ejemplo, costes de producción, ventas por producto). Estos objetivos serán revisados periódicamente para evaluar el avance y el logro de estos (Werther y Davis, 2014). El proceso se suele describir en una serie de pasos (Dessler, 2015; Dolan *et al.*, 2014):

  1. Establecer de forma conjunta entre el directivo y su superior los objetivos que debe lograr el primero.
  2. Establecer el marco temporal en el que se deben cumplir los objetivos.
  3. Comparar el nivel de logro presente de los objetivos con el acordado (desviaciones de lo obtenido respecto a lo planificado).
  4. Tomar medidas en el caso de que no se hayan logrado los objetivos, como introducir modificaciones en estos o plantear nuevas estrategias.
  5. Proporcionar retroalimentación, es decir, informar al directivo de la evaluación y hacerle partícipe en la toma de medidas para resolver las desviaciones.

  Es un buen método porque es claro, objetivo, flexible, reduce la posibilidad de cometer errores y sirve de elemento de motivación. Pero no está exento de problemas, ya que puede dar una perspectiva distorsionada del rendimiento como, por ejemplo, cuando hay elementos no controlables por el empleado que pueden alterar los objetivos (mal funcionamiento de la maquinaria, problemas coyunturales de la demanda, etc.). Otro problema de este método, al tener en cuenta solo los resultados, es que no se consideran otras cuestiones importantes del trabajo como la calidad y el servicio, lo cual es perjudicial a largo plazo (Dolan *et al.*, 2014; Werther y Davis, 2014) (Lectura 4).

Lectura 4. La Dirección por Objetivos

Luis López, en su artículo «Ventajas de la Dirección por Objetivos», diferencia entre las ventajas que supone este modelo para el trabajador, los directivos y la organización según se recoge a continuación:

Ventajas para el trabajador:

- Al conocer los resultados que se esperan de él, sabe lo que realmente tiene que hacer y por qué lo va a hacer.
- Para alcanzar las metas establecidas puede elegir cómo actuar y de qué modo alcanzarlas. Lo importante es llegar al objetivo no cómo lograrlo.
- Su trabajo es medible de una manera objetiva, ya que se basará en los logros obtenidos.
- Al participar en la definición de objetivos junto con sus superiores puede dar su opinión al respecto.
- Al existir una evaluación de desempeño periódica, ese *feedback* le permitirá conocer su evolución profesional.

Ventajas para los directivos:

- Involucra a todo el equipo en la consecución de los resultados. Todos son responsables de lograrlos o no.
- La evaluación de los colaboradores toma un carácter objetivo ya que se basa en la consecución de los objetivos y no en el trabajo realizado.
- En los equipos todos tienden a alcanzar el mismo nivel de desempeño.
- Se mejora la comunicación entre directivos y sus colaboradores, siendo esta más fluida y productiva, ya que se tiene en cuenta la opinión de todos respecto a las metas que se deben alcanzar.
- Al tener datos medibles y objetivos es más fácil tomar decisiones en cuanto a ascensos, gratificaciones, etc.

Ventajas para la organización:

- Todo el mundo tiene claros los objetivos y se evita la dispersión de los esfuerzos.
- Las responsabilidades quedan definidas y se fomenta una mayor delegación de tareas.
- Aumento de la motivación y mejora del clima laboral.
- Integra a todos los miembros de la organización en la consecución de los objetivos de la empresa.
- Propicia el trabajo en equipo.

Fuente: Adaptado de López, L. (2017): «Ventajas de la Dirección por Objetivos», http://blog.grupo-pya.com/ventajas-de-la-direccion-por-objetivos/ [05/04/2018].

ACTIVIDAD EN EL AULA: Después de leer esta lectura, responda a la siguiente cuestión: ¿Qué inconvenientes tiene la dirección por objetivos?

2. Métodos subjetivos o de características

2.1. Comparativos y base en el pasado

- Jerarquización. El evaluador clasifica a los empleados a través de una escala de preferencias. Siguiendo a Dolan *et al.* (2014) son:
  - Clasificación directa. El evaluador hace una lista de empleados ordenándolos del mejor al peor en función del rendimiento global. Puede ser útil para empresas pequeñas.
  - Clasificación alternada. Se coloca al principio de la lista al mejor y al final al peor y entre los restantes empleados, se elige al mejor, que se sitúa en segundo lugar y al peor que se sitúa en penúltimo lugar, y se repite el proceso hasta que se coloca al trabajador que iría en el lugar central de la lista. Puede ser útil para evaluar el rendimiento de empleados que realizan tareas similares en un equipo.
  - Comparación por pares. Se compara a un empleado con cada uno de los demás para determinar (del par) cuál es el mejor. Una vez hechas todas las comparaciones dos a dos, se suman para cada individuo las veces que ha sido el mejor del par y se hace una clasificación general con todos los trabajadores. Se evita, así, el error de tendencia central de otros métodos de jerarquización, pero no es muy operativo si el número de evaluados es muy alto.
  - Distribución forzosa. El objetivo es establecer grados diferentes de rendimiento entre empleados. Consiste en establecer porcentajes predeterminados de empleados calificando su desempeño para diversas categorías. El evaluador asigna una determinada proporción de empleados a cada una de las categorías fijadas que tienden a basarse en tres niveles, los mejores empleados se ubican en el 20 % más alto, el 70 % en un nivel intermedio y un 10 % en el nivel inferior (Dessler, 2015; Mondy, 2010).

2.2. De categorización y base en el pasado

- Escalas gráficas de calificación. Se evalúa a los empleados según unos factores o escalas que enumeran características relacionadas tanto con el puesto como con la persona como, por ejemplo, calidad del trabajo, confiabilidad, iniciativa, cantidad de trabajo o cooperación. Se asignan unos intervalos de desempeño para cada una de ellas (por ejemplo, a través de una escala Likert, 5 o 7 desde muy satisfactorio hasta no satisfactorio), y se evalúa al empleado a través de la calificación que describe mejor su grado de desempeño en cada característica, así como el total de calificación (Dessler, 2015). Para que el método sea válido y la evaluación objetiva es importante realizar una definición precisa de las características que evaluar (Mondy, 2010) (Figura 5).

Figura 5: Ejemplo de escala de calificación.

Fecha:..
Nombre empleado: ....
Nombre del evaluador: ....
Período de evaluación: de .... a ....
Departamento/Tienda: ....
Para trabajadores de plantilla: ....

Marque cada una de las áreas aplicables de rendimiento, marcar el casillero que mejor refleje el rendimiento del empleado (1=inaceptable, 2=necesita mejorar, 3= satisfecho, 4= por encima de la media, 5= destacado.

ÁREAS DE RENDIMIENTO	1	2	3	4	5
Capacidad para tomar decisiones relacionadas con el puesto					
Aceptación del cambio					
Aceptación de la dirección					
Aceptación de responsabilidad					
Asistencia y puntualidad					
Actitud					
Conformidad con las normas					
Cooperación					
Conciencia de los costes					
Dependencia					
Eficacia bajo estrés					
Iniciativa					
Conocimiento del trabajo					
Liderazgo					
Manejo y cuidado del equipo					
Calidad del trabajo					
Cuantía del trabajo aceptable					
Práctica de normas de seguridad					
EVALUACIÓN GLOBAL DEL SUPERVISOR					

Para evaluaciones globales de 1 y 2: ¿debe mantenerse al empleado o debe quedarse a prueba? SÍ ⍰ NO⍰
Si es afirmativa la respuesta, fecha de la próxima evaluación del rendimiento: ....
VALÍAS PARA EL PUESTO Y EPISODIOS DE EJECUCIÓN ALTA: ....
ÁREAS EN LAS QUE DEBE MEJORAR: ....
MEJORAS OBTENIDAS EN LA CONSECUCIÓN DE LOS OBJETIVOS PREFIJADOS: ....
OBJETIVOS ESPECÍFICOS PRIORITARIOS DE LA PRÓXIMA EVALUACIÓN PARA LA MEJORA DEL RENDIMIENTO:
....
COMENTARIOS DEL EVALUADOR: ....
Firma del evaluador

Fuente: Elaboración propia.

2.3. Base en el futuro

- Evaluaciones psicológicas. Un experto en psicología o un grupo de ellos se encargan de evaluar el potencial del individuo a través de entrevistas en profundidad, exámenes psicológicos, conversaciones con los supervisores y verificación de las evaluaciones. Se prepara un informe con la evaluación de características intelectuales, emocionales, de motivación, etc. (Werther y Davis, 2014).

3. Métodos subjetivos o de comportamientos

3.1. De categorización y base en el pasado

- Listas de verificación o listas de revisión de conductas. El evaluador selecciona las cuestiones que mejor definen al trabajador para describir su desempeño y sus características. Es útil como método complementario y permite obtener una información más general y simple que los métodos cuantitativos (Werther y Davis, 2014).
- Escalas de medición de comportamientos (BARS). Se utilizan unas escalas de apreciación de comportamientos prefijados (*Behaviourally Anchored Rating Scale*, BARS), que miden la frecuencia de determinados comportamientos (Gómez-Mejía *et al.*, 2016). Para la creación de estas escalas se definen sucesos que representen comportamientos eficientes, medios e ineficientes de los evaluados y estos sucesos se agrupan en categorías o dimensiones de rendimiento como, por ejemplo, capacidad administrativa, habilidades interpersonales, etc. Cada dimensión sirve de criterio de evaluación del empleado (Dessler, 2015; Dolan *et al.*, 2014).

3.2. Narrativos y base en el pasado

- Formas narrativas o ensayos narrativos. Se redacta una breve descripción del desempeño del trabajador, se describen las fortalezas y debilidades de cada individuo evaluado y se proponen recomendaciones de aspectos que deben mejorar y se propone su desarrollo. Permite detectar características específicas de cada empleado, pero es demasiado subjetivo. Es útil como complemento a otros métodos (Dessler, 2015; Mondy, 2010).
- Incidentes críticos. Se presta especial atención al comportamiento. El superior analiza la eficacia del trabajador a partir de determinados comportamientos (sucesos) en el puesto de trabajo, de forma que identifica sucesos positivos (por ejemplo «el empleado respondió de manera rápida y eficaz a la queja de un cliente») y negativos («el empleado se quedó bloqueado ante la queja de un cliente»). Es un método simple aunque supone tiempo para su elaboración (Dolan *et al.*, 2014; Dessler, 2015; Mondy, 2010).

3.3. Base en el futuro

- Autoevaluación. El empleado describe su puesto, sus logros personales, las dificultades que ha tenido y los aspectos de su trabajo que se podrían mejorar. Este método se basa en la idea de que, cuando se delega poder en los empleados y estos se responsabilizan de su comportamiento, se hace más fácil la mejora del rendimiento. Ayuda a que los empleados aprendan a controlar sus comportamientos, comparar los resultados obtenidos con los objetivos establecidos y elaborar estrategias que eliminen los obstáculos o problemas de rendimiento (Dolan *et al.*, 2014; Werther y Davis, 2014).

4. Método mixto con base en el futuro

- Centros de evaluación o ***assessment center***. Se basa en el uso de múltiples tipos de evaluación y de varios evaluadores. Se reúne en un centro especializado a un grupo de empleados que se han identificado con un alto potencial y se les somete a un conjunto de pruebas como entrevistas de profundidad, test psicológicos y simulaciones. Cada uno de los evaluadores aporta su evaluación individual del evaluado y se hace un promedio de todas las calificaciones para obtener resultados objetivos. Aunque es costoso en términos de tiempo y dinero, es muy adecuado para niveles directivos (Werther y Davis, 2014).

No hay un método que sea mejor que otro y, por ello, la decisión de qué método elegir debe ser tomada en función del propósito de la evaluación, considerando las ventajas e inconvenientes de cada uno de ellos, así como la posibilidad de combinar varios (Werther y Davis, 2014). Además, algunos pueden aplicarse a todos los puestos, mientras que otros son más idóneos para alguna categoría (Dolan *et al.*, 2014). Las empresas deben revisar con cierta frecuencia el sistema de evaluación implantado para analizar si con ellos se logran los objetivos previstos y si se adecúan a los requerimientos de su cultura organizativa.

c) PROBLEMAS EN LA EVALUACIÓN DEL RENDIMIENTO

La complejidad de la evaluación del rendimiento radica en que involucra a personas (evaluado y evaluador) que, normalmente, pertenecen a la misma organización, lo que introduce subjetividad en la evaluación y reacciones a veces conflictivas entre individuos que trabajan juntos (Mondy, 2010). Además, se requiere buscar y analizar gran cantidad de información que debe ser almacenada un largo período de tiempo (Dolan *et al.*, 2014). Por ello, adquiere importancia el análisis de los posibles problemas con los que nos podemos encontrar con la intención de evitarlos, reducir su impacto tanto en la organización como en sus miembros o bien buscar mecanismos para subsanarlos.

Las personas nos encontramos con dos sentimientos contrapuestos cuando se nos está evaluando. Por una parte, podemos considerarlo una amenaza mientras que, por otra, necesitamos conocer cómo estamos desarrollando nuestra labor para poder mejorar. Por eso, hay que tener mucho cuidado a la hora de plantear el proceso de evaluación del rendimiento, desde a quién evaluar, los criterios que se van a utilizar, así como los métodos seleccionados para llevarla a cabo.

Los principales problemas que podemos encontrar en la evaluación del rendimiento vienen de las relaciones entre empleados, fundamentalmente de la relación superior-subordinado, de errores en el desarrollo de la evaluación asociados a la condición humana de los evaluadores, y de errores en la selección o aplicación de los métodos de evaluación (Dolan *et al.*, 2014; Gómez- Mejía *et al.*, 2016).

1. *Problemas de relaciones entre personas de la organización.* Aunque todos los miembros de una organización trabajen para lograr los objetivos de esta, cada individuo tiene sus propios intereses y aspiraciones que, en muchas ocasiones, entran en conflicto con los objetivos organizativos. Por ello, las evaluaciones del rendimiento pueden provocar problemas entre el personal evaluado cuando estas son consideradas injustas o poco objetivas, creando malestar y desmotivación. Por otra parte, aunque el superior conozca bien la labor que realizan los empleados, no siempre es fácil evaluar sus puestos si son trabajos complejos y muy cambiantes. E incluso pudiera darse el caso de que a los superiores no les guste evaluar o no tengan la capacidad necesaria para hacerlo (Dolan *et al.*, 2014).

2. *Errores en el desarrollo de la evaluación.* Están asociados a la condición humana de los evaluadores. Entre ellos los más conocidos son (Dessler, 2015; Dolan *et al.*, 2014; Gómez-Mejía *et al.*, 2016; Mondy, 2010):

- *Efectos halo y eco.* Error que se produce cuando el evaluador generaliza una característica específica del evaluado (que puede ser positiva-*halo* o negativa-*eco*), a todos los aspectos de la evaluación del desempeño, dando un resultado superior o inferior al que merece el empleado.
- *Error de lenidad.* El evaluador quiere evitar problemas con los evaluados y lo que hace es calificar de forma indulgente dando, en general, una calificación más alta.
- *Error de severidad.* Es la situación contraria a la anterior. Se tiende a calificar de forma desfavorable y esto puede ocurrir por diferentes razones: falta de experiencia del evaluador, desconocimiento de los factores de evaluación o para lograr impresionar a los superiores.
- *Error de tendencia central.* Se tiende a calificar a todos los individuos en torno a un valor medio, por lo que no se puede discriminar entre los altos y los bajos rendimientos.
- *Error de primacía o de novedad.* El comportamiento más reciente es el que se valora y no se considera la información anterior. En este caso, se está evaluando el desempeño más actual, pero no todo el trabajo realizado durante todo el tiempo por dicho empleado.

- *Error de similitud o semejanza.* El evaluador se deja llevar por su percepción de lo que es ser un buen empleado, de forma que califique de forma más favorable a los empleados qué se parecen más a él.
- *Error de contraste.* El evaluador califica al individuo comparándolo con la evaluación de otro trabajador que ha sido calificado con anterioridad.
- *Efecto contagio.* El evaluador se deja influir por las calificaciones previas del empleado, de forma que si han sido positivas la valoración actual será más favorable y viceversa.

Además, hay que tener en cuenta también que cuando se evalúan personas de otros grupos culturales, lo cual es cada vez más común debido a la diversidad en las organizaciones, los evaluadores tienden a aplicar normas específicas de su propia cultura considerándola como la mejor. Esto es lo que se conoce como *etnocentrismo,* que se puede definir como la tendencia a considerar que los valores propios son siempre los más deseables (Werther y Davis, 2014: 222).

Estos problemas y errores se pueden resolver, por un lado, seleccionando unos criterios de evaluación y unos métodos que eviten, por su configuración operativa, parte de la subjetividad del evaluador y, por otro, formando a los evaluadores y destacando la importancia de su papel en la evaluación del rendimiento de los empleados, así como de la necesidad de ser imparciales y objetivos para lograr su éxito (Dessler, 2015; Dolan *et al.*, 2014; Gómez-Mejía *et al.*, 2016).

3. *Errores en la selección o aplicación de los métodos de evaluación.* Puede ocurrir que no se definan de forma adecuada los criterios de valoración o que no sean adecuados para el propósito de la evaluación. También, se pueden elegir métodos que no son adecuados. Para evitar estos errores hay que tener claro cuál es el fin que se pretende lograr con el método o los métodos de evaluación, así como qué es lo que se quiere medir del rendimiento (resultados, comportamientos, características o varios de ellos) para determinar cuál / es son los más adecuados (Dolan *et al.*, 2014).

ETAPA III: GESTIÓN Y MEJORA DEL RENDIMIENTO

Finalmente, y una vez obtenida la medida del rendimiento de los trabajadores sometidos a evaluación es importante llevar a cabo la gestión de esta información con la intención de mejorar los resultados. Para ello, como se analizará en el siguiente epígrafe, habrá que delimitar las causas de las deficiencias en los rendimientos y buscar mecanismos para resolverlas.

3. LA GESTIÓN Y MEJORA DEL RENDIMIENTO

La última parte de todo proceso de evaluación se dedica a la gestión de los resultados obtenidos y a su mejora. No es suficiente con medir los resultados, sino que tenemos que sacar conclusiones de estas mediciones y plantear formas de mejorar el rendimiento si fuera necesario, o de utilizar esta información para tomar otras decisiones (Gómez-Mejía *et al.*, 2016).

Para realizar una buena gestión del rendimiento habrá que identificar las causas de los problemas de rendimiento (Figura 6) y tomar medidas para resolverlos, es decir, formular estrategias y planes de acción.

Figura 6: Causas y soluciones posibles para problemas de rendimiento.

CAUSAS	PREGUNTAS	SOLUCIONES
Capacidad	¿El trabajador ha sido alguna vez capaz de obtener buenos resultados?	Formación Transferencia
	¿Pueden otros trabajadores hacer el trabajo adecuadamente?	Rediseño del puesto
Esfuerzo	¿Está disminuyendo el rendimiento el trabajador?	Despido
	¿Es el rendimiento menor en todas las tareas?	Reconocer el buen rendimiento
Situación	¿Son factores externos los que afectan principalmente al rendimiento?	Modificar dichos factores

Fuente: Adaptado de Gómez-Mejía *et al.* (2016: 251).

Una vez identificadas las causas se definen las estrategias disponibles y se establecen los planes de actuación para resolver el problema (Dolan *et al.*, 2014). Podríamos pensar en tres situaciones a la hora de formular estrategias de mejora del rendimiento: 1) una situación en la que no hay problemas significativos, pero se desea tomar medidas para evitarlos; 2) otra en la que se han detectado deficiencias y estas se pueden resolver; y 3) el caso en el que los problemas detectados no tengan fácil solución.

En este sentido, Dolan *et al.* (2014) proponen tres tipos de estrategias: estrategias de reforzamiento positivo, estrategias de reforzamiento negativo y estrategias cuando no funcionan las anteriores.

Las *estrategias de reforzamiento positivo* buscan fomentar conductas deseables en el trabajador, estableciendo para ello criterios conductuales y sistemas de recompensas en función de comportamientos. Son estrategias muy adecuadas cuando se han detectado problemas en el desempeño. El reforzamiento positivo parte del supuesto de que el comportamiento puede entenderse y modificarse, por lo que si damos al trabajador unas orientaciones sobre el comportamiento adecuado y un sistema de recompensas si lo logra, estaremos motivándolo para que cambie su forma de actuar.

Las *estrategias de reforzamiento negativo* tratan de evitar determinados comportamientos que pueden originar problemas de rendimiento. Se trata de desalentar comportamientos no deseados, bien no considerándolos a la hora de evaluar y recompensar, o bien a través de castigos (reducción del sueldo, despido disciplinario sin sueldo, descenso de categoría e incluso el despido definitivo).

Las *estrategias en caso de que las anteriores no funcionen*. Pueden aplicarse si 1) existe un desajuste entre el trabajador y el puesto de trabajo para lo que hay dos alternativas: trasladarlo a otro puesto, si el trabajador tiene capacidades valiosas, pero no adecuadas para el puesto que está desempeñando o rediseñar el puesto, si los problemas viene de factores externos al trabajador relacionados con el propio diseño del trabajo; y 2) también se pueden aplicar si hay trabajadores que a pesar de haberles dado soluciones a sus problemas de desempeño, no hayan mejorado o incluso hayan empeorado. En este caso, se puede asignar a ese trabajador tareas que no sean cruciales y en las que pueda desempeñar un buen papel; o bien despedirle.

Una vez establecida la / s estrategia / as más adecuada / s a cada caso habrá que ponerlas en marcha. El papel de los supervisores en esta fase es muy importante ya que determinarán los recursos necesarios para el cambio y ayudarán al trabajador a llevar a cabo las actuaciones pertinentes para resolver los problemas o, en su caso, evitarlos.

Finalmente, los procesos de evaluación del rendimiento pueden incluir o terminar con una **entrevista de evaluación**. Es una de las partes más importantes del proceso de evaluación (Gómez-Mejía *et al.*, 2016; Dolan *et al.*, 2014). Se pretende que evaluador y evaluado repasen la valoración y se puedan tomar medidas para mejorar los puntos débiles y reforzar los fuertes. Es una manera de retroalimentar al trabajador y hacerle partícipe de la evaluación y permite identificar rasgos personales del individuo, como sus actitudes, su motivación o sus deseos, estableciendo una relación más próxima entre evaluador y evaluado (Werther y Davis, 2014).

El planteamiento de las entrevista de evaluación requiere conocer varias cuestiones, como los tipos de entrevistas básicos, así como aspectos relativos a su preparación y desarrollo.

1. Tipos de entrevistas

Para Dessler (2015), las entrevistas de evaluación pueden ser de cuatro tipos: 1) el desempeño es satisfactorio y el empleado merece un ascenso por lo que se hacen planes para el desarrollo de la carrera del trabajador; 2) el desempeño es satisfactorio, pero no merece un ascenso por lo que se busca mantener el rendimiento; 3) el desempeño es insatisfactorio pero corregible por lo que se desarrollan planes para corregir el desempeño inadecuado; y 4) el desempeño es insatisfactorio y la situación es incorregible, en este caso, se puede omitir la entrevista y si es necesario, iniciar un proceso de despido.

Otra clasificación es la que proponen Dolan *et al.* (2014), que diferencia entre entrevistas:

- *De hablar y convencer.* Se informa del rendimiento logrado y de la posibilidad de mejorarlo y se establecen objetivos concretos.
- *De hablar y escuchar.* El trabajador recibe la información de su evaluación y pueda opinar, plantear preguntas o proponer sugerencias de mejora.
- *De solución de problemas.* Se realizan un diálogo sobre la evaluación para identificar los problemas y buscar soluciones.
- *Mixta.* Se combinan las de *hablar y convencer* con la de *solución de problemas,* de forma que la primera sirva para la evaluación y la segunda para la mejora.

2. Preparación de la entrevista

El momento y la programación de la entrevista son dos cuestiones muy importantes. Es aconsejable que la entrevista se lleve a cabo al poco tiempo de haber terminado la evaluación y que se programe con cierta antelación para permitir que el entrevistador pueda analizar la información relativa al puesto de trabajo, las evaluaciones anteriores y la actual (Bohlander *et al.*, 2003). Por otra parte, se debería informar al evaluado con tiempo para que esté preparado, así como notificarle la fecha, hora y el lugar (Dolan *et al.*, 2007) (Lectura 5).

3. Desarrollo de la entrevista

Con respecto a este aspecto se suelen dar algunos consejos al entrevistador sobre cómo enfocarla y evitar situaciones conflictivas. Por ejemplo, para que la entrevista sea eficaz debe lograrse un ambiente amistoso y positivo, invitar al entrevistado a que participe abiertamente, no ser demasiado crítico, destacar los aspectos positivos del desempeño, intentar cambiar la conducta y no a la persona, ser específico y evitar ambigüedades, procurar no discutir con el entrevistado y no hacer comentarios personales y ayudar al evaluado a establecer objetivos y resolver los problemas (Bohlander *et al.*, 2003)[1].

1 Un desarrollo más amplio de estos aspectos puede encontrarse en Bohlander *et al.* (2003), Dessler (2015), Dolan *et al.* (2014) y Werther y Davis (2014).

Lectura 5. La entrevista de evaluación del desempeño

María Traver, *senior researcher* en TNS, en su artículo «Que no te pille por sorpresa la entrevista de evaluación del desempeño», comenta que esta entrevista es una pieza fundamental del plan de desarrollo de un empleado dentro de su empresa, ya que da visibilidad al trabajo realizado y representa la ocasión de intercambiar con su directivo las aspiraciones, necesidades y vías de crecimiento. Sin embargo, Traver asegura que es un proceso «que te puede poner nervioso e incómodo» por lo que propone una serie de pautas para afrontar la entrevista de evaluación de desempeño «de forma sana, abierta y constructiva»:

- Preparar la entrevista. Es importante hacer un balance de lo bueno, lo malo y lo mejorable. Tener claro lo que se quiere decir y anticiparse sobre lo que se espera recibir para poder responder de manera reflexionada sin ponerse a la defensiva. Así mismo, hay que tener claro lo que se quiere lograr con la entrevista (mejorar las condiciones, promocionar, cambiar de área de trabajo, dar a conocer las dificultades sufridas durante el período, etc.), pero sin perder de vista la realidad y con coherencia respecto de la autoevaluación.
- Mantener una actitud abierta. «Cuando hables, cita tus logros y haz una autocrítica sana: dará impresión de honestidad. Cuando escuches, hazlo hasta el final y agradece el *feedback* sincero. Luego podrás matizar o aportar tu punto de vista, nunca como una confrontación, sino como un enfoque complementario», aconseja Traver.
- Explicar las expectativas de forma honesta y constructiva. Enfocar la entrevista como una conversación abierta con el directivo sobre cómo mejorar la relación, o proponer cambios si hay un conflicto real con él. Informar de lo que se necesita para poder realizar bien el trabajo. Formación, herramientas, equipo... todo aquello que falta en el desarrollo del trabajo cotidiano. «De nuevo, ha de ir ligado a tus funciones actuales, a lo que se espera de ti, o al modo en que te gustaría desarrollar tu carrera», apunta Traver.
- Establecer junto con el directivo los objetivos para el año siguiente, para lo que Traver recomienda: «Han de ser específicos, medibles, coherentes con el contenido del trabajo y con lo que te gustaría hacer, y debes tener (o si no, solicitar) las herramientas para conseguirlos y, por supuesto, han de ir alineados con la estrategia de la empresa».

Terminada la entrevista, hay que revisarla antes de firmarla y de que se envíe a Recursos Humanos, para asegurarse de que es conforme a lo hablado y de que no se ha omitido nada.

Fuente: Adaptado Traver, M. (2017): «Que no te pille por sorpresa la entrevista de evaluación del desempeño», artículo publicado en womenalia.com, el 08/08/2017. Disponible en: https://www.womenalia.com/es/carrera-profesional/94-muy-util/9597-entrevista-de-evaluacion-de-desempeno [04/04/2018].

ACTIVIDAD DIDÁCTICA RECOMENDADA: Después de leer este artículo, responda a las siguientes cuestiones: ¿Qué tipo de entrevista de evaluación de desempeño se identifica? ¿Es adecuada para todo tipo de resultados del desempeño? Justifique la respuesta.

4. TENDENCIAS ACTUALES EN LA EVALUACIÓN DEL RENDIMIENTO

Según Dolan *et al.* (2014), los desafíos que garantizan el éxito de los sistemas de evaluación del rendimiento de las empresas actuales son: medir aquello que es relevante, que los evaluadores estén centrados y motivados, que la evaluación esté vinculada a la descripción del puesto, que el proceso se implante para todos y que se vincule con la retribución, que se apliquen varios métodos y que se mantenga el sistema abierto a las sugerencias de los empleados para alcanzar su compromiso y satisfacción. Así, las empresas están orientando la evaluación del desempeño hacia modelos donde se potencia la autogestión, la autoevaluación y el *feedback* continuo del supervisor y de los compañeros (Gómez, 2016). En definitiva, las tendencias actuales son la evaluación continua y la evaluación por compromisos.

En cuanto a la **evaluación continua**, la existencia de trabajos por proyectos, que tienen alta incertidumbre y son versátiles, hace que la evaluación requiera de nuevas herramientas y tiempos. En este sentido, las evaluaciones semestrales o anuales están siendo sustituidas, en algunos casos, por evaluaciones basadas en el análisis continuo de datos, lo que conlleva sustituir impresos y procesos administrativos por sistemas informáticos, con flujos de trabajo específicos que regulan la información, los comentarios y autorizaciones entre evaluadores y evaluados (Lectura 6). Se reduce el uso de métodos complejos y prevalece una evaluación cualitativa que permitan medir el rendimiento completo de un proceso (Vega, 2017).

Lectura 6. Una app para que los empleados puntúen a sus compañeros

Guillermo Vega, en su artículo publicado en «Retina» (*El País*), cuenta como Bridgwater Associates, el mayor *hedge fund* (fondo de inversión libre) y con sede en Connecticut ha lanzado una *app* para que sus 1.500 empleados califiquen de forma constante a sus compañeros. Para ello, usa una *app* propia llamada Dot Collector (recolector de puntos) que cada empleado tiene en su iPad. Los empleados van asignando una puntuación del 1 al 10 en 100 aspectos distintos.

Vega recoge que, según explica Ray Dalio, fundador y CEO de Bridgwater, esta herramienta permite a la gente «expresar sus opiniones y separarse de ellas para poder observar las cosas desde una perspectiva superior», ya que al ver su opinión insertada entre otras muchas en la matriz que genera la aplicación «se plantea de forma natural ¿cómo sé que mi opinión es la correcta?». Con lo que se logra que la conversación pase de discutir sobre las opiniones a buscar elementos objetivos sobre cuáles son las más válidas.

Detrás de Dot Collector se encuentra un ordenador que agrupa las opiniones vertidas y crea una matriz inmensa con ellas lo que, según la compañía, permite otorgar a los trabajadores funciones que se ajustan mejor a sus aptitudes y darles una puntuación de credibilidad. Es el ordenador el que permite tomar decisiones «no basadas en la autocracia ni en la democracia, sino en algoritmos que tienen en cuenta la credibilidad de cada trabajador».

Fuente: Vega, G. (2017): «Productividad. Los empleados de esta empresa se califican unos a otros en tiempo real». Disponible en https://retina.elpais.com/retina/2017/09/08/innovacion/1504873356_213392.html [05/04/2018].

ACTIVIDAD DIDÁCTICA RECOMENDADA: Después de leer esta noticia, responda a la siguiente cuestión: ¿Le parece adecuada esta forma de evaluar? Razone sus ventajas e inconvenientes.

Se observa también cierta preferencia por sistemas que permitan el *feedback* abierto, espontáneo e inmediato de cualquier otra persona de la organización para su mejora continua (Gómez, 2016), tratando de estimular una cultura basada en el mérito y el alto desempeño, que lleve al trabajador a establecer su futura carrera profesional (Barceló, 2017). Esta retroalimentación continua en la evaluación del rendimiento ayuda a mejorar la motivación, la productividad y el compromiso (Ballesta, 2016).

Respecto a la **evaluación por compromisos**, con el objetivo de lograr la diferenciación de los empleados, se están aplicando nuevos métodos que evalúen teniendo en cuenta el compromiso del empleado de mejorar y desarrollar su potencial aplicando los contenidos adquiridos a través de la formación (Gómez, 2016).

Además, las empresas están valorando cada vez más el ajuste de los valores de los empleados con los de la organización, por lo que la evaluación del desempeño presta una mayor atención a la evaluación de competencias y valores (Gómez, 2016) y, algunas empresas, están empezando a implantar programas de gestión por compromisos (Lecturas 7 y 8).

Lectura 7. Desempeño vs compromiso

Gilberto Novelo, socio, director y fundador de IO Consultoría, afirma: «La época en la que se evaluaba a un colaborador por su desempeño se ha quedado atrás. Ahora, el secreto está en garantizar el compromiso».

Un buen sistema de desempeño, asegura Novelo, no solo mide la calidad en la ejecución, también aporta las métricas clave de la organización que sirven como termómetro de los resultados globales para redefinir la forma de operar el modelo de negocio y así mejorar las capacidades de la empresa. Sin embargo, esto no es nuevo y algunos especialistas en *management* están buscando la forma de aprovechar mejor los recursos internos, así que en vez de medir el desempeño, se enfocan en el resultado integrado del equipo de trabajo, es decir, en la medida que los colaboradores y organizaciones trabajan comprometidos (bidireccionalmente).

Ahora bien, continua Novelo, medir el compromiso de los colaboradores trata de conocer en detalle qué personas están dispuestas a «subirse al barco». El compromiso relaciona a dos o más partes y se vincula mediante una serie de acuerdos para el logro de objetivos compartidos. De hecho, la búsqueda de metas en conjunto da como resultado no solo una mayor productividad, sino que contribuye al mecanismo idóneo que atrae el talento. «Por ejemplo, si pensamos en una empresa con valores ecologistas, que promueve constantemente los principios asociados a la sustentabilidad y los entornos saludables y todos los involucrados se comprometen a seguir los mismos objetivos con determinados acuerdos, lo más probable es que esa cultura propicie mejores resultados por lo que el secreto no es perseguir el desempeño, sino garantizar el compromiso».

Fuente: Adaptado de Novelo, G (2016): «Desempeño *vs* compromiso. ¿Qué es más importante medir?», noticia publicada el 30/05/2016. Disponible en https://www.altonivel.com.mx/lideres/de-opinion/evaluacion-de-desempeno-vs-compromiso-que-se-debe-medir-56738/ [07/04/2018].

ACTIVIDAD DIDÁCTICA RECOMENDADA: Después de leer esta lectura, responda a la siguiente cuestión: ¿Qué efecto tiene el compromiso en el desempeño? Justifique su respuesta.

Lectura 8. Un nuevo enfoque para mejorar el desempeño

Según Juan Sanandrés, «en los últimos dos o tres años un nuevo enfoque ha aparecido para mejorar el desempeño y se está convirtiendo rápidamente en más y más relevante. Se trata de sustituir la rígida y formal entrevista de evaluación por la práctica, mucho más natural, de que los jefes comenten frecuentemente, en tiempo real, si es posible, con sus colaboradores todos los aspectos que en el trabajo real diario vayan surgiendo que deban ser objeto de atención, ya sea para cambiarlos (viendo planes alternativos y discutiendo su idoneidad) o para reconocerlos y apreciarlos. Si nos fijamos, esto es lo que hacen los buenos profesores con sus alumnos y los buenos padres con sus hijos (salvando las distancias: ¿se imaginan a una madre reuniéndose con su hijo en diciembre para hacerle sugerencias de mejora sobre comportamientos ocurridos en febrero, mayo y septiembre?)».

Implantar este sistema con éxito requiere más preparación. «Para que esto sea un cambio de verdad, y en profundidad, de la manera de gestionar los desempeños se debe entrenar con ingenio y perseverancia a empleados y *managers* para abordar las muy distintas situaciones que pueden presentarse. Lleva tiempo crear un hábito nuevo para tener estas conversaciones de las que no queda registro formal (no hace falta, no aporta nada)», asegura Sanandrés.

Grandes corporaciones han implantado ya este sistema (GE, Microsoft, Cigna, etc.) y han alcanzado el éxito haciendo un seguimiento muy cercano de la evolución de la calidad de las conversaciones y de su frecuencia. No se trata de que, al abandonar un sistema formal, la empresa y sus directivos dejen de interesarse y de ser responsables de mejorar los desempeños, sino que ahora se hace con un procedimiento natural que exige «mucho más de nosotros como personas maduras y mucho menos como cumplidores de procedimientos». Las empresas que usan este nuevo enfoque están constatando como mejora el nivel de compromiso de los colaboradores.

Fuente: Adaptado de Sanandrés, J. (2017): «Un nuevo enfoque para mejorar el desempeño: ¡por fin gana el compromiso!», noticia publicada el 10/10/2017. Disponible en https://juansanandres.com/2017/10/10/nuevo-enfoque-mejorar-desempeno-fin-gana-compromiso/ [07/04/2018].

ACTIVIDAD DIDÁCTICA RECOMENDADA: Después de leer esta noticia, responda a la siguiente cuestión: ¿Le parece adecuada la gestión por compromisos para todos los empleados y todas las empresas? Justifique su respuesta.

Bersin by Deloitte (2016) presenta un modelo de gestión y evaluación continua del rendimiento y realiza una comparación entre la evaluación anual de desempeño y el nuevo modelo, de forma que se promueve el *feedback* inmediato (semanal / mensual); se enfoca en el desarrollo continuo; se centra en el equipo; no se aplica *rating* ni criterios estadísticos; la evaluación está impulsada por los líderes; se promueve una cultura de *coaching* que se adopta como elemento de la cultura empresarial; se logra la alineación estratégica con los objetivos inherentes a los proyectos y no está estrictamente vinculada a la retribución salarial.

Barceló (2017) resume algunas de las características de las tendencias actuales en la evaluación del rendimiento:

- Se sustituye la evaluación tradicional por un diálogo evaluador-evaluado basado en el *coaching* y enfocado al desarrollo del empleado planteando los objetivos y su progreso e incidiendo más en sus fortalezas que en sus debilidades.
- Se trata de potenciar el trabajo en equipo y la colaboración, el aprendizaje, el autodesarrollo y esfuerzo, y se busca alinear los valores y cultura de la organización.
- La autoevaluación adquiere un peso importante, complementada con la evaluación por pares o comités específicos.
- La retroalimentación o *feedback* permanente busca personalizar la evaluación y orientar el desarrollo de las capacidades hacia el logro de los objetivos.
- Se potencia la transparencia en el proceso apoyándose en herramientas digitales.

CUESTIONES PARA LA REFLEXIÓN

1. ¿Qué importancia tiene la evaluación del rendimiento para una organización?
2. Resuma los aspectos básicos sobre los que hay que tomar decisiones a la hora de evaluar el rendimiento.
3. ¿En qué se diferencian los criterios de valoración de los métodos de evaluación?
4. ¿Para qué sirve la entrevista de evaluación?
5. ¿Es lo mismo medir el rendimiento que gestionarlo?
6. Si detecta que un trabajador tiene un rendimiento muy superior a la media para su puesto de trabajo, ¿qué estrategias y planes de acción se podrían desarrollar para dicho individuo?
7. ¿Considera que la evaluación continua y la evaluación por compromisos son adecuadas para evaluar el rendimiento? Razone su respuesta.

LECTURAS RECOMENDADAS

BUCKINGHAM, M.;GOODALL, A. (2015): «Reinventing performance management», *Harvard Business Review*, abril, pp. 40-50. Disponible en: https://hbr.org/2015/04/reinventing-performance-management

CUESTA SANTOS, A.; FLEITAS TRIANA, M. S.; GARCÍA FENTON, V.; HERNÁNDEZ DARIAS, I.; ANCHUNDIA LOOR, A.; MATEUS MATEUS, L. (2018): «Evaluación del desempeño, compromiso y gestión de recursos humanos en la empresa», *Ingeniería Industrial*, vol. 39, n.° 1, pp. 24-35.

MARCHAL, D. (2011): «A través de la valoración del desempeño, los trabajadores eligen a qué puesto quieren optar», entrevista publicada en equiposytalentos.com. Disponible en: http://www.equiposytalento.com/entrevistas/director-seleccion/fnac/begona-landazuri/ [02/09/2013].

TORRES, G. P. (2014): «Los *Assessment Center*: una metodología para evaluar directivos», *Revista de Estudios Avanzados de Liderazgo*, vol. 1, n.° 3, pp. 1-17.

SITIOS WEB RECOMENDADOS

www.rrhhmagazine.com
www.tdd-online.es
www.losrecursoshumanos.com
www.rrhh-web.com
www.equiposytalento.com
capitalhumano.wke.es
www.openmet.com

LA RETRIBUCIÓN EN LA EMPRESA

9

INTRODUCCIÓN

La retribución total se refiere a todo tipo de recompensas que reciben los empleados a cambio de su trabajo. El sistema de retribución forma parte de los procesos de evaluación y compensación y afecta a todas las decisiones de la empresa, en especial a las relativas a los recursos humanos. Por ello, en este capítulo se define el concepto de retribución y sus componentes y se analizan todas las cuestiones relativas a la gestión de la retribución en las empresas.

OBJETIVOS DEL CAPÍTULO

- Definir el concepto de retribución y sus componentes.
- Estudiar la gestión de la retribución.
- Identificar los objetivos y principios de la retribución en la empresa.
- Definir la estructura retributiva.
- Conocer los diferentes sistemas de retribución.
- Analizar los costes laborales de las empresas.
- Analizar las tendencias actuales en los sistemas de retribución.

1. LA RETRIBUCIÓN EN LA EMPRESA

Uno de los aspectos más importantes en la gestión de los recursos humanos es la retribución, porque ¿estaría dispuesto a trabajar toda su vida sin recibir nada a cambio? Tanto para el trabajador como para la organización la retribución va a ser un aspecto esencial. Dentro de la retribución se pueden incluir muchos aspectos, por eso es importante definir y delimitar su concepto, sus contenidos y características, de forma que podamos conocer gran parte de las alternativas disponibles a la hora de decidir sobre el tipo de sistema de retribución más adecuado para cada organización.

La retribución o compensación total puede definirse como el conjunto de percepciones financieras, servicios o beneficios tangibles que recibe el empleado como consecuencia de la prestación de su actividad a la empresa (Dolan *et al.*, 2014: 172). Para Gómez-Mejía *et al.* (2016: 322), la retribución total es el conjunto de recompensas cuantificables que recibe el empleado por su trabajo. Mientras que otros autores amplían el concepto incluyendo también los aspectos no cuantificables como es el caso de Mondy (2010: 268) que define la retribución como el total de todas las prestaciones que se otorgan a los empleados a cambio de sus servicios; y de Chiavenato (2011: 234) que considera que es la recompensa que recibe cada individuo a cambio de realizar las tareas organizacionales. Teniendo en cuenta todas estas definiciones, consideramos que la **compensación** o **retribución total** se refiere a todo tipo de recompensas que reciben los empleados a cambio de su trabajo (Lectura 1).

La retribución total está formada por varios componentes (Figura 1): la retribución directa, la indirecta y la no financiera o extraeconómica.

La **retribución directa** es de carácter monetario e incluye el salario base, parte fija, los incentivos salariales, y parte variable (Dolan *et al.*, 2014; Goméz-Mejía *et al., 2016)*. La retribución directa fija es lo que se conoce como salario base o sueldo base, es decir, la cantidad fija que se percibe en función del tiempo trabajado y del puesto ocupado. A la parte variable se le denomina incentivos o retribución basada en el rendimiento, que es la que se asocia al logro de objetivos y permite introducir diferencias entre las personas o los grupos en función de su esfuerzo o rendimiento.

La **retribución indirecta**, prestaciones sociales, es la que está vinculada a servicios o beneficios recibidos por el empleado, es decir, son todas aquellas compensaciones financieras, monetarias o no, que no suelen pagarse de forma directa al empleado y que se reciben por el hecho de formar parte de la organización (Dolan *et al.*, 2014; Gómez-Mejía *et al.*, 2016; Mondy, 2010). Finalmente, la **retribución no financiera** o extraeconómica es la que refleja los aspectos más intangibles, como la satisfacción del empleado, y está determinada en gran medida por el ambiente psicológico o físico de trabajo (Chiavenato, 2011; Mondy, 2010).

Lectura 1. La retribución en la empresa

El grupo multinacional de recursos humanos Adecco ha consultado, en 2017, a más de 600 trabajadores españoles con relación a las condiciones laborales deseables para 2018. Esta encuesta se viene haciendo desde hace once años y se pregunta a los trabajadores sobre temas como el clima laboral, la conciliación personal y profesional, la preocupación diaria de todos los trabajadores y por la ética empresarial.

Entre los resultados obtenidos queremos destacar los siguientes:

- La subida salarial aparece en primera posición, con un 27,6 %.
- Muchos prefieren otras mejoras antes que un aumento de sueldo, como formación (20,1 %), facilidades para conciliar (16,4 %) o un ascenso (10,7 %).
- Por sexos hay diferencias, por ejemplo, las mujeres prefieren en mayor medida la conciliación de vida personal y vida laboral (un 18,6 % ellas, un 14,9 % ellos).
- Por edades: los mayores de 36 años valoran casi en la misma medida una subida salarial que la formación, y los menores de 36 prefieren un aumento de sueldo.
- Los salarios en especie más demandados son: cursos de formación (16 %), seguros médicos privados (13,5 %) y los planes de pensiones (10,7 %).
- Pocos trabajadores apuestan por el teletrabajo (16 %) y prefieren flexibilidad de entrada y salida (43,8 %) o tener una jornada intensiva (39,9 %).

Fuente: Extraído de Adecco prensa (2018): «XI Encuesta Adecco ¿Qué pedirías a tu empresa en el nuevo año?». Disponible en https://adecco.es/wp-content/uploads/2018/01/NdP-Ma%CC%81s-del-70-de-los-trabajadores-prefiere-otras-mejoras-antes-que-un-aumento-de-sueldo.pdf [04/04/2018].

ACTIVIDAD DIDÁCTICA RECOMENDADA: Después de leer este informe, responda a la siguiente cuestión: ¿Cómo relacionarías los aspectos analizados en la encuesta de Adecco con los componentes de la retribución total? Clasifícalos según el esquema propuesto en la Figura 1.

Figura 1: Componentes de la retribución o compensación.

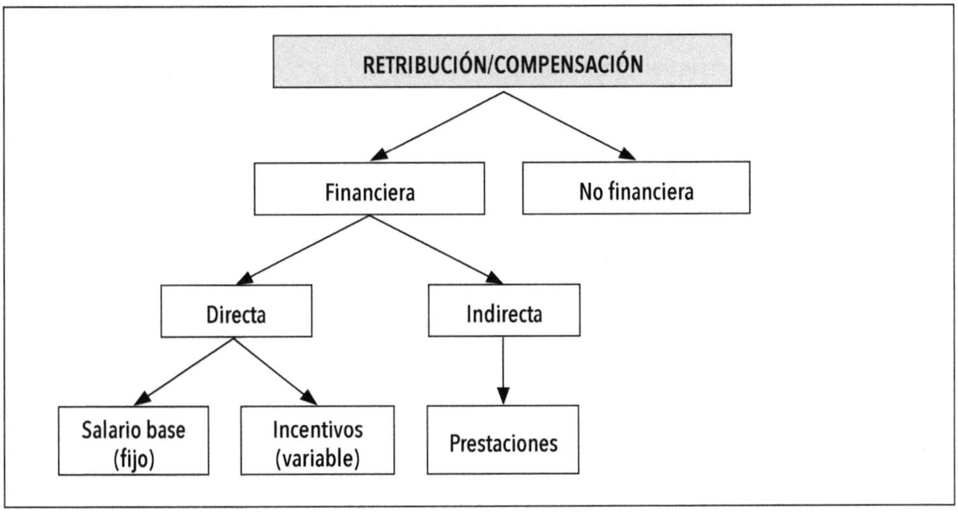

Fuente: Adaptado de Dolan *et al.* (2014: 172) y Mondy (2010: 269).

2. LA GESTIÓN DE LA RETRIBUCIÓN

La retribución tiene diversos efectos sobre el individuo. Además del efecto económico, está el psicológico y sirve como indicador de poder y de prestigio; por lo que una buena gestión del sistema de retribución puede tener efectos positivos sobre las personas y sobre los resultados de la organización (Gómez-Mejía *et al.*, 2016). Para poder establecer un buen sistema de retribución, la empresa debe fijar los objetivos y tener en cuenta una serie de condiciones o principios que faciliten o aseguren el logro de sus objetivos.

Respecto a los objetivos, hay cierto acuerdo en que toda retribución debe atraer potenciales candidatos, retener a los buenos empleados, servir de elemento motivador, respetar la normativa legal, facilitar el logro de objetivos estratégicos de la organización y lograr ventajas competitivas gracias al control del gasto de personal (Dolan *et al.*, 2014). De esta forma, el sueldo debe ser lo suficientemente atractivo para atraer el talento a la organización, pero también retenerlo, para lo cual tiene que ser flexible y adaptable al valor que aporta cada individuo. Por otra parte, es un importante elemento de motivación, en especial si lo que se percibe o una parte de ello está asociado al rendimiento del trabajador. Respecto a la motivación es importante tener en cuenta que cada individuo tiene diferentes motivaciones; para algunos el dinero es el principal elemento motivador, pero para otros pueden ser cuestiones como el prestigio o la posición social y que, además, van cambiando con el tiempo.

Para que estos objetivos puedan lograrse de la forma adecuada hay que tener en cuenta una serie de criterios o **principios básicos**: 1) la consistencia o equidad interna; 2) la competitividad o equidad externa; 3) el reconocimiento de las diferencias individuales o equidad individual; y 4) la administración del sistema retributivo (Dolan *et al.*, 2014).

La **equidad o consistencia interna** se refiere al logro de una retribución justa tomando como referencia las comparaciones salariales entre los puestos de trabajo de la organización. La idea es que los individuos que están en el mismo nivel o que tiene contribuciones similares para la organización deberían recibir la misma retribución (Dolan *et al.*, 2014; Gómez-Mejía *et al.*, 2016).

La **equidad o competitividad externa** se refiere a la consideración de que la retribución es justa respecto a lo que se percibe en puestos similares en otras empresas (Dolan *et al.*, 2014; Gómez-Mejía *et al.*, 2016). La equidad externa, al comparar a la empresa con sus competidores y otras organizaciones, permite valorar la posición competitiva de la empresa en función de su retribución (Dolan *et al.*, 2014). En este sentido, pueden tener sueldos por debajo del mercado, por encima o al mismo nivel (Lectura 2).

La **equidad individual** trata de reconocer las diferencias que puede haber entre individuos, que personas que tengan diferentes niveles de eficiencia no reciban

Lectura 2. La equidad interna y externa

Jesús Gómez comenta que la equidad es uno de los principios retributivos más aceptados y extendidos: «La mayoría de empleados y empresarios consideran que un salario justo debería ser equitativo». En su artículo explica cómo lograr la equidad interna y externa a través del modelo de las 4 P's: *Position* o puesto de trabajo; *Person* o persona; *Perfomance* o desempeño en el puesto de trabajo; y *Potential* o potencial del trabajador. Este modelo busca ajustar de forma individual las retribuciones para cada empleado y, para ello, se pueden plantear cuatro preguntas:

1.- ¿Cuánto vale el puesto de trabajo?
2.- ¿Cuánto vale la persona que quiero contratar?
3.- ¿Cómo pagar en función del desempeño del trabajador?
4.- ¿Cuánto vale el potencial mostrado por un trabajador?

Fuente: Adaptado de Gómez (2016): «Las 4 P's de la política de compensación», artículo publicado en cerem.es, 01/02/2016. https://www.cerem.es/blog/las-4-p-s-de-la-politica-de-compensacion [04/04/2018].

ACTIVIDAD DIDÁCTICA RECOMENDADA: Después de leer este artículo, responda a las siguientes cuestiones: ¿Qué análisis hay que realizar para dar respuestas a estas preguntas? ¿Con qué componentes de la retribución se relaciona cada pregunta?

la misma remuneración (Dolan *et al.*, 2014), de forma que, que las decisiones sobre retribución sean percibidas por los individuos como justas (Gómez-Mejía *et al.*, 2016). La equidad individual se logra, por ejemplo, cuando dos trabajadores que tienen el mismo puesto, pero diferentes resultados en la evaluación del desempeño, no perciben lo mismo como recompensa.

La última cuestión hace referencia a la administración o **gestión del sistema retributivo**, es decir, a cuál va a ser su nivel de transparencia, su grado de comprensión para el trabajador y si se tiene en cuenta los cambios para ir adaptándolo a las nuevas necesidades y situaciones (Dolan *et al.*, 2014).

Teniendo en cuenta estos aspectos, cada organización establece su política salarial, es decir, el conjunto de principios y directrices que son reflejo de la orientación y filosofía de la organización con relación al sistema de retribución. Estas políticas no son estáticas, tienen que adaptarse a los cambios internos de la empresa y a los que se produzcan en el mercado laboral (Chiavenato, 2011).

A la hora de gestionar el sistema retributivo y de definir la política retributiva, la organización se tiene que plantear cómo va a ser la estructura retributiva, qué sistema de retribución utilizará para fijar la cuantía de la parte fija del salario y cuáles serán los costes laborales. Además, la elección de la estructura salarial de la empresa va a estar determinada en gran medida por la posición que tenga la empresa respecto a sus retribuciones: por encima de la media del mercado, en la media del mercado o por debajo (Dolan *et al.*, 2014).

2.1. LA ESTRUCTURA RETRIBUTIVA

La estructura retributiva determina para cada puesto cuál es la composición de su retribución, es decir, qué componentes se incluyen y en qué proporción (Dolan *et al.*, 2014). No hay una fórmula general para establecer la estructura de la retribución, por lo que para poder determinarla hay que analizar, entre otras cosas, los puestos de trabajo, conocer la estructura retributiva para dichos puestos de otras empresas competidoras, así como el perfil profesional y personal del trabajador.

Según el Estatuto de los Trabajadores, la **estructura del salario** se establece mediante la negociación colectiva o, en su defecto, en el contrato individual y deberá comprender (art. 26.2 y 3 del Real Decreto Legislativo 2/2015):

- El salario base, o retribución fijada por unidad de tiempo o de obra. Las organizaciones pueden fijar la cuantía del salario base utilizando sistemas basados en el puesto de trabajo o en las competencias, que serán comentados en el siguiente apartado.
- Los complementos salariales-incentivos o prestaciones, o retribución fijada en función de circunstancias relativas a «condiciones personales del trabajador, al trabajo realizado, o a la situación y resultados de la empresa». En estos casos, puede pactarse que sean consolidables o no. Entre los complementos salariales que normalmente se acuerdan en la negociación colectiva se destacan[1]:
    - Antigüedad.
    - Pagas extraordinarias.
    - Participación en beneficios.
    - Complementos como penosidad, toxicidad, peligrosidad, nocturnidad o turnos.
    - Primas de producción por calidad o cantidad de trabajo.
    - Residencia en provincias insulares y Ceuta y Melilla.
- Hay una serie de retribuciones que por ley no tienen la consideración de salario como «las indemnizaciones o suplidos por los gastos realizados como consecuencia de la actividad laboral, prestaciones e indemnizaciones de la Seguridad Social, indemnizaciones correspondientes a traslados e indemnizaciones correspondientes a suspensiones o despidos».

En España, el Estatuto de los Trabajadores define el **salario** como «la totalidad de las percepciones económicas de los trabajadores, en dinero o en especie, por la prestación profesional de los servicios laborales por cuenta ajena, ya retribuyan el trabajo efectivo, cualquiera que sea la forma de remuneración, o los períodos de descanso computables como de trabajo». En este sentido, también se establece que, «en ningún caso el salario en especie podrá superar el 30 %

1 Información obtenida de http://www.empleo.gob.es/es/Guia/texto/guia_6/contenidos/guia_6_13_1.htm

de las percepciones salariales del trabajador ni dar lugar a la minoración de la cuantía íntegra en dinero del salario mínimo interprofesional» (arts. 26.1 del Real Decreto Legislativo 2/2015[2]).

Los **incentivos** buscan vincular el trabajo con determinados objetivos, sobre todo, de resultados. Por eso, hay ciertos puestos cuyas características favorecen su inclusión, por ejemplo, operarios, vendedores y directivos. Las organizaciones establecen su sistema de retribución por desempeño para recompensar el rendimiento de los individuos, grupos o de la organización en su conjunto y, para cada caso, se pueden proponer planes de incentivos y establecer el criterio para fijar las cuantías para cada incentivo (Dolan *et al.*, 2014).

Las **prestaciones** son recompensas colectivas que ofrecen seguridad a los trabajadores y a sus familias (Gómez-Mejía *et al.*, 2016: 405) y pueden ayudar a mejorar las condiciones de trabajo y la calidad de vida del empleado. Sastre Castillo y Aguilar Pastor (2003) consideran que son especialmente adecuadas para los directivos ya que pueden servir como elemento de motivación y como herramienta para captar talento en el mercado. Las prestaciones pueden ser de dos tipos: obligatorias por ley y voluntarias (Dolan *et al.*, 2014).

Las **prestaciones obligatorias por ley**, en nuestro país, son las relativas al sistema de la Seguridad Social. El Estado, a través de la Seguridad Social, garantiza la protección de una serie de contingencias y situaciones definidas por ley. El sistema de Seguridad Social (S.S.) está compuesto por el Régimen General y los Regímenes Especiales. La afiliación a la Seguridad Social es obligatoria para todas las personas incluidas en su campo de aplicación. En cuanto a la modalidad contributiva y la cotización a la S.S., es obligatoria para quienes realicen una actividad que les incluya en el campo de aplicación de cualquiera de los regímenes del sistema, en su modalidad contributiva[3]. Las prestaciones del Régimen General de la Seguridad Social son la asistencia sanitaria, la incapacidad temporal y permanente, maternidad o paternidad, riesgo durante el embarazo o la lactancia, lesiones permanentes no invalidantes, jubilación, muerte y supervivencia, prestaciones familiares, prestación por desempleo y por cese de actividad de los trabajadores autónomos, servicios sociales, seguro obligatorio de vejez e invalidez (S.O.V.I.), y las prestaciones del seguro escolar[4].

Por su parte, en el caso de las **prestaciones voluntarias**, es la organización la que deberá analizar, en cada caso, la adecuación de esta parte de la retribución a los diferentes puestos. Este tipo de retribución tiene un coste para la empresa y se suele conceder por el mero hecho de trabajar en ella,

2 Real Decreto Legislativo 2/2015, de 23 de octubre, por el que se aprueba el texto refundido de la Ley del Estatuto de los Trabajadores. https://www.boe.es/boe/dias/2015/10/24/pdfs/BOE-A-2015-11430.pdf

3 Para más información, consultar: www.seg-social.es/Internet_1/Trabajadores/Afiliacion/Informaciongeneral/index.htm

4 Para más información, consultar: www.seg-social.es/Internet_1/Trabajadores/PrestacionesPension10935/Accionprotectorapre12778/index.htm

por lo cual, la decisión sobre la partida de prestaciones de carácter voluntario que ofrecerá la empresa debería estar determinada por este coste y por el deseo de mejorar la calidad de vida en el trabajo. Estas prestaciones se pueden ofrecer a todos los trabajadores, a un grupo de ellos, o bien que cada empleado pueda elegir entre las disponibles. Hay prestaciones que se entregan en forma de dinero como ayudas para la jubilación, préstamos, etc.; pero también hay otras prestaciones que se ofrecen en forma de servicios o ventajas para los trabajadores como el pago de los seguros médicos o de otro tipo como los de vida, los comedores y servicios de cafetería o ticket-restaurante, teléfono móvil, los economatos, la asesoría jurídica, la asesoría financiera, los programas deportivos, las guarderías, los gastos de desplazamiento o transporte colectivo, las ayudas educativas, el cuidado a personas de la tercera edad, los descuentos en productos de la compañía, etc. (Dessler, 2015). En el caso de los directivos, por ejemplo, la empresa podría hacerse cargo de su alojamiento si se han trasladado de ciudad, poner a su disposición un coche o incluso un avión privado[5].

Tradicionalmente, se han estudiado los componentes financieros de la retribución (retribución directa e indirecta), sin embargo, en la actualidad, las organizaciones están dando mucha importancia a los aspectos no financieros, es decir, al puesto de trabajo y al ambiente laboral (Chiavenato, 2011; Mondy, 2010). Mondy (2010) describe el trabajo como un factor de **remuneración no financiera** y explica su importancia a través de la teoría de las características del trabajo. Esta teoría establece que el trabajador puede experimentar una compensación intrínseca si se valora su trabajo. También es importante el ambiente laboral y la flexibilidad laboral (Mondy, 2010): un buen ambiente de trabajo mejora la satisfacción y motivación y depende en gran medida de las políticas de la empresa, de la calidad de los directivos y de empleados, de las relaciones entre compañeros y de las condiciones de trabajo (Lectura 3). La flexibilidad laboral, por su parte, facilita el equilibrio entre el trabajo y la vida personal, y se puede lograr a través de los horarios de trabajo flexibles, las semanas de trabajo reducidas, el trabajo a distancia o a tiempo parcial o compartiendo el puesto de trabajo (Dessler, 2015).

2.2. LOS SISTEMAS DE RETRIBUCIÓN

Los sistemas de retribución permiten establecer los niveles salariales y el salario base así como los incentivos. Para determinar el salario base de cada puesto se pueden utilizar dos sistemas de retribución: la retribución basada en el puesto de trabajo y los sistemas de retribución basados en competencias o habilidades. Para determinar los incentivos, el sistema de retribución es aquel que está basado en el rendimiento.

5 Para obtener información más detallada sobre las prestaciones consultar Dessler (2015: 363-393) y Gómez-Mejía *et al.* (2016: 403-444).

Lectura 3. Clima de trabajo y conciliación

Kyocera es una empresa japonesa dedicada a la gestión e impresión de documentos. En la entrevista realizada en noviembre de 2017, Javier Pérez Yela, director de Recursos Humanos de Kyocera Document Solutions, comenta que «la filial española mantiene muchos aspectos relacionados con el cuidado y la protección de las personas que forman parte de la cultura organizacional. Muestra de ello son programas como «I Love Kyocera», «Future K» o ser la primera empresa del sector documental en contar con el sello EFR en conciliación de la Fundación Másfamilia».

El programa «I love Kyocera» se puso en marcha para generar un clima de trabajo positivo y tiene dos objetivos. El primero es desarrollar acciones que sean interesantes para los trabajadores como acciones informativas, noticias internas, eventos institucionales, eventos gestionados por los propios empleados como concursos de cocina, torneos deportivos, paseos en bicicleta organizados para ir en familia o barbacoas. Y el segundo objetivo es poner en valor, mediante una buena política de comunicación interna, todas las acciones y proyectos desarrollados.

También comenta Vázquez en esta entrevista que la empresa tiene horarios flexibles, una jornada de 38,5 horas semanales, jornada reducida en verano que no se recupera en invierno, los viernes por la tarde no se trabaja ni tampoco el día del cumpleaños por la tarde y tienen también «Días sin cole».

Fuente: Adaptado de Vázquez, E. (2017): Entrevista a Javier Pérez Yela director de Recursos Humanos de Kyocera Document Solutions, «Nuestra responsabilidad es ofrecer beneficios adaptados a las necesidades del empleado», publicada en equipos&taleto.com, 20/11/2017. http://www.equiposytalento.com/entrevistas/director-recursos-humanos/kyocera-document-solutions/javier-perez-yela/ [04/04/2018].

ACTIVIDAD DIDÁCTICA RECOMENDADA: Después de leer esta entrevista, responda a la siguiente cuestión: ¿Qué otras acciones pueden poner en marcha esta empresa para ofrecer «beneficios adaptados a las necesidades del empleado» teniendo en cuenta su cultura organizativa?

A. SISTEMAS DE RETRIBUCIÓN PARA SALARIO BASE

Los sistemas tradicionales de retribución consideran que para fijar el salario base se deben evaluar el valor o las contribuciones de cada puesto más que lo que hace el empleado (retribución basada en el puesto de trabajo). Sin embargo, en la actualidad, muchas empresas valoran de forma especial los aspectos individuales, es decir, el talento de los empleados, por lo que se han desarrollado otros sistemas de retribución que están basados en conocimientos, habilidades o competencias (Gómez-Mejía *et al.*, 2016).

Ambos sistemas tienen ventajas e inconvenientes. Los sistemas basados en competencias motivan más a los trabajadores, reducen la rotación de personal y el absentismo y dan más flexibilidad al trabajador y a la empresa, pero pueden tener mayores costes laborales, se pierde en cierta medida la especialización de la mano de obra y el proceso de selección de candidatos es más complejo (Gómez-Mejía *et al.*, 2016). Por ello, a la hora de elegir entre unos u otros habrá que analizar su conveniencia en función de las características y situación de la empresa (Figura 2).

Figura 2: La retribución basada en el puesto de trabajo y la retribución basada en habilidades / competencias.

Retribución basada en el puesto de trabajo	Retribución basada en habilidades / competencias
• La tecnología es estable • No hay cambios frecuentes en los puestos de trabajo • No es necesaria la sustitución frecuente de trabajadores • Para el buen desempeño del puesto se requiere mucha formación • La rotación es baja • El trabajador puede ascender con el tiempo • Puestos de trabajo muy estandarizados	• Tiene trabajadores que disponen de las competencias necesarias y tienen el deseo de aprender distintos puestos de trabajo • Hay cambios frecuentes en la tecnología y en la estructura de la empresa • La organización fomenta la participación de los trabajadores y el trabajo en equipo • Hay pocas oportunidades para ascender • Se pueden aprender nuevas capacidades • Los costes de rotación y absentismo son elevados

Fuente: Adaptado de Gómez-Mejía *et al.* (2016: 330).

1. Sistemas de retribución basados en el puesto de trabajo

Los sistemas de retribución basados en el puesto de trabajo parten de la idea de que el trabajo es el que determina la remuneración directa. Cada puesto de trabajo está diseñado para llevar a cabo determinadas tareas y tiene una importancia distinta para la empresa. El objetivo principal de estos sistemas es pagar en función del valor que se atribuye a las funciones, tareas, obligaciones, responsabilidades y otros factores relacionados con el puesto de trabajo (Gómez-Mejía *et al.*, 2016; Mondy, 2010). En este caso, se considera que cada puesto tiene un valor individual y que, para remunerar con equidad, hay que comparar el valor de cada puesto con los demás puestos de la organización y con la situación del mercado (Chiavenato, 2011).

Estos sistemas se diseñan para establecer la cuantía de la parte fija o salario base para cada puesto de trabajo teniendo en consideración el logro de la equidad interna, la externa y la individual. Para ello se sigue un proceso con varias etapas o fases (Werther y Davis, 2014): 1) análisis de los puestos; 2) evaluación de los puestos; 3) estudios comparativos de sueldos y salarios; y 4) determinación de la compensación o asignación del salario individual (Figura 3).

En la **Fase I** se utiliza la información obtenida en el análisis de los puestos (descripción de funciones y características, descripción del puesto y estándares del puesto) para determinar los niveles de desempeño. Con esta información, en la **Fase II**, se lleva a cabo la evaluación del puesto que es el proceso mediante el cual se determina el valor o la contribución relativa que los distintos puestos tienen en la empresa (Gómez-Mejía *et al.*, 2016).

Figura 3: Fases para establecer un sistema de retribución basado en el puesto de trabajo.

Fase I: Identificación y estudio de puestos	**ANÁLISIS DE PUESTOS**		
	Descripción de funciones y características	Descripción del puesto	Estándares del puesto
Fase II: Equidad interna	**EVALUACIÓN DEL PUESTO**		
	Jerarquización	Comparación por factores	Sistemas de puntos
Fase III: Equidad externa	**ESTUDIOS COMPARATIVOS DE SUELDOS Y SALARIOS**		
	Entidades oficiales	Asociaciones profesionales	Estudios comparativos propios
Fase IV: Equilibrio de valor interno y externo	**DETERMINACIÓN DE LA COMPENSACIÓN**		
	Valor determinado por la evaluación del puesto	= Equilibrio =	Valor determinado por el mercado de trabajo
	TASA / CUANTÍA CONCEDIDA A CADA PUESTO (Salario individual)		

Fuente: Werther y Davis (2014: 247).

En esta fase se comparan los puestos de la organización y se establece su importancia dentro de ella considerando las responsabilidades, habilidades, tareas y condiciones de trabajo, es decir, clasificándolos por grupos, a los que normalmente se les asignará un nivel salarial según el criterio de equidad interna. Los sistemas más comunes para establecer el valor relativo de los puestos y clasificarlos son (Chiavenato, 2011; Dolan *et al.*, 2014; Gómez-Mejía *et al.*, 2016; Mondy, 2010; Werther y Davis, 2014):

- La jerarquización: se crea una escala subjetiva en la que valora la importancia que tiene cada puesto en comparación con los otros puestos para ordenarlos por orden de importancia[6].

6 Para obtener más información sobre estos sistemas, consultar Dessler (2015: 304-306), Dolan *et al.* (2014: 178), Gómez-Mejía *et al.* (2016: 341) y Werther y Davis (2014: 247-248).

- La graduación o clasificación de puestos: los puestos similares se agrupan en clases. También se pueden clasificar en grados cuando son puestos diferentes, pero tienen un nivel de dificultad parecido[7].
- La comparación de factores: se comparan y evalúan uno a uno los factores principales de cada puesto —habilidades, requisitos mentales y requisitos físicos, condiciones de trabajo y responsabilidad— con respecto al mismo factor en otros puestos, y se asigna un valor monetario a cada factor[8].
- Los sistemas de puntos: son unos de los más empleados para la evaluación de puestos. Se analizan una serie de factores, es decir, un conjunto de criterios relacionados con el trabajo como, por ejemplo, la responsabilidad, las habilidades, el esfuerzo o las condiciones laborales. En este caso, cada factor se descompone en subfactores (por ejemplo, la habilidad en experiencia y educación). Y se crean varios niveles para cada factor a los que se asigna una puntuación en función de su importancia, y con estas puntuaciones se puede elaborar un manual de evaluación en el que se explica cada elemento del puesto, las puntuaciones asignadas y el desempeño esperado para cada nivel de cada factor. Entre los sistemas de puntuación más conocidos está el Sistema Hay (*Hay Guide Chart Profile Method*) y el Plan Nacional de Evaluación de Puestos (*National Position Evaluation Plan*)[9].

En la **Fase III** se realizan los estudios comparativos de sueldos y salarios para conocer las condiciones del mercado y garantizar la equidad externa. Las empresa suelen realizar estudios de mercado para establecer puntos de referencia o puestos de trabajo clave y para definir su política salarial, es decir, si va a remunerar a sus empleados por encima, en la media o por debajo de lo que paga el mercado. Los puntos de referencia son los puestos que son similares o comparables en sus contenidos en otras empresas, a partir de los cuales se puede determinar su valor de mercado. Con esta información se establecen los niveles salariales, es decir, se agrupan puestos de trabajo similares y se les asigna un valor monetario. Una vez que se han determinado los niveles salariales, se pueden fijar los rangos salariales, es decir, establecer el punto medio, el mínimo y el máximo de retribución para cada grupo de puestos de trabajo o líneas de tendencia salarial (Dessler, 2015; Dolan *et al.*, 2014; Gómez-Mejía et al., 2016; Mondy, 2010; Werther y Davis, 2014).

Finalmente, en la **Fase IV**, se determina la compensación, en este caso se buscará un ajuste entre el valor determinado por la evaluación del puesto y el que determina el mercado de trabajo. De esta manera se puede fijar la cuantía que percibir para cada puesto de trabajo en función de su grupo salarial (Werther y Davis, 2014).

7 Para obtener más información sobre estos sistemas, consultar Dessler (2015: 306), Dolan *et al.* (2014: 178) y Werther y Davis (2014: 247-252).

8 Para obtener más información sobre estos sistemas, consultar Chiavenato (2011: 242-244), Dolan *et al.* (2014: 181), Mondy (2010: 277-278) y Werther y Davis (2014: 247-248).

9 Para más información sobre estos sistemas, consultar Chiavenato (2011: 244-250); Dessler (2015: 306), Dolan *et al.* (2014: 179-180), Gómez-Mejía *et al.* (2016: 340) y Mondy (2010: 278-279).

2. Sistemas de retribución basados en competencias

Aunque la fijación de la retribución en función del puesto de trabajo es una de las más utilizadas, hay otras formas complementarias para la determinación de la cuantía a percibir: los sistemas de retribución basados en competencias[10].

La retribución basada en competencias es un sistema retributivo mediante el cual se remunera al empleado en función de los distintos trabajos que puede realizar o de los conocimientos que posee y que pueden aplicarse con éxito a varias tareas o situaciones (Gómez-Mejía *et al.*, 2016: 330). En estos sistemas se valora a los trabajadores con más conocimiento y se recompensan los esfuerzos realizados para adquirir nuevas competencias. Estas recompensas pueden ser tangibles o intangibles como aumentos de sueldo, mayor movilidad, satisfacción profesional, etc. (Mondy, 2010).

Las competencias han sido definidas de formas diferentes. Para Dessler (2015: 319) son características personales que pueden demostrarse como conocimientos, habilidades y conductas personales. Mondy (2010: 287) considera que las competencias incluyen las habilidades, pero también implican factores como los motivos, valores, las actitudes y el concepto de sí mismo que pueden estar vinculados con un mejor desempeño.

Según Chiavenato (2011), los planes de remuneración basados en habilidades se pueden agrupar en dos categorías:

1. Planes basados en el conocimiento. La remuneración depende del grado de conocimiento necesario para el desempeño de un puesto o una función. Por ejemplo, los científicos y los profesores.
2. Planes basados en habilidades múltiples. La remuneración depende de la capacidad del trabajador para desempeñar diferentes puestos y funciones.

Para establecer un sistema de remuneración basado en habilidades se realiza, en primer lugar, un análisis de las habilidades que permite reunir información sobre el conocimiento o las capacidades necesarias para desempeñar una función. Las habilidades se pueden agrupar en bloques en función de los tipos de capacitación que son necesarios para realizar un trabajo. A partir de la información obtenida en el análisis se pueden describir, evaluar y certificar las habilidades. La certificación se puede realizar de formas diferentes: utilizando la evaluación del desempeño, las demostraciones en la práctica, los exámenes de certificación, o en otros casos, las empresas cuentan con una comisión de certificación interna que es la que realiza la evaluación y certificación de las habilidades de los trabajadores (Chiavenato, 2011).

10 Algunos autores diferencian entre remuneración basada en habilidades y remuneración basada en competencias (Chiavenato, 2011; Mondy, 2010), mientras que otros, como Dolan *et al.* (2014), las analizan de forma conjunta.

Además de realizar el análisis de habilidades, para establecer un programa salarial basado en competencias hay que tener en cuenta los siguientes elementos (Dessler, 2015):

- Definición de habilidades específicas.
- Elección del método para fijar el salario individual en función de las habilidades.
- Determinar el sistema de capacitación.
- Probar las competencias a través de un sistema formal.
- Diseño del trabajo para lograr mayor flexibilidad en la asignación de los puestos de trabajo.

Tanto el sistema de remuneración basado en el puesto de trabajo como el basado en competencias sirven para determinar la parte fija de la remuneración, pero la retribución total tiene otros componentes como los incentivos, las prestaciones y la parte no financiera. De forma que la empresa tendrá que plantearse si incluirlos o no, y en qué proporción respecto al total. Estas cuestiones estarán determinadas por los costes que impliquen para la empresa.

B. LOS SISTEMAS DE RETRIBUCIÓN PARA INCENTIVOS

La **retribución basada en el rendimiento** es la que está asociada al logro de objetivos. Esta parte de la compensación es la que introduce diferencias entre las personas o los grupos en función de sus resultados (Lectura 4). Los planes de incentivos se pueden clasificar en tres grupos: individuales, de grupo o de la organización (Figura 4) y su elección puede depender del sector de actividad de la empresa (Dolan *et al.*, 2014).

Figura 4: Tipos de incentivos.

INCENTIVOS INDIVIDUALES	INCENTIVOS DE GRUPO	INCENTIVOS PARA TODA LA ORGANIZACIÓN
Incentivos generales	Se establece un estándar de producción para un grupo específico	Participación en beneficios
Incentivos de ventas / comisiones		Plan Scanlon
Incentivos para la dirección		Participación en el capital de la empresa

Fuente: Adaptado de Dolan *et al.* (2014).

Lectura 4. Retribución por desempeño: ventajas e inconvenientes

«¿Quién no ha oído hablar de personas que llevan mucho tiempo esforzándose al máximo en su organización y, sin embargo, tienen un sueldo muy bajo? ¿Y a la inversa?».

La compensación basada en el rendimiento trata de evitar este tipo de injusticias, pero tiene ventajas e inconvenientes (Pich, 2016):

Ventajas

- Impulsa la motivación y la productividad.
- Alinea el trabajo del empleado con el éxito de la compañía.
- Ayuda a atraer y retener talento.

Inconvenientes

- Rivalidad entre empleados y falta de cooperación.
- Dificultades para medir el rendimiento objetivamente.
- Las compensaciones económicas pueden eclipsar otras cosas importantes.

La autora también comenta que «si ves que un sistema de retribución variable no encaja en la cultura de tu organización, no olvides de que existen muchas otras maneras de incentivar a tus empleados, y no tienen por qué implicar un pago económico».

Fuente: Adaptado de Pich, I. (2016): «Las ventajas e inconvenientes de la remuneración por desempeño», noticia publicada el 21/10/2016. http://blog.talentier.com/ventajas-e-inconvenientes-de-la-remueracion-por-desempe%C3%B1o [04/04/2018].

ACTIVIDAD DIDÁCTICA RECOMENDADA: Después de leer esta noticia, analice las ventajas e inconvenientes de la retribución por desempeño y responda a la siguiente cuestión: ¿Hay otros sistemas de retribución que mejoren la motivación y la productividad? Justifique su respuesta.

Los **incentivos individuales** están pensados para recompensar el esfuerzo o desempeño individual (Gómez-Mejía *et al.*, 2016) de forma que se logre el principio de equidad individual, siendo muy comunes y utilizados. Se pueden clasificar en tres grupos: incentivos generales, de ventas y los incentivos para la dirección.

1. *Incentivos individuales generales* pueden ser de diferentes tipos: el trabajo a destajo, las horas normales y los sistemas de sugerencias.

- Trabajo a destajo: el trabajador recibe una compensación por cada unidad producida (Dessler, 2015), en algunos casos, se habla de bonus o primas (Gómez-Mejía *et al.*, 2016). Para establecer el salario por unidad se pueden utilizar los estudios de tiempo y movimientos (Dolan *et al.*, 2014).
- Plan de horas de trabajo normales: cada trabajador recibe una compensación en función del tiempo por unidad de producción. Para ello, se compensa el

ahorro de tiempo por lo que las tareas se dividen en función de su tiempo de realización (Dolan *et al.*, 2014).

- Sistemas de sugerencias: consiste en motivar a los trabajadores para que aporten ideas que permitan ahorrar o ganar dinero (Dolan *et al.*, 2014).

2. *Incentivos individuales para el personal de ventas*, o también llamados comisiones, que son aquellas que tratan de asociar el volumen de ventas con la retribución del vendedor (Dolan *et al.*, 2014). Normalmente, los vendedores tienen una retribución compuesta por una parte fija y una variable (Dessler, 2015). Las comisiones se pueden fijar como porcentajes de las ventas con intervalos, es decir, se establecen diferentes porcentajes para cada intervalo preestablecido de ventas, de forma que, si se sobrepasan los límites superiores de cada intervalo, el porcentaje o la parte variable que recibe el trabajador aumenta.

3. *Incentivos individuales para la dirección*. La complejidad del trabajo directivo y la posibilidad de conflictos entre la dirección y la propiedad de la empresa hacen que los incentivos que se ofrecen en estos puestos constituyan una parte importante en su retribución. Siguiendo a Dessler (2015), podríamos diferenciar entre incentivos a corto plazo y a largo plazo. Los incentivos a corto plazo tienen un papel motivador en el buen desempeño del trabajo diario. Un ejemplo de este tipo de incentivos son los bonos anuales que suelen estar asociados al desempeño individual y al beneficio o rentabilidad obtenidos por la empresa en cada ejercicio económico. Mientras que los incentivos a largo plazo van dirigidos a ajustar los intereses individuales con los de la organización. Dentro de los incentivos a largo plazo el directivo puede recibir una cantidad en efectivo en función de algún criterio o bien algún derecho sobre el capital de la empresa. Entre estos incentivos destacamos la opción de compra de acciones (***stock option***), que dan el derecho de adquirir acciones de la compañía en una fecha posterior, pero al precio que se establezca cuando se conceda la opción, así como otras fórmulas como las acciones por rendimiento, en las que se reciben las acciones si se cumple con los objetivos de desempeño. Otro ejemplo de incentivos para la dirección son los «paracaídas de oro», que son pagos extraordinarios que se dan a los directivos cuando se produce un cambio en la propiedad o control de la compañía (Dessler, 2015).

Los **incentivos de grupo** son aquellos que tratan de asociar parte de la remuneración con determinados objetivos de grupo. Se suele establecer para cada grupo un estándar de producción y cada miembro recibe los incentivos si el grupo supera ese estándar (Dessler, 2015). De esta forma, se puede remunerar a los miembros del grupo de tres formas diferentes: 1) todos reciben la cantidad ganada por el que haya producido más; 2) todos reciben la cantidad correspondiente al que haya producido menos; o 3) todos reciben una cantidad equivalente a la cantidad promedio ganada por el grupo (Dessler, 2015).

Los **incentivos para toda la organización** se suelen utilizar cuando en la organización es necesaria una gran cooperación entre sus miembros. En estos incentivos, si la empresa logra ciertos objetivos, el trabajador recibe un pago extra

(Dolan *et al.*, 2014). Hay varios tipos de incentivos a este nivel: los planes de participación en beneficios, el plan Scanlon y los planes de propiedad de acciones. Los primeros pueden ser en efectivo, es decir, se paga una cantidad en función de los beneficios obtenidos, normalmente cada año; o planes de dividendos-salario, en los cuales se fija el porcentaje de beneficios que corresponde al trabajador en función de los dividendos pagados a los accionistas (Dolan *et al.*, 2014). Por su parte, el plan Scanlon trata de reflejar el hecho de que la cooperación de toda la empresa ayuda a mejorar la eficiencia de las actividades de explotación y que esta cooperación se puede estimular mediante incentivos que se calculan en función de los ahorros en los costes de la mano de obra —relación entre costes salariales y valor de producción de las ventas— (Dessler, 2015; Dolan *et al.*, 2014). Otra modalidad de incentivos para toda la organización son los planes de propiedad de acciones para los empleados, en los que la empresa entrega acciones a un fideicomiso y hace aportaciones anuales adicionales. El fideicomiso distribuye las acciones entre los empleados cuando se jubilan o abandonan la empresa (Dessler, 2015). La empresa puede ofrecer estas acciones a un precio inferior al del mercado e incluso de forma gratuita (Gómez-Mejía *et al.*, 2016).

2.3. LOS COSTES LABORALES

La determinación de la estructura salarial y, por tanto, de la cuantía para cada puesto va a estar determinada por los costes laborales y por las expectativas de beneficio que se esperen de los trabajadores. Cuando hablamos de costes laborales nos estamos refiriendo no solo al salario bruto anual / mensual / diario que cobra cada trabajador, sino también a otros pagos como la parte de la Seguridad Social a cargo de la empresa o el coste unitario de las prestaciones e incentivos.

Por ello, la contratación de un trabajador supone para la empresa la consideración individual de su coste, dado que es habitual que en las empresas, independientemente de que el puesto y el trabajo sea el mismo o similar, los costes de cada empleado por cuenta ajena no sean iguales.

Uno de los componentes fundamentales del coste laboral individual es el salario bruto anual / mensual / diario. Considerando las normas y convenios colectivos de aplicación, el salario bruto se puede fijar de forma bilateral entre empleado y empleador. Lo más habitual es que en los convenios estén recogidas las remuneraciones mínimas para cada categoría salarial, y sea la negociación bilateral, en su caso, la que permita introducir mejoras en este sentido en el contrato de trabajo.

Por otra parte, la empresa tiene la obligación de cotizar a la Seguridad Social (art. 6.1, del Real Decreto 2064/1995)[11]. La cotización tiene dos aportaciones para las contingencias comunes. La que es a cargo del empresario y la que corresponde al

11 Real Decreto 2064/1995, de 22 de diciembre, por el que se aprueba el Reglamento general sobre cotización y liquidación de otros derechos de la Seguridad Social. Consultado en http://www.seg-social.es/Internet_1/Normativa/095235?ssSourceNodeId=292 [03/04/2018]

trabajador. En el caso de las contingencias de accidentes de trabajo y enfermedades profesionales y del Fondo de Garantía Salarial[12], la cotización completa es a cargo exclusivamente de los empresarios. Los empresarios retendrán en las nóminas las cantidades que deba aportar cada trabajador por cuenta ajena y serán los encargados de presentar la documentación e ingresar el importe de las cuotas tanto por sus aportaciones como por las de los trabajadores (art. 22 del Real Decreto 2064/1995).

El importe de la cotización es el resultante de aplicar el tipo o porcentaje que cada año se establece para cada contingencia protegida (contingencias comunes, accidentes de trabajo y enfermedad profesional, cotización adicional por horas extraordinarias, desempleo, fondo de garantía salarial y formación profesional) a la base de cotización[13] y, si es el caso, de deducir el importe de las bonificaciones o reducciones aplicables (art. 6.2. del Real Decreto 2064/1995). En este caso, para hacer el cálculo de los costes salariales, la empresa solo tiene que tener en cuenta las cuotas a cargo de la empresa.

Además de los aspectos anteriormente comentados, la empresa tendrá que valorar el coste de los incentivos que ofrece a sus trabajadores y de las prestaciones de carácter voluntario (Lectura 5).

Lectura 5. El coste laboral en España

La Encuesta Trimestral de Coste Laboral del cuarto trimestre del 2017 publicada en 2018 por el Instituto Nacional de Estadística (INE) indica que el coste laboral subió un 0,7 % en tasa anual si se corrige de efectos estacionales y de calendario.

El coste salarial, que comprende salario base, complementos salariales, pagos por horas extraordinarias, pagos extraordinarios y pagos atrasados, medidos en términos brutos, subió un 0,5 % en tasa anual, pasando de 2.010,73 a 2.020,14 euros por trabajador y mes; mientras que los costes no salariales aumentaron un 1,5 %.

Del coste total por trabajador y mes en el que incurre un empleador, 2.020,14 euros correspondieron a salarios y 596,04 euros a cotizaciones obligatorias a la Seguridad Social y el resto correspondió a elementos como indemnizaciones, prestaciones sociales, etc.

Fuente: Extraído de «El coste laboral por trabajador en España subió un 0,7 % en el cuarto trimestre», noticia publicada en eleconomista.es, 16/03/2018. Disponible en http://www.eleconomista.es/economia/noticias/9009263/03/18/El-coste-laboral-por-trabajador-en-espana-subio-un-07-en-el-cuarto-trimestre.html [04/04/2018].

ACTIVIDAD DIDÁCTICA RECOMENDADA: Después de leer esta noticia, responda a la siguiente cuestión: ¿El coste laboral anual por trabajador coincide con el salario bruto anual que recibe el trabajador? Justifique su respuesta.

12 http://www.empleo.gob.es/es/Guia/texto/guia_6/contenidos/guia_6_13_3.htm

13 Para ampliar la información sobre las bases de cotización, consultar: www.seg-social.es/Internet_1/index.htm

3. TENDENCIAS ACTUALES EN LA GESTIÓN DEL SISTEMA RETRIBUTIVO

Las empresas se pueden plantear el reto de ir adaptando sus sistemas retributivos a las características de su entorno, a los cambios en las necesidades y motivaciones de los individuos, así como a los cambios internos. En este sentido, podemos encontrar consejos de expertos sobre los desafíos actuales en términos de políticas retributivas. La Universidad a Distancia de Madrid (UDIMA) y el CEF-Centro de Estudios Financieros presentaron 10 consejos para 2017, que se resumen a continuación: ofrecer un enfoque de compensación total; retribuir en cantidad y en calidad; personalizar la retribución; utilizarla como elemento motivador; pagar por lo que se logra; buscar la equidad salarial entre hombres y mujeres; desarrollar sistemas de compensación homogéneos y transparentes; internacionalizar la compensación; adaptarla al proceso de transformación digital; y diseñar sistemas que generen compromiso (López Palomo, 2016).

En esta línea, se encuentran los **sistemas de retribución flexible**, que consisten en cambiar la parte monetaria del salario por productos o servicios ofrecidos por la empresa para que el trabajador pueda tener una mayor disponibilidad neta dineraria después de pagar los impuestos y los gastos personales. Aunque es el trabajador el que está pagando estos productos o servicios puede obtener varias ventajas como la fiscal, la facilidad y comodidad para contratarlos, la posibilidad de obtener descuentos al contratar de forma colectiva, e incluso algunos de ellos pueden ayudar a conciliar la vida laboral y personal del trabajador (Del Solar, 2011) (Lectura 6).

El estudio realizado por Top Employers, «Compensation & Benefits», en 2016[14], presenta cuatro grandes tendencias en la gestión de la compensación total (observatoriorh.com, 2016): aumentar la diferenciación en la compensación del rendimiento; desarrollar políticas de compensación total; utilizar modelos de recompensas totales para mejorar la gestión del talento; y utilizar la tecnología para integrar la política retributiva con la gestión del talento[15].

García Ropero (2017) explica los siete puntos a tener en cuenta en la retribución del futuro propuestos por Susana Marcos, socia de la consultora de recursos humanos PeopleMatters: buscar la equidad; flexibilizar las estructuras salariales; luchar contra la brecha salarial de género; introducir cambios en la retribución variable; desarrollar la retribución no financiera; dar importancia a la comunicación y la transparencia en la gestión de la retribución; y usar de forma adecuada las herramientas de *big data*[16].

---

14 https://www.top-employers.com/es-ES/insights/compensation-benefits/

15 http://www.observatoriorh.com/observatorioretribucion/4-tendencias-en-la-gestion-de-la-compensacion-total/

16 https://cincodias.elpais.com/cincodias/2017/11/02/fortunas/1509647874_473918.html

Los sistemas de retribución tradicionales se han centrado en analizar cuánto se va a pagar a cada individuo y en función de qué se le va a pagar (retribución fija y variable).

Sin embargo, la importancia que está adquiriendo en la actualidad la gestión del talento (Lectura 7) y la motivación del trabajador han hecho que muchas empresas desarrollen el llamado **salario emocional**.

Por salario emocional se entienden los elementos de la retribución que no son monetarios y que ayudan a mejorar la satisfacción, motivación y la calidad de vida del trabajador (Aparicio Pérez, 2016; Llano Restrepo, 2014) (Lectura 8).

Lectura 6. La retribución flexible

Camila Fernández, en su artículo publicado en *Cinco Días*, afirma que «los planes de retribución flexible permiten a la empresa gestionar, sin grandes inversiones, productos y servicios que el empleado podría necesitar de todas formas como el almuerzo, la guardería de los niños o el transporte público». Así, el empleado renuncia a parte de su sueldo a cambio de productos o servicios que gozan de ventajas fiscales o descuentos en el precio. «Gracias a que la empresa puede negociar el precio de forma colectiva, determinados productos como el seguro médico o el seguro de vida tienen precios sensiblemente inferiores a los individuales. Esta ventaja económica, conocida como economía de escala, se traslada al empleado. Como además no incrementan los costes de personal de la empresa, en principio, la retribución flexible es beneficiosa tanto para el trabajador como para la empresa», continúa Fernández.

Aunque algunas de las ventajas fiscales de este sistema retributivo desaparecieron en diciembre de 2013, cuando la mayoría de estos productos comenzaron a cotizar en la Seguridad Social, la retribución flexible sigue teniendo atractivo para las empresas, que no podían aportar un gran gasto añadido, pero buscaban mejorar la situación de los trabajadores. El Reglamento del IRPF considera ciertas exenciones para determinados productos o servicios cuando estos son entregados por una empresa a sus empleados, ofreciendo una alternativa a que estos los paguen con un dinero que sí está sometido a tributación.

Fernando Palomares, director de Flexible Benefits de la consultoría Willis Towers Watson, afirma que «la retribución flexible permite mejorar la retribución de los trabajadores sin incrementar los costes de personal para la empresa» y hace más competitiva a la empresa en el mercado laboral, incrementando su capacidad de atraer y fidelizar el talento y mejorando la situación del trabajador, lo que a su vez revierte positivamente en la empresa.

Fuente: Extraído de Fernández, C. (2016): «Pros y contras de la retribución flexible», noticia publicada en cincodias.es, 19/08/2016: https://cincodias.elpais.com/cincodias/2016/08/18/economia/1471540172_973578.html [24/04/2018].

ACTIVIDAD DIDÁCTICA RECOMENDADA: Después de leer esta lectura, responda a la siguiente cuestión: ¿Qué ventajas aporta el sistema de retribución flexible a las pymes? Justifique su respuesta.

Lectura 7. El salario emocional y la gestión del talento

Ailed Bustillos señala que hoy en día conviven en las organizaciones personas de diferentes generaciones (veteranos, *baby boomers*, generación X y *millennials*) y que son las generaciones más actuales las que dan más valor a los aspectos no monetarios del salario. También explica cómo el salario emocional puede ayudar a atraer y retener talento. Comenta la autora que «cuando un empleado se siente feliz en una empresa (cumple con sus expectativas profesionales y personales), es menos probable que la abandone por un salario mayor. Además, los empleados perciben positivamente todos estos extras, lo que no solo se ve reflejado en su fidelización y rendimiento, sino que se compromete y se puede convertir en embajador de la marca (empresa) lo que ayudará a atraer mayor número de candidatos que pueden convertirse en futuros talentos de la organización».

En esta noticia se comentan los principales elementos del salario emocional: oportunidades de desarrollo, balance de vida, bienestar psicológico, entorno laboral y cultura laboral y sus beneficios –mayor productividad, menores índices de rotación y menores niveles de absentismo–.

Fuente: Adaptado de Bustillos, A. (2018): «Salario emocional: Clave en la gestión del talento», noticia publicada en LinkedIn, 28/01/2018 Disponible en https://es.linkedin.com/pulse/salario-emocional-clave-en-la-gesti%C3%B3n-del-talento-ailed-bustillos [04/04/2018].

ACTIVIDAD DIDÁCTICA RECOMENDADA: Después de leer esta noticia, responda a la siguiente cuestión: ¿Qué elementos del salario emocional cree que son más importantes para los millennials? Justifique su respuesta.

Lectura 8. El salario emocional

Marc Altimiras, vicepresidente de ventas para el sur de Europa en Cornerstone OnDemand, comenta que «el salario emocional tiene que ver con la flexibilidad de horarios, con la conciliación de la vida profesional y laboral, con las políticas de motivación e incentivos y con todos aquellos aspectos no económicos que puedan contribuir a mejorar la calidad de vida. De hecho, y a pesar de la crisis económica, los profesionales han dejado de percibir que la nómina es la retribución más importante que pueden recibir por parte de su empresa».

También explica que aspectos como el buen clima laboral, los horarios flexibles o la facilidad para elegir las vacaciones ayudan a mejorar su motivación y a aumentar su productividad.

Fuente: Adaptado de Altimiras, M. (2017): «El dinero no lo es todo: claves del salario emocional», noticia publicada en eleconomista.es, 06/02/2017. Disponible en http://www.eleconomista.es/noticias/noticias/8134527/02/17/el-salario-no-lo-es-todo.html [04/04/2018].

ACTIVIDAD DIDÁCTICA RECOMENDADA: Después de leer esta noticia, responda a la siguiente cuestión: ¿Qué factores pueden considerarse como salario emocional? Justifique su respuesta.

CUESTIONES PARA LA REFLEXIÓN

1. ¿Qué diferencias hay entre los incentivos y las prestaciones?
2. ¿Por qué la retribución variable es importante en determinados puestos?, ¿en cuáles?
3. ¿Qué son los planes de retribución basados en habilidades y para qué sirven?, ¿conoce alguna empresa que los utilice?
4. ¿Para qué sirven los incentivos de grupo?, ¿conoce algún ejemplo de empresa que los utilice?
5. ¿Cuáles son los costes laborales de un trabajador para la empresa?
6. ¿Qué relación hay entre el salario emocional y el rendimiento del trabajador? Justifique su respuesta.

LECTURAS RECOMENDADAS

GARCÍA HERNÁNDEZ, R. (2017): «Remuneración variable, política salarial y negociación colectiva: hacia un nuevo enfoque», *Lan harremanak: Revista de Relaciones Laborales*, n.° 35, pp. 232-248. Disponible en https://dialnet.unirioja.es/servlet/articulo?codigo=5801288 [02/04/2018].

LLANO RESTREPO, P. (2014): «La flexibilidad laboral y el salario emocional», *AGLALA*, vol. 5, n.° 1, pp. 34-70. https://doi.org/10.22519/22157360.700

MATORRAS DÍAZ-CANEJA, A. (2016): «Variabilidad y flexibilidad salarial, retribución variable y retribución flexible», *Revista Derecho Social y Empresa*, n.° 5, pp. 21-61. Disponible en https://www.dykinson.com/revistas/revista-derecho-social-y-empresa/682/ [02/04/2018].

MARCOS, S. (2017): «Un paso por delante en materia de retribución y recompensa ¿tenemos que prepararnos?», *Observatorio de Recursos Humanos y Relaciones Laborales*, n.° 120, pp. 62-63.

VERGARA PINTO, M. (2017): «Evaluación del desempeño y retribución variable, ¿las dos caras de una misma moneda?», *Capital humano*, n.° 326, pp. 78-80.

SITIOS WEB RECOMENDADOS

www.arearh.com
www.rrhhmagazine.com
www.rrhhpress.com
www.capitalhumano.wke.es
www.mercer.es

PARTE 5
PROCESOS SUSTRACTIVOS

En esta parte se analizan los procesos sustractivos, es decir, cualquier actuación mediante la cual un empleado deja de ofrecer sus servicios a la organización. Puede ser una desvinculación permanente, que es lo que se conoce como **ruptura laboral** (voluntaria o no) y que supone la extinción del contrato, como son los despidos y las jubilaciones; pero puede ser también temporal, como las **excedencias**, que suponen una suspensión del contrato.

Este es un aspecto clave en la gestión de los recursos humanos. Una finalización mal llevada de una relación laboral puede dañar la reputación de la empresa y limitar su capacidad de atraer a empleados con talento, que podría necesitar en el futuro. Por ello, es importante que desde el departamento de RR. HH. se asuma la necesidad de gestionar con éxito los procesos sustractivos. Por ejemplo, actuar correctamente no solo ante un trabajador que es despedido, sino analizar la influencia que puede tener en los empleados «supervivientes» para que sigan motivados y evitar el miedo y estrés que este hecho les puede provocar. Además, para los empleados despedidos, la empresa puede contratar un servicio de *outplacement* o **recolocación** para ayudarles a superar el estrés emocional producido por la pérdida de su trabajo y ofrecerles apoyo para encontrar uno nuevo.

¿Cómo afectan los procesos sustractivos a otras prácticas de RR. HH.? Si la ruptura laboral supone la sustitución del empleado será necesario iniciar un proceso de **reclutamiento y selección** y, probablemente, programas de **formación** específica para el desempeño del puesto. Esto podrá afectar a los **planes de carreras**, si, por ejemplo, abandona la empresa el empleado para el que estaba previsto un plan de carrera para sustituir a la dirección, y también al **sistema retributivo**. Si, por el contrario, la ruptura laboral no requiere sustitución del empleado, sino que supone una amortización del puesto, será necesario un **rediseño de los puestos de trabajo** y analizar quién va a asumir las funciones que venía desempeñando el empleado que se va, lo que conlleva programas de **formación** para la capacitación de estas nuevas funciones y esto puede afectar también a la **retribución**. Las relaciones entre los procesos sustractivos y otras prácticas de RR. HH. se analizan en la Figura 1.

Pero la ruptura laboral no hay que verla solo como un aspecto negativo. Si las tasas de rotación son demasiado bajas, no entra personal nuevo en la empresa que pueda aportar una «nueva forma de hacer las cosas», y se reducen las oportunidades de promoción, lo que puede afectar al rendimiento global de la empresa.

Figura 1. Los procesos sustractivos y su relación con otras prácticas de RR. HH.

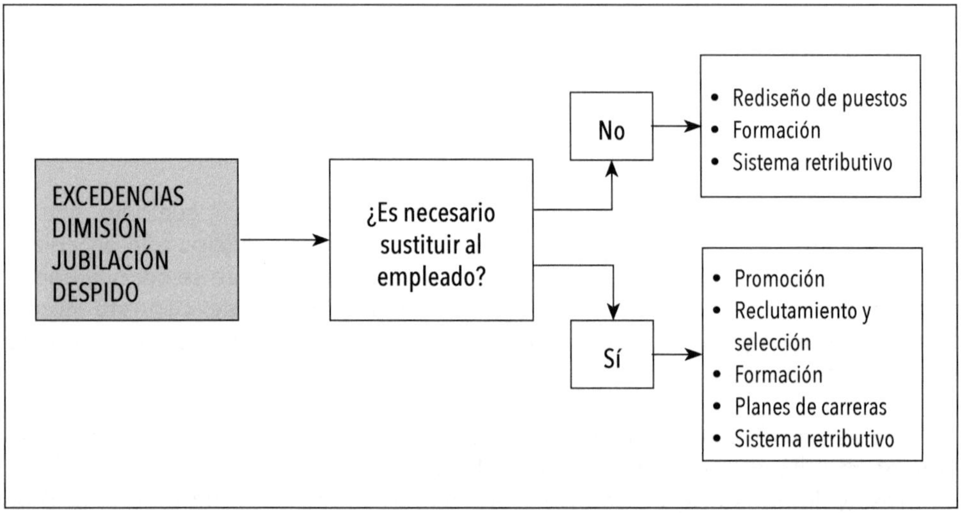

Fuente: Elaboración propia.

LOS PROCESOS SUSTRACTIVOS

10

INTRODUCCIÓN

En este capítulo se analizan los procesos sustractivos que son aquellas actuaciones mediante las cuales un empleado deja de ofrecer sus servicios a la organización. La ruptura laboral supone la desvinculación del empleado con la empresa que puede ser voluntaria o involuntaria. Esta desvinculación suele ser permanente, pero hay casos como las excedencias en las que el trabajador puede volver a incorporarse a la empresa. Por ello, diferenciaremos entre suspensión del contrato, como es el caso de las excedencias, y extinción del contrato de trabajo, como son los casos de despidos y jubilaciones. Por último, como tendencia actual en estos procesos se aborda el *outplacement* o recolocación, que es un programa que ofrece apoyo a los empleados despedidos para encontrar un nuevo empleo.

OBJETIVOS

- Analizar el concepto de ruptura laboral diferenciando entre rupturas voluntarias e involuntarias.
- Analizar la excedencia o suspensión del contrato de trabajo.
- Definir las dos modalidades de extinción del contrato de trabajo: despido y jubilación.
- Identificar políticas de gestión de RR. HH. ante el despido colectivo o reducciones de plantilla.
- Comprender la importancia y el valor de los programas de recolocación.

1. LOS PROCESOS SUSTRACTIVOS

Un **proceso sustractivo** es cualquier actuación mediante la cual un empleado deja de ofrecer sus servicios a la organización. Es una decisión unilateral de terminar la relación laboral entre la empresa y el empleado que puede originarse por razones disciplinarias, económicas o estratégicas. Independientemente de las causas que lo motiven, la función del departamento de recursos humanos es utilizar el mejor método para concluir el vínculo laboral con las mínimas dificultades tanto para la empresa como para el empleado que se va (Werther y Davis, 2014).

La salida del individuo de la empresa puede estar motivada por diversas razones: a veces, es la empresa quien toma esta decisión, pero en otras ocasiones es el trabajador quien decide salir de manera voluntaria. Las empresas deben analizar su índice de rotación de personal para identificar y gestionar las causas que llevan a los empleados a dejar la empresa con el objetivo de minimizar los costes que supone su reemplazo, en especial aquellos que ocupan puestos muy especializados y de difícil sustitución (Anexo 1) (Gómez-Mejía *et al.*, 2016). Un índice de rotación excesivo en comparación con el estándar del sector suele ser un síntoma de que existen problemas organizativos. Pero si la tasa de rotación es excesivamente baja, la empresa está perdiendo la oportunidad de sustituir empleados poco rentables, de disponer de mayor diversidad, o permitir la entrada de personas que aporten mayor creatividad o innovación (Dolan *et al.*, 2014). Por ello, los procesos sustractivos pueden tener consecuencias positivas y negativas y lo importante es gestionar de forma adecuada estos procesos (Gómez-Mejía *et al.*, 2016).

Los procesos sustractivos se pueden dar en dos variantes: suspensión del contrato de trabajo y extinción del contrato de trabajo que se conoce como ruptura laboral (Figura 1).

Figura 1: Los procesos sustractivos.

<table>
<tr><td rowspan="2">SUSPENSIÓN DEL CONTRATO DE TRABAJO</td><td>INDIVIDUAL</td><td>Excedencias</td></tr>
<tr><td>COLECTIVO</td><td>ERTE</td></tr>
<tr><td rowspan="5">RUPTURA LABORAL
Extinción del contrato de trabajo</td><td rowspan="3">VOLUNTARIA</td><td>Dimisión</td></tr>
<tr><td>Jubilación</td></tr>
<tr><td>Jubilación anticipada</td></tr>
<tr><td rowspan="2">INVOLUNTARIA</td><td>Despido individual</td></tr>
<tr><td>Despido colectivo. Reducciones de plantilla. ERE</td></tr>
</table>

Fuente: Elaboración propia.

La **ruptura laboral** supone la desvinculación permanente del empleado con la empresa, se produce, por tanto, una extinción del contrato de trabajo que puede afectar a un solo empleado o a un grupo, departamento o unidad de negocio. Cuando la desvinculación no es permanente nos encontramos ante una suspensión del contrato como es el caso de las excedencias, solicitada por el trabajador si cumple determinados requisitos y con la posibilidad de incorporarse a la organización transcurrido un tiempo y bajo ciertas condiciones; y el ERTE (Expediente de Regulación Temporal de Empleo) concedido a la empresa por causas económicas, técnicas, organizativas o de producción, que supone la suspensión del contrato de trabajo de los trabajadores afectados hasta que cesen o mejoren las causas que lo provocaron.

La ruptura laboral puede ser voluntaria: la dimisión, la jubilación y la jubilación anticipada, o involuntaria que incluye los despidos individuales y los despidos colectivos o reducciones de plantilla.

Como ya se ha dicho, aunque a veces se aprecia la ruptura laboral como un aspecto negativo, en ocasiones aporta beneficios a las empresas. Cuando las tasas de rotación son demasiado bajas, se contratan pocos empleados nuevos y existen pocas posibilidades de promoción que puede tener un efecto negativo sobre la productividad y moral de los empleados (Gómez-Mejía *et al.*, 2016).

Se debe planificar el flujo de salida de los empleados con políticas analizadas previamente teniendo en cuenta sus ventajas, pero también sus inconvenientes. Entre los inconvenientes destacan los costes que la empresa tiene que asumir si tiene que sustituir al empleado que se va. Estos son los costes de reclutamiento y selección del nuevo empleado; los costes de formación y adaptación al puesto tanto si la vacante se va a cubrir a través del reclutamiento interno o externo; y los costes de la ruptura laboral como, por ejemplo, las indemnizaciones, finiquitos, prestaciones, etc. (Gómez-Mejía *et al.*, 2016). Sin embargo, si la empresa decide amortizar el puesto a largo plazo puede suponer un ahorro de costes.

De cualquier forma, siempre es importante que la ruptura laboral esté bien gestionada tanto si es voluntaria como involuntaria. En el caso de la ruptura laboral involuntaria, ya sea un despido individual o colectivo, se deben establecer claramente sus criterios y es fundamental establecer las pautas para comunicar el despido. Además, se debe dar seguridad a los empleados que se queden y considerar la posibilidad de ofrecer servicios a los trabajadores despedidos para ayudarles a encontrar otro trabajo a través de la recolocación.

2. LA SUSPENSIÓN DEL CONTRATO DE TRABAJO. LA EXCEDENCIA

La suspensión del contrato de trabajo se produce cuando se interrumpe temporalmente la prestación laboral sin quedar roto el vínculo contractual entre empresa y trabajador, pero quedando sin efectos las obligaciones de ambas partes: trabajar y remunerar el trabajo. Cuando se trata de una suspensión del contrato de trabajo individual se trata de una excedencia, mientras que el ERTE afecta a un colectivo de trabajadores.

La **excedencia**[1] es una opción que tiene el trabajador de dejar su empleo de forma voluntaria y temporalmente bajo ciertas condiciones. Suele pedirse para trabajar de forma temporal en otra empresa, institución o proyecto; para el cuidado de familiares o dedicar tiempo a la formación. Puede ser de tres tipos: forzosa, voluntaria y por cuidado de familiares.

a) La **excedencia forzosa**[1] supone la concesión obligatoria para la empresa y comporta la conservación del puesto de trabajo y su período se tiene como trabajado a efectos del cómputo de antigüedad. Las causas que llevan a una excedencia forzosa son la designación o elección para un cargo público o la realización de funciones sindicales de ámbito provincial o superior.

b) La **excedencia voluntaria**[1] requiere una antigüedad de un año en la empresa y no se reconoce el derecho a reserva del puesto, sino un derecho preferente de ingreso cuando haya vacantes. Su duración puede ser entre cuatro meses y cinco años. Este derecho solo podrá ser ejercido otra vez por el mismo trabajador si han transcurrido cuatro años desde el final de la anterior excedencia.

c) La **excedencia por cuidado de familiares**[1] tiene una duración máxima de tres años para el cuidado de cada hijo, tanto cuando lo sea por naturaleza como por adopción, o en los supuestos de acogimiento, tanto permanente como preadoptivo, aunque estos sean provisionales, a contar desde la fecha de nacimiento o, en su caso, de la resolución judicial o administrativa. También tendrá derecho a una excedencia de duración no superior a dos años, salvo que por negociación colectiva se amplíe, para el cuidado de un familiar hasta el segundo grado de consanguinidad o afinidad, quien por razones de edad, accidente o enfermedad no pueda valerse por sí mismo y no desempeñe una actividad retribuida. El período en que el trabajador permanezca en situación de excedencia será computable a efectos de antigüedad y tendrá derecho a la asistencia a cursos de formación profesional, a cuya participación deberá ser convocado por su empresa, especialmente con ocasión de su reincorporación.

Además de los que aquí se indican, por convenio colectivo pueden preverse otros supuestos de excedencia (voluntaria o forzosa), estándose entonces a lo pactado en cuanto a sus causas, régimen y efectos.

La excedencia laboral solo asegura al trabajador un derecho preferente a reincorporarse en la empresa en caso de quedar una vacante de su puesto o de categoría similar. Para regresar, el trabajador deberá solicitarlo previamente a la empresa, que podrá ofrecerle cualquier puesto y localización que hubiese sido

1 Normativa disponible en http://www.empleo.gob.es/es/guia/texto/guia_7/contenidos/guia_7_16_2.htm

susceptible de ocupar cuando estaba en activo. Si a pesar de existir puestos que se puedan ocupar, la empresa se negase a reincorporar al empleado se consideraría un despido (Lectura 1).

Lectura 1. El derecho al reingreso en la excedencia laboral

Según José Trecet, en su artículo «¿Cómo funciona la excedencia laboral?», si un trabajador quiera regresar a la empresa con la excedencia laboral tendrá preferencia sobre otros aspirantes para volver a ocupar un puesto en esta, lo que no quiere decir que su antiguo empleo estará reservado. La excedencia solo asegura un derecho preferente a reincorporarse en la empresa en caso de quedar vacante un puesto o existir otro de categoría similar. «Para regresar, el trabajador deberá solicitarlo previamente a la empresa, que podrá ofrecerle cualquier puesto y localización que hubiese sido susceptible de ocupar cuando estaba en activo. Si la compañía se negase a reincorporar al empleado, existiendo puestos por cubrir, se consideraría un despido», afirma Trecet.

Además, según Trecet, pueden darse diferentes opciones:

- Que la empresa acepte la solicitud de reingreso a un puesto de igual categoría, por lo que el trabajador volverá a trabajar después de la excedencia.
- Que la empresa no acepte la solicitud y niegue el reingreso quedando clara la voluntad de la empresa de no readmitir al trabajador, en cuyo caso el trabajador podrá demandar a la empresa por despido.
- Que la empresa no acepte la solicitud, pero no niegue el reingreso, quizás porque actualmente no tiene vacantes disponibles, en cuyo caso no se da por finalizada la excedencia laboral y no se puede demandar por despido siendo la empresa quien tiene la obligación de probar la inexistencia de esa vacante.
- Que la empresa no conteste, en ese caso sería recomendable demandar tanto por el derecho al reingreso, y al puesto de trabajo, como por despido.

Fuente: Trecet, J. (2013): «¿Cómo funciona la excedencia laboral?», noticia publicada en www.mastermas.com, 05/04/2013.

ACTIVIDAD DIDÁCTICA RECOMENDADA: Después de leer esta noticia, responda a las siguientes cuestiones: ¿Qué ventajas e inconvenientes tiene la excedencia laboral para la empresa? ¿Y para el empleado? Justifique su respuesta.

El **ERTE**[2] (Expediente de Regulación Temporal de Empleo) es la forma legislativa española de modificación o suspensión temporal del contrato de trabajo a iniciativa de la empresa por causas económicas, técnicas, organizativas, de producción o derivadas de fuerza mayor. Se debe comunicar previamente a la autoridad laboral e ir precedida de un período de consultas con los representantes de los trabajadores de duración no superior a quince días. Por tanto, son medidas que se toman a raíz de una crisis en la empresa que se contempla como una situación temporal con lo que, pasado el plazo,

2 La normativa sobre el ERTE está disponible en: http://www.empleo.gob.es/es/Guia/texto/guia_7/contenidos/guia_7_16_3.htm

el trabajador puede reincorporarse en su trabajo. El trabajador tiene derecho a percibir la prestación por desempleo, cuando cumpla los requisitos que exige esta prestación, mientras su contrato esté suspendido. No percibirá sueldo durante este tiempo, pero el Servicio Público de Empleo Estatal será el encargado de ingresar su cuota menos la cuantía del paro, si lo percibe. También se puede reducir la jornada, entre un 10 % y un 70 % y se elimina la posibilidad de hacer horas extraordinarias, salvo fuerza mayor. Y se contempla la reducción del salario. En estos casos, el trabajador puede cobrar la prestación por desempleo por horas, cuando tenga derecho a ello.

3. LA RUPTURA LABORAL

La ruptura laboral puede ser voluntaria o involuntaria. Dentro de la voluntaria se incluyen la dimisión y la jubilación, así como la jubilación anticipada. La ruptura laboral involuntaria puede ser despido individual o despido colectivo basado en una reducción de la plantilla.

En ambos casos, supone la extinción del contrato de trabajo[3] que significa la terminación de la relación laboral entre empresa y trabajador y sus causas pueden ser diversas:

- Mutuo acuerdo entre las partes.
- Causas que se establezcan en el contrato.
- Terminación del período contratado o de la realización de la obra o servicio objeto de contrato.
- Para contratos de interinidad, las causas pueden ser: reincorporación del trabajador sustituido, finalización del plazo legal o establecido para la reincorporación, extinción de la causa que dio lugar a la reserva del puesto de trabajo o «el transcurso del plazo de tres meses en los procesos de selección o promoción para la provisión definitiva de puestos de trabajo o del plazo que resulte de aplicación en los procesos de selección en las Administraciones Públicas».
- Muerte, gran invalidez o incapacidad permanente, total o absoluta, del trabajador, dimisión o jubilación.
- Muerte, jubilación o extinción de la personalidad jurídica del contratante.
- Jubilación o dimisión del trabajador.
- Por fuerza mayor. Se debe a hechos extraordinarios imprevisibles o inevitables que hacen imposible el desarrollo del trabajo (incendio, inundación, etc.). En este caso, se solicita a la autoridad competente un expediente de regulación de empleo que extinga los contratos de trabajo.
- Despido colectivo argumentando causas económicas, técnicas, organizativas o de producción y respentando las condiciones recogidas en la normativa vigente.

3 La normativa sobre la extinción del contrato de trabajo está disponible en http://www.empleo.gob.es/es/guia/texto/guia_7/contenidos/guia_7_16_4.htm

- Voluntad del trabajador por causa justificada como «modificación sustancial de las condiciones de trabajo que redunden en perjuicio de su formación profesional o en menoscabo de su dignidad; la falta de pago o retrasos continuados en el abono del salario pactado; o cualquier otro incumplimiento grave de las obligaciones por parte del empresario, salvo los supuestos de fuerza mayor y otras excepciones».
- Causas objetivas legalmente procedentes como «ineptitud del trabajador; falta de adaptación del trabajador a las modificaciones técnicas en el puesto de trabajo; amortización de puestos; faltas de asistencia al trabajo; insuficiencia de consignación presupuestaria para la ejecución de planes y programas públicos».
- Despido disciplinario. El empresario toma la decisión de extinguir el contrato de trabajo por un incumplimiento grave y culpable de las obligaciones del trabajador. Entre los motivos están los siguientes: «faltas repetidas o injustificadas de asistencia o puntualidad; indisciplina o desobediencia; ofensas verbales o físicas al empresario, a las personas que trabajan en la empresa o a los familiares que convivan con ellos; trasgresión de la buena fe contractual y abuso de confianza en el desempeño del puesto; disminución continuada y voluntaria en el rendimiento del trabajo normal o pactado; embriaguez habitual o toxicomanía si repercuten negativamente en la actividad laboral; y el acoso por razón de origen racial o étnico, religión o convicciones, discapacidad, edad u orientación sexual y el acoso sexual o por razón de sexo al empresario o a las personas que trabajan en la empresa».

1. RUPTURA LABORAL VOLUNTARIA

La ruptura laboral voluntaria se produce cuando es el empleado quien decide finalizar su relación con la empresa por razones personales o profesionales. Esta decisión puede estar motivada por causas que la empresa no puede evitar como la posibilidad de acceder a un empleo mejor, cambio de profesión, dedicación a la familia, desplazamiento, etc. Aunque en otras ocasiones la ruptura podría ser evitada como, por ejemplo, por insatisfacción en el puesto actual, por un mal ambiente de trabajo y de relaciones entre compañeros o jefe, o que el empleado se sienta infravalorado y con escasas posibilidades de desarrollo.

Según los últimos estudios, la mayoría de las rupturas laborales voluntarias se deben a errores en la contratación y se podrían evitar. Teniendo en cuenta la elevada inversión en reclutamiento, selección, formación y desarrollo de los empleados que una empresa realiza, se deben evitar los errores que implican un mal ajuste entre el empleado y el puesto de trabajo y llevar a cabo políticas activas de retención del talento (Gómez-Mejía *et al.*, 2016).

Existen dos tipos de ruptura laboral voluntaria: la dimisión y la jubilación.

a) La **dimisión** se produce cuando el empleado abandona la organización porque está insatisfecho en su puesto de trabajo o en el entorno laboral, o porque tiene una alternativa más atractiva fuera de la empresa. En este sentido, y aun cuando no esta obligado por ley, entregar una carta de dimisión supone un gesto de profesionalidad del trabajador (Lectura 2).

Lectura 2. Cómo hacer una carta de dimisión

Según David García, «terminar una relación contractual con una empresa puede ser, en ocasiones, un trámite desagradable. Por un lado, porque es posible que en dicha empresa hayas pasado mucho tiempo y, por tanto, tengas un vínculo más allá de lo laboral. Por otro, por la necesidad de quedar bien: uno nunca sabe si en algún momento los caminos pueden volver a cruzarse».

Aunque la carta de renuncia voluntaria es una mera formalidad que cumplir es importante que, antes de entregarla, se comunique la dimisión al superior. «Es decir, no es recomendable entregar la carta al departamento de Personal o RR. HH. y ya está. Es mejor comunicarlo y después entregar la carta», afirma García. Hay que tener en cuenta que el plazo de 15 días que tiene que haber entre la comunicación de la dimisión y la salida de la empresa empieza a contar desde que se hace entrega de la carta.

«La carta ha de estar escrita, lógicamente, a ordenador. Debe ser breve y concisa, sin adornos literarios ni redundancias, aunque esto no implica que no podamos agradecer en ella la confianza prestada con una frase sencilla como, por ejemplo: «Agradezco enormemente la oportunidad que se me brindó, y el apoyo incondicional que recibí durante mi tiempo de trabajo», recomienda García.

Fuente: Adaptado de García, D. (2017): «Cómo hacer una carta de renuncia voluntaria de trabajo»,publicado el 26/07/2017 en www.oficinadeempleo.com. Disponible en http://www.oficinaempleo.com/blog/como-hacer-una-carta-de-renuncia-voluntaria-de-trabajo/ [15/03/2018].

ACTIVIDAD DIDÁCTICA RECOMENDADA: Después de leer la lectura, responda a la siguiente cuestión: ¿Qué ventajas considera que tiene para el empleado la carta de dimisión? Justifique su respuesta.

En los últimos años, las empresas han estado muy preocupadas por lo que se ha denominado «retención del talento», ya que son los empleados más cualificados los que tienden a cambiar más frecuentemente de empresa llevándose consigo toda la inversión en ellos realizada, así como información que puede ser muy relevante para la competencia. Por ello, algunas empresas deciden llevar a cabo una entrevista de salida para analizar las verdaderas razones por las que el empleado abandona la empresa y así poder reducir la rotación (Gómez-Mejía *et al.*, 2016; Mondy, 2010).

Dolan *et al.*, (2014) plantean las razones de la salida de un trabajador de la empresa agrupándolas en aspectos individuales, organizacionales y ambientales. Los aspectos individuales están relacionados con el nivel de satisfacción, con la remuneración, con el trabajo desempeñado, con las posibilidades de crecimiento y desarrollo, etc.; los aspectos organizativos se refieren, principalmente, al estilo de dirección y clima de trabajo; y los aspectos ambientales recogen cuestiones como la localización de la empresa y la incertidumbre del sector.

En ocasiones, son las propias empresas las que utilizan los planes de ceses o bajas voluntarias para reducir el tamaño de su fuerza laboral y evitar así los factores negativos asociados al despido, para ello se incentiva al trabajador con importantes indemnizaciones en función de su antigüedad y del diseño del plan de incentivos.

b) La **jubilación**, que también se inicia por iniciativa del empleado, suele producirse al final de su carrera profesional y, como resultado, este recibe de la empresa pagos por jubilación y prestaciones de la seguridad social.

Las empresas, normalmente, planifican las jubilaciones con antelación. El departamento de recursos humanos es el encargado de facilitar al empleado los trámites de este proceso. La mayoría de los empleados pospone su jubilación hasta que se acercan a la edad máxima de jubilación porque esta es la edad en la que pueden recibir todas las prestaciones médicas y de la seguridad social del Gobierno[4]. Sin embargo, cada vez son más comunes las **jubilaciones anticipadas**, que junto con los planes de cese voluntario, se utilizan como alternativas a los despidos porque se considera una forma menos drástica de reducir el tamaño empresarial.

Según Gómez-Mejía *et al.* (2016: 213), las políticas de jubilación anticipada tienen dos características:

- Son un paquete de incentivos financieros que hacen que a los empleados con más antigüedad les resulte atractiva la jubilación antes de lo que habían planificado.
- Son una ventana abierta que limita la posibilidad de ser elegido para salir de la empresa durante cierto periodo de tiempo. Cuando la ventana se cierra, los incentivos ya no están disponibles.

Una adecuada gestión de la jubilación anticipada evitará, por un lado, que salgan de la empresa demasiados empleados que pueden estar ocupando puestos clave y, por otro, que otros empleados puedan sentirse obligados a salir, siendo discriminados por razón de edad, lo que les puede llevar a interponer una demanda. Para retener el talento y mantener a estas personas valiosas para la organización, la empresa puede establecer ciertas cláusulas que permitan volver a contratar a empleados jubilados como asesores temporales hasta que esté preparado el sustituto al puesto (Gómez-Mejía *et al.*, 2016).

4 A partir del 01/01/2013, la edad de acceso a la pensión de jubilación depende de la edad del interesado y de las cotizaciones acumuladas a lo largo de su vida laboral, requiriendo haber cumplido la edad de 67 años o 65 años cuando se acrediten 38 años y 6 meses de cotización. Esta edad de jubilación y período de cotización irán aumentando de manera gradual desde 2013 hasta 2027. Puede consultar más información y las excepciones en: http://www.seg-social.es/Internet_1/Trabajadores/PrestacionesPension10935/Jubilacion/RegimenGeneral/Jubilacionordinaria/Requisitos/177422 [15/03/2018].

2. RUPTURA LABORAL INVOLUNTARIA

La ruptura laboral involuntaria se produce cuando la empresa decide finalizar su relación con un empleado debido a necesidades económicas o a un mal ajuste entre el empleado y la organización. Se debe diferenciar entre el despido individual y el despido colectivo o una reducción de plantilla, que suele ser consecuencia de una reestructuración empresarial.

a) El **despido** se produce de forma unilateral por parte de la empresa por lo general por razones de productividad o de disciplina como, por ejemplo, como resultado de un mal rendimiento laboral, un comportamiento inaceptable del empleado que se ha tratado de corregir previamente o un mal ajuste a la organización (Gómez-Mejía *et al.*, 2016; Mondy, 2010; Wherter y Davis, 2014)[5]. Los directivos que deciden despedir a un empleado tienen que asegurarse de que siguen los procedimientos disciplinarios establecidos por la empresa.

¿Cómo debe ser el proceso de despido? El despido es un momento difícil para el despedido, pero también para el encargado de despedir. Por ello, el que despide debe seguir ciertos pasos en el proceso de terminación de una relación laboral: debe hacer el despido personalmente, el proceso de despido debe ser breve y hacerse con un lenguaje no acusatorio y no se debe profundizar en la razón del despido ni responder a preguntas sobre la decisión (Lectura 3). Por último, debe ser otra persona quien establezca el procedimiento de salida, como la entrega del finiquito y qué material puede llevarse de la empresa (Mondy, 2010).

El despido es con frecuencia la solución cuando una persona no puede desempeñar su puesto de manera satisfactoria. Sin embargo, en ocasiones, según Mondy (2010), se utiliza el descenso de categoría como una alternativa al despido, especialmente cuando se trata de un empleado con mucha antigüedad. El descenso de categoría supone trasladar a un empleado a un nivel inferior de deberes y responsabilidades, que suele implicar una reducción de la remuneración.

Si durante años el trabajador ha desempeñado su trabajo de forma satisfactoria y luego ha comenzado a disminuir su productividad, esto puede ser debido a que quizás no sea capaz físicamente de seguir desempeñando el puesto o puede que ya no esté motivado ni dispuesto a dedicar su esfuerzo a los requerimientos del puesto de trabajo. En estos casos hay que tener en cuenta que la persona degradada puede sufrir pérdida de respeto de sus compañeros y sentirse traicionada, apenada, enojada y decepcionada por lo que su productividad puede disminuir todavía más. Por ello, si se elige la degradación al despido, se deben hacer esfuerzos para conservar la autoestima del individuo y proyectar una imagen positiva del valor del empleado en la compañía (Mondy, 2010).

5 Para más información sobre el proceso de acción disciplinaria y sus diferentes tipos, consultar Mondy (2010: 414-423).

Lectura 3. El despido

Rebecca Knight, en su artículo «Si va a despedir a alguien, esta es la mejor forma de hacerlo», plantea: «por fin ha decidido que ha llegado el momento de despedir a algún miembro de su equipo con bajo rendimiento. Se ha cubierto las espaldas con documentación, y se ha coordinado con el departamento de Recursos Humanos. Y ahora llega el momento de mantener esa temida conversación. ¿Cuál es la mejor manera de dar la noticia? ¿Quién más debería estar presente? ¿Qué debe decir, y qué no debe decir? Y, ¿cómo hay que comunicarlo al resto del equipo?».

Para dar respuesta a estas preguntas, Knight recoge los consejos de los expertos: «Despedir es la tarea más difícil que deben hacer nuestros líderes», afirma Dick Grote, consultor y autor de How to Be Good at Performance Appraisals. «Incluso cuando la justificación está clara, te sientas a decirle a alguien que ya no recibirá un sueldo y que cuando se despierte por la mañana, no tendrá a dónde ir. Es duro», añade. Pero los despidos son un mal necesario, afirma Jodi Glickman, autora y fundadora de la agencia de consultoría Great on the Job. «Como mánager, hay que tener en cuenta lo que más le conviene a la empresa». Hay que centrarse en el hecho de que «el despido es sensato desde una perspectiva empresarial y se hace con la esperanza de que sea lo mejor para esa persona y para el equipo de cara al futuro».

Para concluir, Knight nos da las claves de lo que se debe y no debe hacer ante el despido:

Debe:

- Contar con RR. HH. para ayudarle a gestionar el proceso y resolver preguntas según vayan surgiendo.
- Mostrar compasión por el empleado cesado. Siempre que realmente crea que tiene talento que podría ser útil en otra parte, ofrézcase a servir como referencia o proporciónele otras ayudas.
- Comunicar la noticia a su equipo en persona, pero no divulgar los detalles subyacentes de la decisión.

No debe:

- Alargar el proceso de cesar a un trabajador que no cumple con su trabajo cuando el coste de mantener a ese empleado es mayor que el trastorno de despedirle.
- Vacilar ni explayarse. Las palabras que emplee para despedir a alguien deben ser sencillas y directas.
- Esperar que el departamento de RR. HH. haga el trabajo sucio. Después de comunicar el despido a la persona afectada, quédese y prepárese para contestar a las preguntas que surjan.

Fuente: Adaptado de Knight, R. (2016): «Si va a despedir a alguien, esta es la mejor forma de hacerlo», publicado en Harvard Business Review en español. Disponible en: https://hbr.es/conflictos/99/si-va-despedir-alguien-esta-es-la-mejor-forma-de-hacerlo [15/03/2018].

ACTIVIDAD DIDÁCTICA RECOMENDADA: Después de leer la lectura, responda a la siguiente cuestión: ¿Cómo debe ser un proceso de despido? Justifique su respuesta.

b) La **reducción de plantilla** se debe a un cambio del entorno de la empresa o cambio de estrategia, que fuerza a la reducción de personal para optimizar los costes de la organización. La competencia global, las reducciones de la demanda del producto, los cambios tecnológicos que favorecen la mecanización del trabajo, y las fusiones y adquisiciones son los factores principales subyacentes en la mayoría de las reducciones de plantilla (Lectura 4).

Lectura 4. Airbus anuncia una reducción de plantilla de 3.700 empleados

El consorcio aeronáutico europeo Airbus ha confirmado que procederá a una reducción de personal en sus plantas de Francia, Alemania, Reino Unido y España que afectará a un máximo de 3.700 puestos de trabajo. El recorte responde a la disminución de la cadencia de fabricación del modelo gigante A380 y del avión de transporte militar A400M, que se ensambla en la planta de Sevilla. La reducción será de 800 puestos en España, de 1.900 en Alemania, de 470 en Francia y de medio millar en el Reino Unido. Este ajuste de su plantilla responde al descenso de la producción de los programas A380 y el A400M, decididos por la dirección el mes pasado ante la caída de las ventas de esos modelos. El A380, el avión de pasajeros más grande del mundo, pasará a tener una producción anual de seis aparatos, frente a los 27 que salieron de sus plantas en 2015. En cuanto al A400M, la producción será de ocho ejemplares anuales hasta 2020, tras los 15 de este año y los once del próximo, un ajuste que se ha hecho en concertación con los países clientes del avión de transporte militar.

Airbus se mostró convencida de poder ofrecer a sus empleados soluciones dentro de la empresa y «proponer oportunidades a la mayor parte de los empleados afectados en programas que actualmente tienen un incremento de producción como es el caso del A350, el avión de mediana capacidad y larga autonomía, cuya producción se está viendo incrementada».

La empresa indicó que anualmente afronta una movilidad interna del 12 %, por lo que «está en condiciones de adaptar su nivel de flexibilidad a través de sus diferentes divisiones, funciones y filiales, con el fin de facilitar la reestructuración del personal en otros programas como el gran pedido de la aerolínea emiratí, Emirates, de 36 aviones, que según Airbus permite llevar a cabo nuevas campañas de venta que pueden traducirse en un aumento del nivel de producción».

Fuente: Extraído de «Airbus anuncia una reducción de plantilla de 3.700 empleados», noticia publicada en www.elperiodico.com, 07/03/2018. Disponible en: https://www.elperiodico.com/es/economia/20180307/airbus-anuncia-reduccion-plantilla-3700-empleados-6674503. [10/04/2018].

ACTIVIDAD DIDÁCTICA RECOMENDADA: Después de leer esta noticia, responda a las siguientes cuestiones: ¿Qué razones justifican la reducción de plantilla en Airbus? ¿Qué alternativas al despido propone Airbus a parte de sus empleados tras la restructuración? Justifique su respuesta.

El **ERE**[6] (Expediente de Regulación de Empleo) es el procedimiento que se adopta para la extinción de los contratos de trabajo por causas económicas, técnicas, organizativas o de producción. El hecho de ser definitivo es lo que lo diferencia de un ERTE. Se trata, por tanto, del despido colectivo cuando, en menos de 90 días, afecte a 10 trabajadores (en empresas de menos de 100), al 10 % de los trabajadores (en empresas entre 100 y 300 trabajadores) o a 30 trabajadores (cuando la empresa tenga más de 300). En cualquier caso, cuando la empresa cesa su actividad y cierra por causas económicas, organizativas, técnicas o de producción, el despido será colectivo y se regirá

6 La normativa que regula los ERE está disponible en: http://www.empleo.gob.es/es/Guia/texto/guia_7/contenidos/guia_7_16_4.htm

por el ERE cuando haya, al menos, 6 trabajadores, ya que implicará el despido de todos los trabajadores de la empresa (artículo 51.1 del Estatuto de los Trabajadores). La indemnización es de 20 días de salario por año trabajado, con un máximo de 12 mensualidades. Puede acordarse una indemnización distinta mediante el expediente. Y los trabajadores despedidos colectivamente tienen derecho a la prestación por desempleo, siempre que cumplan los requisitos para acceder a esta.

La reducción de plantilla, aunque no es lo mismo que un despido, tiene para el trabajador el mismo efecto: pierde su empleo. Pero tiene también un fuerte impacto sobre la organización: puede afectar a la moral de los empleados que se quedan en la empresa y que pueden temer perder sus trabajos en el futuro (Gómez-Mejía *et al.*, 2016). Por ello, y aunque normalmente una empresa decide realizar una reducción de plantilla cuando no puede reducir los costes laborales de otra forma, antes de ello, las empresas pueden llevar a cabo ciertas alternativas menos dramáticas, que les permitan aumentar la rentabilidad sin necesidad de hacer despidos masivos.

Gómez-Mejía *et al.* (2016) proponen las siguientes alternativas a la reducción de plantilla:

1. Políticas de empleo
   - No cubrir las vacantes que genera la rotación.
   - No contratar a nuevos empleados y no renovar contratos que finalicen.
   - Eliminar puestos temporales, a tiempo parcial, estudiantes en prácticas o empleados subcontratados.
   - Disminuir el número de horas trabajadas y, por tanto, el número de horas que la empresa tiene que pagar a sus empleados.
   - Incentivar a los empleados a que voluntariamente tomen excedencias (Lectura 5).

2. Cambios del diseño de puestos de trabajo
   - Transferencias o reasignación a otras unidades de negocio.
   - *Bumping*. Consiste en permitir a un empleado más antiguo, cuyo puesto de trabajo ha sido suprimido, ocupar un puesto de un empleado con menor antigüedad en otra unidad de la empresa.
   - Puesto compartido. Configurar un puesto de trabajo para que se transforme en dos puestos a tiempo parcial.
   - Degradación a un puesto inferior con un salario menor con la idea de recolocarlo en un puesto de su nivel a la primera oportunidad, para retener el talento.

3. Política de pagas y prestaciones
   - Congelación o reducción salarial (Lectura 6).
   - Eliminación de horas extras.
   - Utilizar días libres y de vacaciones.

- Política salarial basada en beneficios compartidos (los empleados participan en los beneficios de la empresa) o salario variable que depende de determinados objetivos de rendimiento. Así, cuando el ciclo económico alcanza un mínimo, la empresa reduce el coste laboral y los empleados se mantienen con su parte fija de la remuneración (muy frecuente en algunos países como Japón).

4. Formación
   - Reciclaje de trabajadores hacia nuevos puestos vacantes.

Lectura 5. Mapfre ofrece bajas incentivadas a un centenar de trabajadores del grupo en España

Mapfre ha iniciado un plan de bajas voluntarias que afectará a un centenar de empleados en España, donde cuenta con 10.824 trabajadores. El exceso de capacidad laboral y la necesidad de rejuvenecimiento de la plantilla son los argumentos utilizados por la aseguradora. El plan está dirigido a trabajadores de Mapfre de entre 56 y 63 años de edad con una antigüedad superior a 20 años en la empresa. Aquellos que llevan más de 30 años en la entidad, y que se acojan al plan, percibirán el 80 % de su remuneración, y el resto, el 70 %.

El plan también contempla la retribución variable de los ejercicios 2014, 2015 y 2016 y compensará las aportaciones del convenio especial de la Seguridad Social y del plan de pensiones del grupo. La forma de pago será por rentas mensuales desde el mes siguiente en el que se produzca la baja y hasta que se cumplan los 65 años. Entre las filiales afectadas por este ajuste figuran Mapfre España, Mapfre Vida y Mapfre Tech.

Mapfre ya ha provisionado «íntegramente» los 35 millones de euros de coste estimado de este ajuste de plantilla. El sindicato CC. OO., que ha firmado el acuerdo para este ajuste, destaca que sus condiciones son «ventajosas» en relación con otros planes similares. Y aplaude que el rejuvenecimiento de la plantilla se haga con salidas voluntarias e incentivadas y negociando con la representación de los trabajadores.

Fuente: Extraído de «Mapfre ofrece bajas incentivadas a un centenar de trabajadores del grupo en España», noticia publicada en www.diarioabierto.es el 30/10/2017. Disponible en: https://www.diarioabierto.es/385928/mapfre-8. [10/04/2018].

ACTIVIDAD DIDÁCTICA RECOMENDADA: Después de leer esta noticia, responda a la siguiente cuestión: ¿Qué ventajas considera que tienen las bajas incentivadas propuestas? Justifique su respuesta.

Una vez tomada la decisión de realizar una reducción de plantilla, la empresa tiene que implantarla de forma adecuada, ya que puede ser un momento traumático para los empleados y sus familias. Las cuestiones clave que resolver son: cómo notificar a los empleados la decisión, cuáles van a ser los criterios de reducción de la plantilla, cómo coordinar las relaciones con los medios de comunicación, y cómo mantener la seguridad y tranquilidad de los trabajadores que se quedan (Gómez-Mejía *et al.*, 2016).

Lectura 6. Desbandada en IBM España: hasta 200 bajas voluntarias y jubilaciones anticipadas

A principios de diciembre de 2015, IBM hizo efectiva la bajada de un 10 % en los salarios de todos los empleados. Según se comenta en esta noticia, «los efectos del expediente de regulación de empleo de la filial española del gigante informático no se han hecho esperar, y desde hace semanas se está produciendo una auténtica desbandada. En las últimas semanas, según datos del comité de empresa de IBM, S.A., se han dado de baja voluntaria o se han acogido a la prejubilación 53 empleados de la compañía, si bien los sindicatos calculan que serán cerca de 200 trabajadores (en su mayoría con edades que superan los 55 años) quienes acaben rescindiendo sus contratos laborales en las próximas semanas». «El artículo 41.5 del Estatuto de los Trabajadores permite rescindir el contrato si un trabajador cree que las medidas impuestas por la compañía le perjudican», explican estas fuentes sindicales.

Algunos trabajadores de la empresa han comentado que «la indemnización que ofrece este ERE es muy baja [de 20 días por año trabajado y un máximo de 12 pagas], pero ante el horizonte de una rebaja salarial impuesta, y con dos años de paro, buena parte de los trabajadores más veteranos optan por marcharse. Hay más de 150 personas en la empresa con edades muy cercanas a la jubilación, que en IBM se puede solicitar a los 60 años». Por su parte, fuentes oficiales de IBM optan por no confirmar el número de bajas voluntarias y prejubilaciones, si bien recalcan el derecho que asiste a los trabajadores «a dejar la compañía o acceder a una jubilación anticipada. Por razones de competencia y de confidencialidad IBM no ofrece detalles de recursos humanos», añaden.

Pero aunque son una clara mayoría, no todas las bajas se están produciendo entre los trabajadores más mayores. Según explican desde el comité de empresa, «hay un porcentaje de trabajadores jóvenes, con una gran formación y salarios que ya no son lo que eran en IBM, y para los que la bajada del 10 % ha sido la gota que ha colmado el vaso; así que han ido para buscar algo mejor en la competencia o incluso emprender sus propios proyectos».

Fuente: Extraído de «Desbandada en IBM España: hasta 200 bajas voluntarias y jubilaciones anticipadas», noticia publicada en www.vozpopuli.com, el 04/12/2015. Disponible en: https://www.vozpopuli.com/economia-y-finanzas/empresas/IBM-Caso_Eres-ibm-ibm_espana-ere-expediente_regulacion_empleo-despidos-informatica-reforma_laboral_0_867813266.html. [10/04/2018].

ACTIVIDAD DIDÁCTICA RECOMENDADA: Después de leer esta noticia, responda a la siguiente cuestión: ¿Qué ventajas e inconvenientes tienen las prácticas propuestas por IBM? Justifique su respuesta.

4. LA RECOLOCACIÓN / *OUTPLACEMENT*

La recolocación se define como un programa de recursos humanos creado para ayudar a los empleados despedidos a superar el estrés emocional producido por la pérdida de su trabajo y ofrecerles apoyo para encontrar uno nuevo (Gómez-Mejía *et al.*, 2016). La empresa que despide asume el coste del programa que se considera al margen de la indemnización por despido que le pertenece al trabajador que sale de la compañía.

El interés de las empresas por contratar programas de *outplacement* o recolocación han aumentado en los últimos tiempos, motivado no solo por la crisis económica, sino también por las deslocalizaciones y reestructuraciones de las empresas debido a fusiones y adquisiciones.

El servicio de recolocación suele ser subcontratado con empresas especializadas que cobran sus servicios en función del número de empleados que acuden al programa de recolocación y, en ocasiones, en función del número de empleados que encuentran un nuevo empleo. Las empresas suelen estar dispuestas a asumir este coste porque se reducen algunos de los riesgos asociados a las reducciones de plantilla, como, por ejemplo, una publicidad negativa (Lectura 7). Además, desde 2012 las empresas en España que lleven a cabo despidos colectivos de más de 50 trabajadores, deben ofrecer a las personas afectadas un plan de recolocación externa que incluya medidas de formación, orientación profesional, atención personalizada y búsqueda activa de empleo (Reforma Laboral, RD y Ley 3/2012).

Gómez-Mejía *et al.* (2016: 219) consideran que los objetivos de la recolocación son:

- Reducir los problemas de moral de los empleados que van a ser despedidos para que sigan siendo productivos hasta el momento en que se vayan.
- Minimizar las demandas judiciales que puedan interponer los trabajadores despedidos.
- Ayudar a los empleados despedidos a encontrar un puesto de trabajo similar lo antes posible.

Los servicios más comunes de recolocación son 1) el apoyo emocional para ayudar a los empleados a superar los sentimientos asociados con la pérdida del puesto de trabajo como el *shock*, la furia, la negación y una menor autoestima y, 2) enseñar a los empleados despedidos la cualificación que van a necesitar para encontrar otro trabajo. Esta cualificación puede incluir la capacidad de redactar un currículo, técnicas de entrevistas y de búsqueda de trabajo, planificación de la carrera empresarial y capacidad de negociación. Hay que tener en cuenta que, en muchos casos, estas personas no han buscado un trabajo durante muchos años. Por tanto, a través del *outplacement*, los empleados fortalecen su confianza para continuar su desarrollo profesional, evalúan e identifican oportunidades laborales y son entrenados para gestionar la transición profesional a un futuro empleo (Bustillo, 2013; Gómez-Mejía *et al.*, 2016).

El *outplacement* aporta también ventajas para las empresas que mejoran su *employer branding* promoviendo una imagen positiva de la compañía y minimizando el impacto negativo de la reducción de personal como la pérdida de productividad y posibles problemas legales. Además, facilitan el proceso de despido a los directivos y enfatiza el compromiso moral y humano de la organización con el personal que sale y con el que permanece, enviando un mensaje positivo a empleados clave (Gómez-Mejía *et al.*, 2016) (Lectura 8).

Lectura 7. Cinco razones para apostar por el *outplacement*

En la noticia publicada en lavanguardia.com se comenta que «cada vez más, las personas cambian de empresa varias veces a lo largo de su vida profesional. Eso implica que cada nuevo reto ha estado precedido de una desvinculación de otra organización, que puede ser fruto de un despido o, simplemente, de una no renovación de contrato. En todos estos casos, es conveniente afrontar la marcha de un trabajador como una etapa más de su paso por la empresa. Esto es lo que buscan las empresas que apuestan por el *outplacement*, con la que los despidos ya no son un adiós de la noche a la mañana. Pero ¿qué beneficios aporta?».

A lo largo del artículo se recogen las razones que según Yolanda Portolés, coordinadora académica del máster en Dirección de Recursos Humanos de la UPF Barcelona School of Management, hace que «las empresas deban apostar por esta técnica de acompañamiento, estratégico y humano, durante los procesos de cambio profesional para la búsqueda activa de un nuevo empleo o proyecto profesional»:

1. Cuestión de marca. El *employer branding* es el valor de marca que la compañía transmite al mundo sobre cómo trata a sus trabajadores. La manera de gestionar los despidos será clave para posicionar a la empresa en ranking como Glassdoor, donde son los propios empleados quienes determinan, a partir de su experiencia, cuáles son las mejores empresas donde trabajar.

2. Experiencia del empleado. Del mismo modo que se habla de «experiencia del consumidor» en el mundo del marketing, en el ámbito de los recursos humanos se habla de «experiencia del empleado», que atañe desde el momento en que entra, la acogida y formación que recibe, y, en última instancia, su salida. «Es la última imagen que le quedará y lo que decidirá si es un buen o un mal sabor de boca».

3. Menos ansiedad para el mánager. Tener que decirle a una persona que la empresa ya no cuenta con ella suele ser uno de los momentos que crea más ansiedad y estrés en los mánager. Sin embargo, una planificación desde el departamento de recursos humanos, con un protocolo que seguir, facilita la tarea de estos responsables.

4. Impacto en la rentabilidad de la compañía. Cuando se modifica la estructura de un equipo o departamento, algunos indicadores como la productividad suelen verse afectados. Esto cambia cuando existe una estrategia para la salida, en la que también se incluye al resto de compañeros para readecuar las dinámicas que hagan falta.

Se concluye en la noticia que, según Portolés: «Para ser buen seleccionador hay que ser también un buen despedidor».

Fuente: Extraído de «Cinco razones para apostar por el *outplacement*», noticia publicada en www.lavanguardia.com 18/04/2016. Disponible en: http://www.lavanguardia.com/economia/management/20160418/401187663905/outplacement-despidos-recursos-humanos-management.html [10/04/2018].

ACTIVIDAD DIDÁCTICA RECOMENDADA: Después de leer esta noticia, responda a la siguiente cuestión: ¿Qué ventajas tiene para las empresas el *outplacement*?

Lectura 8. Expertos en RR. HH. evalúan el *outplacement*

En el artículo publicado en www.equipoytalento.com se recogen las evaluaciones que los expertos en RR. HH. hacen sobre el *outplacement*, que es el plan de recolocación externa que las empresas ofrecen a sus empleados afectados por un despido colectivo. Aunque desde el 2012 muchas empresas han asumido estos programas obligadas por ley, otras lo han hecho fuera de esa obligatoriedad, por lo que se trata de una tendencia al alza en el mundo empresarial.

El artículo recoge la opinión de los expertos. Emilio Ruiz-Roso, director de gestión de RR. HH. de Leroy Merlin, destaca que «la principal ventaja es la reducción del período de inactividad laboral, así como la superación del cambio, el desarrollo de puntos fuertes, el fortalecimiento de la marca personal, la potenciación de la red de contactos y la definición de una estrategia de búsqueda de empleo adaptada». Y junto a estas ventajas, también hay otras a medio y largo plazo que apunta José María Bascán, director de Recursos Humanos de Wolters Kluwer, como son «las que se derivan de realizar un programa de desarrollo que reforzará las propias fortalezas y conocerá mejor sus áreas de mejora». Según Itziar Nieto, socia directora en Lukkap, «los datos demuestran que las empresas que contratan este tipo de servicios han seguido haciéndolo para cada una de las salidas que se han producido en la compañía, así, durante el ejercicio anterior, el 50 % de nuestros programas fueron individuales, cifra que en 2014 correspondía al 38 %». Por su parte, Helia Téllez, directora de Randstad Outplacement, asegura que se está experimentando «un cambio de desvinculaciones masivas a procesos más individuales. De ahí que se estén ofreciendo muchos más programas de acompañamiento individual, buscando un servicio a medida para las necesidades particulares de cada perfil». Y, según Berta Domínguez, directora de Desarrollo de Personas de Toyota, «existen datos tangibles y objetivos que muestran que estos programas son eficaces».

Fuente: Extraído de «Expertos en RRHH evalúan el outplacement», noticia publicada en equiposytalento.com, 11/10/2017. Disponible en: http://www.equiposytalento.com/noticias/2017/10/11/expertos-en-rrhh-evaluan-el-outplacement/ [10/04/2018].

ACTIVIDAD DIDÁCTICA RECOMENDADA: Después de leer esta noticia, responda a la siguiente cuestión: ¿Qué opinas sobre el proceso de *outplacement*?

Para la Asociación Nacional de Empresas Privadas de Recolocación y Empleo (ANEPRE)[7], el *outplacement* se basa en cinco elementos básicos: apoyo, evaluación, reorientación, reciclaje y recolocación.

Apoyo. Se trata de proporcionar al candidato asesoría y apoyo para gestionar con éxito su nueva situación y su búsqueda de empleo. Se cuenta tanto con la ayuda de un experto como de otras personas que ya han pasado por la misma situación. Una parte importante del apoyo recibido es la posibilidad de compartir estas experiencias y aprender cómo otras personas las gestionaron con éxito.

Evaluación. Consiste en hacer un inventario de las competencias personales y profesionales, innatas unas, adquiridas otras, desarrolladas todas

7 www.anepre.com

a lo largo de la trayectoria profesional. Este conjunto de competencias, más lo aprendido de los éxitos y errores, constituye el bagaje profesional de la persona.

Reorientación. Se reconsidera el futuro ofreciendo la posibilidad de emprender nuevos caminos acordes con las capacidades, pero también con las ilusiones. Y, todo ello, a pesar de que la vida profesional anterior del candidato haya ido por unos derroteros completamente diferentes.

Reciclaje. Se enseña a cambiar de actitud. Es una especie de regeneración interna con la que se trata de finalizar una etapa para empezar otra nueva desde cero, desligándose de cualquier idea preconcebida.

Recolocación. Es el principal objetivo de la persona que realiza el programa después de meses de trabajo diario de la persona con el equipo de consultoría. En este sentido, los contactos y cómo gestionar esa red para abrir puertas suele ser uno de los puntos en los que más se incide a la hora de intentar materializar la tan esperada recolocación.

Una modalidad de recolocación es lo que se conoce como *coachplacement* que es un programa que además de enseñar técnicas de búsqueda de empleo, prepara emocionalmente a los candidatos ayudando a modificar aquellas conductas que limitan su plena incorporación al nuevo trabajo. Se trata de llevar a cabo un *coaching* de integración cuando el empleado se incorpore en otro puesto como última fase del programa de recolocación, ya que muchos de los candidatos fracasan en su integración en el nuevo entorno empresarial o no se declaran del todo satisfechos (Salinas, 2010).

En general, las empresas consideran que los programas de *outplacement* que han implantado han sido eficaces y, según el Informe de Recolocación-2016 de Lee Hecht Harrison, el 65 % de los participantes en los programas de *outplacement* analizados volvieron a encontrar empleo en menos de 6 meses[8] (Lectura 9).

ANEXO I: LA ROTACIÓN DE PERSONAL

La rotación se puede calcular a través del índice de rotación del personal que se expresa mediante la relación porcentual entre las entradas y salidas de personal en relación con el número promedio de la plantilla de la empresa en un período determinado (Chiavenato, 2011: 119). Por ejemplo, un índice del 5 % significa que, en el período analizado, la organización cuenta con el 95 % de su fuerza de trabajo.

8 XI Informe Lee Hecht Harrison sobre *outplacement*. Disponible en: https://adecco.es/wp-content/uploads/2017/07/NdP-Los-planes-de-recolocación-reducen-en-más-de-un-70-el-tiempo-medio-de-búsqueda-de-empleo.pdf

Lectura 9. Los programas de recolocación en España

Según el Informe de Recolocación-2016 de Lee Hecht Harrison, «desde hace tres años, el número de trabajadores que se ha visto afectado por un ERE ha disminuido notablemente, lo que ha permitido invertir la tendencia al alza que se experimentó durante los años de crisis. Durante 2016, el número de Expedientes de Regulación de Empleo ha caído en un 26,4 % con respecto al año anterior; el de empresas que ha efectuado un ERE ha disminuido en un 29,5 % y el número de trabajadores que se han visto afectados lo ha hecho en un 13,9 %». Por otro lado, según este informe, de 2 de cada 3 despidos proceden de empresas con más 50 empleados que son aquellas que están obligadas por ley a contratar programas de *outplacement* cuando vayan a efectuar un ERE en su plantilla.

Lee Hecht Harrison, división del Grupo Adecco ha estudiado los casos de cerca de 4.500 candidatos que ha atendido durante 2016 y afirma que «el perfil de las personas asistidas en estos programas es muy variado, pero algunos perfiles tienen especial presencia como es el caso de los hombres, que han supuesto el 58 % de las personas recolocadas en 2016. Lo mismo ocurre con los candidatos de entre 41 y 50 años, que son el grupo más numeroso (4 de cada 10 asistidos). También se observa una especial inclinación hacia los perfiles técnicos, que conforman el 47 % de los asistidos. Además, los profesionales del área de producción y los procedentes del sector financiero han sido también muy recurrentes en los programas de recolocación».

Lee Hecht Harrison concluye que «2016 ha servido, un año más, para poner de relieve la efectividad de los programas de *outplacement*, que han conseguido reducir el tiempo medio de búsqueda de empleo en un 70,8 % con respecto a la media nacional. El 65 % de los participantes en los programas de *outplacement* analizados volvieron a encontrar empleo en menos de 6 meses. De hecho, el período medio de recolocación se sitúa en los 5 meses, dato muy significativo si se compara con los 17,1 meses de media que en nuestro país tarda un parado en volver a emplearse, según datos de la Encuesta de Población Activa».

Fuente: Adaptado de INFORME DE RECOLOCACIÓN-2016 LEE HETCH HARRISON. Disponible en: http://recolocacion.lhhspain.es/los-programas-outplacement-recolocacion-reducen-mas-70-tiempo-medio-busqueda-empleo-espana/ [10/04/2018].

ACTIVIDAD DIDÁCTICA RECOMENDADA: Después de leer este informe, responda a la siguiente cuestión: ¿Qué ventajas aporta el programa de *outplacement* a un empleado afectado por un ERE? Justifique su respuesta.

$$\text{Índice de rotación de personal} = \frac{(A+D)/2*100}{PE}$$

Donde:

A= Admisiones de personal en el período considerado (entradas).

D= Desvinculaciones de personal en el período considerado (voluntarias e involuntarias).

PE= Promedio de los empleados contratados en el período considerado (suma de la cantidad de empleados contratados al inicio y final del período, dividida entre dos).

Cuando se analiza la rotación, una de las cuestiones que se plantean es si existe algún índice óptimo de rotación. Este se podría calcular a través del punto de corte de los costes de retención y rotación (Dolan *et al.*, 2014). Entre los costes de la rotación destacan los siguientes (Gómez-Mejía *et al.*, 2016): los costes de salida, los costes de reclutamiento y selección, los costes de contratación, orientación y formación, así como los costes de pérdida de productividad del puesto mientras esté vacante o durante el período de transición.

Por ello, cada organización debe calcular y analizar su índice óptimo de rotación de personal que permita la renovación de ideas y experiencias en la empresa y la entrada de nuevos conocimientos. Un índice de rotación igual a cero no es deseable porque supone un estancamiento para la organización (Dolan *et al.*, 2014; Gómez-Mejía *et al.*, 2016).

CUESTIONES PARA LA REFLEXIÓN

1. Defina «proceso sustractivo» y clasifíquelo.
2. ¿Cuáles son los diferentes tipos de ruptura laboral voluntaria?
3. ¿Cree que la empresa debe gestionar la salida de los trabajadores?, ¿por qué?
4. ¿Qué es un ERTE y un ERE?, ¿qué diferencias hay entre ellos?
5. Analice las diferentes alternativas a la reducción de plantilla para conseguir una reducción de costes laborales.
6. ¿Qué es la recolocación?, ¿para qué sirve?
7. En su opinión, ¿qué ventaja aporta el *outplacement* a la empresa?

LECTURAS RECOMENDADAS

GARCÍA CARMONA, P. (2018): «Excedencia por cuidado de familiar. ¿Incluye a los hijos?», *Observatorio de Recursos Humanos y Relaciones Laborales*, n.° 132, pp. 74-75.

GODINO REYES, M. (2014): «Del empleo a la jubilación en tiempos de crisis: prejubilaciones y jubilaciones anticipadas», *Revista de Información Laboral*, n.° 7, pp. 21-52.

MARCHAL, D. (2017): «*Outplacement*: hacia la personalización», EquiposyTalento. Disponible en: http://www.equiposytalento.com/reportajes/acompanamiento-individual [15/03/2018].

MUÑINOS, I. (2016): «El *outplacement* crece y llega a todos los niveles profesionales», EquiposyTalento. Disponible en: http://www.equiposytalento.com/reportajes/desvincular-y-reinsertar [15/03/2018].

SITIOS WEB RECOMENDADOS

www.arearh.com
www.rhmagazine.com
www.capitalhumano.com
www.mastermas.com
www.empleo.gob.es
www.anepre.com
www.equiposytalento.com

BIBLIOGRAFÍA

ALLES, M. (2006): *Selección por Competencias*, Granica, Buenos Aires.

ALLES, M. (2015a): *Diccionario de Competencias: Las 60 competencias más utilizadas en Gestión por Competencias.* La trilogía, Tomo 1, Granica, Buenos Aires, 2.ª edición especial.

ALLES, M. (2015b): *Diccionario de Comportamientos: 1500 Comportamientos relacionados con las Competencias más utilizadas en la Gestión por Competencias.* La trilogía, Tomo 2, Granica, Buenos Aires, 2.ª edición.

ALLES, M. (2015c): *Diccionario de Preguntas: Las Preguntas para Evaluar las Competencias más utilizadas en Gestión por Competencias*. La trilogía, Tomo 3, Granica, Buenos Aires, 2.ª edición.

ALLES, M. (2016): *Selección por Competencias*, Granica, Buenos Aires, 2.ª edición.

APARICIO PÉREZ, S. (2016): *Trabaja Inteligente (Mente)*, Mestas Ediciones, Madrid.

ARETS, J.; JENNINGS, C.; HEIJNEN, V. (2015): *702010 towards 100 % performance.* 702010, Institute.com. Sutler.

ARIAS BRAVO, Y.; ROSETE SUÁREZ, A.; MARTÍNEZ RODRÍGUEZ, R. (2006): «Propuesta informática para seleccionar personal por competencias utilizando técnicas de inteligencia artificial», *Ingeniería Industrial*, vol. 27, n.º 2-3, pp. 33-39.

ASSENS, J. (2002): «*Outdoor Training*: Fiasco o revolución», *Capital Humano*, n.º 153, pp. 44-52

BARCELÓ, J.C. (2017): «Nuevas tendencias en evaluación del desempeño». IMF-Business School. Formación. Disponible en: https://www.imf-formacion.com/blog/recursos-humanos/evaluacion-desempeno/nuevas-tendencias-en-evaluacion-del-desempeno/

BALLESTA, O. (2016): «Tendencias en la evaluación del desempeño para competir en un nuevo orden empresarial». Talento en Expansión 25/1/2016. Disponible en: https://talentoenexpansion.wordpress.com/2016/01/25/adaptando-la-evaluacion-de-desempeno-a-las-oportunidades-y-retos-de-un-nuevo-orden-empresarial/

BARTOLOMÉ GARCÍA, A.; REPRESA DE LA LASTRA, C.A. (2017): «Cómo ayudará la inteligencia artificial los profesionales de personal». Disponible en https://blog.ferrovial.com/es/2017/11/inteligencia-artificial-recursos-humanos-seleccion-personal/

BESIN by DELOITTE Deloitte Consulting LLP (2016): «Predictions for 2016 A Bold New World of Talent, Learning, Leadership, and HR Technology Ahead». Disponible: https://www2.deloitte.com/content/dam/Deloitte/at/Documents/human-capital/bersin-predictions-2016.pdf

BLASCO, R. D. (2004): «Reclutamiento, selección de personal y las tecnologías de la información y de la comunicación», *Revista de Psicología del Trabajo y de las Organizaciones*, vol. 20, n.° 2, pp. 141-167.

BLASCO-LÓPEZ, M. F.; RODRÍGUEZ-TARODO, A.; FERNÁNDEZ-LORES, S. (2014): «*Employer branding*: estudio multinacional sobre la construcción de la marca del empleador», ***Universia Business Review***, n.° 44, pp. 34-53. Disponible en https://ubr.universia.net/article/view/974/employer-branding-estudio-multinacional-la-construccion-la-marca-empleador

BOHLANDER, G.; SHERMAN, A.; SNELL, S. (2003): *Administración de Recursos Humanos,* Thomson, Madrid, 12.ª edición.

BONACHE, J.; CABRERA, A. (Directores.) (2006): *Dirección de Personas*, Prentice-Hall, Madrid, 2.ª edición.

BUSTILLO, A. (2013): «El *Outplacement*, un camino de vuelta al trabajo», noticia publicada en www.expansion.com, 08/03/2013.

CABRERA, E. (2006): «La Formación», en Bonache, J.; Cabrera, A. (eds.): *Dirección de Personas. Evidencias y Perspectivas para el Siglo XXI*, Prentice Hall, Madrid, 2.ª edición.

CARRIL-OBIOLS, J. (2012): «*Shadow Coaching* para directivos y equipos», *Capital Humano*, n.° 270, pp. 82-86.

CELAYA, J. (2011): *La Empresa en la Web 2.0*, Gestión 2000, Barcelona.

CHIAVENATO, L. (2011): *Administración de Recursos Humanos. El Capital Humano de las Organizaciones,* McGraw-Hill, México, 9.ª edición.

CLIMENT RODRÍGUEZ, J. A.; NAVARRO ABAL, Y. (2010): «Importancia de la orientación profesional en el desempeño de competencias profesionales y aumento de la empleabilidad dentro del marco del Espacio Europeo de Educación Superior», *Revista Qurriculum*, n.° 23, pp. 165-177.

CUADRADO I SALIDO, D. (2007): «Decálogo del *Outdoor training*», *Capital Humano*, n.° 208, pp. 92-95.

DE LA CALLE DURÁN, M. C. (2016): *Definición, Identificación y Desarrollo del Talento en las Empresas. Análisis de la Gestión del Talento a través de Estudio de Casos.* Tesis Doctoral. Universidad de Cádiz.

DE LA CALLE DURÁN, M. C. (2018): «Networking: Creating and Maintaining Networks in Business Management», en López-Férnandez, M.; Romero-Fernández, P.M.: *Managerial Competencies for Multinational Businesses*, IGI Global.

DEL SOLAR, A. (2011): «¿Qué es un plan de retribución flexible?», noticia publicada en cincodias.com, 25/02/2011. Disponible en http://cincodias.com/cincodias/2011/02/25/economia/1298886037_850215.html

DE SAÁ, P.; ORTEGA, R. (2002): «La Formación», en Bonache, J.; Cabrera, A. (eds.): *Dirección Estratégica de Personas. Evidencias y Perspectivas para el Siglo XXI*, Prentice Hall, Madrid.

DÍAZ LLAIRÓ, A. (2010): *El Talento está en la Red*, Lid Editorial, Madrid.

DESSLER, G. (2015): *Administración de Recursos Humanos,* Pearson Educación, México, 14.ª edición.

DOLAN, S.; VALLE CABRERA, R.; JACKSON, S. E.; SHULER, R. S. (2007): *La Gestión de los Recursos Humanos,* McGraw-Hill, Madrid, 3.ª edición.

DOLAN, S.; VALLE CABRERA, R.; LÓPEZ CABRALES, A. (2014): *La Gestión de Personas y del Talento: la Gestión de los Recursos Humanos en el S. XIX,* McGraw-Hill, Madrid.

ESTEBAN, J. A. (2012): «Creación de valor en los recursos humanos a través del desarrollo de marca de empleador», *Harvard Deusto Business Review*, marzo, pp. 44-50.

FERRÉ, J. M. (2003): *Marketing Personal*, Gestión 2000, Barcelona.

FUENTE, O. (2017a): «Cómo es la metodología de IEBS: Aprendizaje 3.0». Artículo publicado por IE Business School 04/08/2017. Disponible en: https://www.iebschool.com/blog/metodologia-iebs-digital-business/

FUENTE, O. (2017b): «9 Tendencias educativas en *e-Learning* para 2018 «Machine Learning First». Artículo publicado por IE Business School, 04/12/2017. Disponible en: https://www.iebschool.com/blog/tendencias-e-learning-innovacion/

GANDUXÉ, M. (2018): «¿Qué es el *elearning*?», artículo publicado por *e-learning* actual, el 09/01/2018. Disponible en: https://elearningactual.com/e-learning-significado/

GARCÍA ROPERO, J. (2017): «Los siete paradigmas de la retribución del futuro», noticia publicada en cincodias.elpais.com, el 03/11/2017. Disponible en https://cincodias.elpais.com/cincodias/2017/11/02/fortunas/1509647874_473918.html

GARCÍA SALAZAR, A. (2006): «*Outdoor Training*: entre la moda y la innovación eficaz», *Capital Humano*, nº 195, pp. 22-26.

GHIRARDINI, B. (2014): «Metodologías de *e-learning*: Una guía para el diseño y el desarrollo de cursos de aprendizajes empleando TICs». FAO-RLC. Disponible en: http://www.fao.org/elearning/Sites/ELC/Docs/FAO_elearning_guide_es.pdf

GIMÉNEZ PLANO, F. (2012): «Beneficios del *mentoring* en la Empresa», *Capital Humano,* n.º 264, pp.78-82.

GÓMEZ, J. (2016): «Nuevas tendencias para la gestión y evaluación del desempeño y desarrollo de empleados». CEREM International Business School, 18/1/2016. Disponible en: https://www.cerem.es/blog/nuevas-tendencias-para-la-gestion-y-evaluacion-del-desempeno-y-desarrollo-de-empleados

GÓMEZ-MEJÍA, L. R.; BALKIN, D. B.; CARDY, R. (2016): *Gestión de Recursos Humanos,* Pearson Educación, Madrid, 8.ª edición.

GUILA, O. (2018): «Aproximación al modelo 70-20-10 para el aprendizaje y desarrollo corporativo», artículo publicado 08/01/2018 en Criteria Consultoría de Recursos Humanos. Disponible en: http://blog.criteria.es/aproximacion-al-modelo-70-20-10-para-el-aprendizaje-y-desarrollo-corporativo

HAMILTON, J.; WILKIE, C. (2001): «An appraisal of the use of secondment within a large teaching hospital», *Journal of Nursing Management*, vol. 9, n.º 6, pp. 315-320.

IBÁÑEZ, S. (2017): «Mentoring: 4 usos de un método de aprendizaje en auge», *Capital Humano*, n.º 316, Sección Los RR. HH. al Día.

JARVIS, P. (2006): *Universidades Corporativas: Nuevos Modelos de Aprendizaje en la sociedad Global* (Vol. 12). Narcea Ediciones, Madrid.

JUAN, C. (2017): «Predicciones *e-learning* para empresas 2017», artículo publicado por IEB School, el 09/02/2017. Disponible en: https://www.iebschool.com/blog/predicciones-e-learning-para-empresas-2017-rrhh-2-0/

LLANO RESTREPO, P. (2014): «La flexibilidad laboral y el salario emocional», *AGLALA*, vol. 5, n.° 1, pp. 34-70. https://doi.org/10.22519/22157360.700

LÓPEZ PALOMO, J. A. (2016): «10 retos de las políticas retributivas para 2017», nota de prensa publicada el 15/12/2016. Disponible en https://www.udima.es/es/decalogo-politicas-retributivas-2017-jose-angel-palomo-udima-cef.html

MAGNO, A.; ASPINALL, R. (2017): «Aprendizaje 3.0. Principio #1 del aprendizaje en el mundo real». Disponible en: https://www.docebo.com/es/blog/aprendizaje-3-0-en-el-mundo-real/

MAÑAS RODRÍGUEZ, M. A.; DÍAZ FÚÑEZ, P. A.; PECINO MEDINA, V. (2008): «Desarrollo de Carrera Laboral», en Rodríguez Fernández, A.; Zarco Martín, V. (dres.); Mañas Rodríguez, M.A.; Delgado Padial, A. (coords.): *Psicología de los Recursos Humanos*, Pirámide, Madrid.

MÁRQUEZ, J.; DÍAZ, J. (2005): «Formación del recurso humano por competencias», *Revista Sapiens*, vol.6, n.° 1, pp. 85-106.

MEISTER, J. C.; WILLYERD, K. (2010): «*Mentoring* millennials». *Harvard Business Review*. Mayo, pp. 1-4.

MONDY, R. W. (2010): *Administración de Recursos Humanos,* Pearson Educación, México, 11.ª edición.

MONTES, K. (2016): «¿Cómo aplicar la gamificación en recursos humanos? Trabajando las habilidades sociales». Disponible en: http://keniamontesformacion.com/gamificacion-en-recursos-humanos/

MORALES, A. C.; ARIZA, J. A.; MORALES E. (2000): *Gestión Integrada de Personas,* Desclée de Brouwer, Bilbao.

MUKIUR, R. M. (2016): «Reclutamiento a través de las redes sociales: Reclutamiento 3.0», *Opción*, 32, n.° 10, pp. 135-151.

OBSERVATORIORH.COM (2016): «4 tendencias en la gestión de la compensación total», noticia publicada en octubre de 2016 en http://www.observatoriorh.com/observatorioretribucion/4-tendencias-en-la-gestion-de-la-compensacion-total/

PALOMO VADILLO, M. T. (2006): *El Perfil Competencial del Puesto de Director / a de Marketing en Organizaciones de la Comunidad de Madrid*, ESIC, Madrid.

PÉREZ, A. (2008): *Marca Propia*, ESIC, Madrid.

POBO, D. (2017): «Gamificación en recursos humanos: Cambiando para que algo cambie», artículo publicado en lainnovacionnecesaria.com, el 28/01/2017 Disponible en: https://www.lainnovacionnecesaria.com/gamificacion-en-recursos-humanos/

QUINTANILLA, J.; POAL, G.; GUTIÉRREZ, S.; SÁNCHEZ-RUNDE, C. (2012): *Retos de la Dirección de Personas. Una Mirada desde la Alta Dirección sobre la función de Recursos Humanos*, Pearson Educación, Madrid.

RAMOS, T. (Coord.) (2014): *Universidades Corporativas. 10 Casos de Éxito*, Editorial UOC (Universitat Oberta de Catalunya), Barcelona.

REINOSO FERNÁNDEZ-CAPARRÓS, M. (2008): «Importancia del *outdoor training* en la formación», *Capital Humano*, n.° 220, pp. 80-89.

RODENES ADAM, M.; SALVADOR VALLÉS, R.; MONCALEANO RODRIGUEZ, G. (2013): «*E-Learning*: características y evaluación», *Ensayos de Economía*, n.° 4, pp. 143-159.

ROJAS, P. (2010): *Reclutamiento y Selección 2.0.: La Nueva Forma de Encontrar Talento*, Editorial UOC, Barcelona.

SALINAS, J. (2010): «El *coachplacement*, un nuevo servicio de transición de carrera», artículo publicado por RRHHMagazine.com, el 19/10/2010. Disponible en: http://www.rrhhmagazine.com/articulos.asp?id=1075

SÁNCHEZ, D. (2017): «¿Sabes qué es el aprendizaje móvil o *mobile learning*?», noticia publicada el 10/08/2017. Disponible en: http://www.vertice.org/blog/sabes-aprendizaje-movil-mobile-learning/

SASTRE CASTILLO, M. A.; AGUILAR PASTOR, E. M. (2003): *Dirección de Recursos Humanos. Un Enfoque Estratégico*, McGraw-Hill, Madrid.

VALLE CABRERA, R. (2003): *La Gestión Estratégica de los Recursos Humanos*, Pearson Prentice-Hall, Madrid, 2.ª edición.

VEGA, G. (2017): «Productividad. Los empleados de esta empresa se califican unos a otros en tiempo real». Disponible en https://retina.elpais.com/retina/2017/09/08/innovacion/1504873356_213392.html [5/4/2018].

WERTHER, W. B.; DAVIS, K. (2014): *Administración de Recursos Humanos. Gestión del capital humano*, McGraw-Hill, México, 7.ª edición.

WERBACH, K.; HUNTER, D. (2013): *Gamificación*, Editorial Pearson, Madrid.